企校合作“双元”一体化教材

普速铁路
机务非正常行车应急处置

《普速铁路机务非正常行车应急处置》编委会 编

中国铁道出版社有限公司

2025年·北 京

内 容 简 介

本书共四章，包括行车突发事件，固定设备故障及线路环境，机车、车辆设备故障和行车组织变化的处置，涵盖了普速铁路列车运行中57种突发事件的处置内容，每个场景均按照处置程序、知识点解读、安全注意事项、事故案例、处置流程图5个方面进行解读。

本书为企校合作"双元"新形态教材和理实一体化教材，配有内容丰富的解析视频，图文并茂、通俗易懂，突出教、学、做一体化；读者可以使用手机扫描书中二维码，观看相关解析视频。

本书适用于机务系统机车乘务员在普速铁路担当列车牵引任务遇非正常情况行车时的应急处置，可作为机务系统机车乘务员岗位培训、各级资格性和适应性培训教材，也可供职业技术院校相关专业学生学习。

图书在版编目(CIP)数据

普速铁路机务非正常行车应急处置/《普速铁路机务非正常行车应急处置》编委会编．—北京：中国铁道出版社有限公司，2024.4（2025.1 重印）
ISBN 978-7-113-31185-8

Ⅰ.①普…　Ⅱ.①普…　Ⅲ.①铁路车站-车站作业-紧急事件-处理　Ⅳ.①U292.15

中国国家版本馆 CIP 数据核字(2024)第 082323 号

书　　名：普速铁路机务非正常行车应急处置
作　　者：《普速铁路机务非正常行车应急处置》编委会

策划编辑：侯跃文
责任编辑：袁文东　　**编辑部电话：**(010)51873421　　**电子邮箱：**jiche@tdpress.com
封面设计：刘　莎
责任校对：刘　畅
责任印制：樊启鹏

出版发行：中国铁道出版社有限公司(100054，北京市西城区右安门西街8号)
网　　址：https://www.tdpress.com
印　　刷：北京联兴盛业印刷股份有限公司
版　　次：2024年4月第1版　2025年1月第3次印刷
开　　本：787 mm×1 092 mm　1/16　**印张：**13　**字数：**303千
书　　号：ISBN 978-7-113-31185-8
定　　价：60.00元

编审委员会

前言

随着铁路现代化的加快推进，铁路技术装备快速更新，大批新技术、新设备、新工艺投入现场应用，铁路劳动生产组织、岗位作业方式、技术作业规章等发生了深刻变化。铁路的高速发展，对机车乘务员的知识结构、技能结构等提出了更高要求，机车乘务员不仅要熟练掌握基本操作技能和标准化作业程序，同时也要对列车运行中突发非正常行车情况的处置程序了然于胸，具有果断处置能力，从而确保列车运行安全并有效防止次生事故发生。非正常行车应急处置能力已然成为机车乘务员非常重要的技能，是铁路运输安全的重要保障。

全书共分四章，包括行车突发事件，固定设备故障及线路环境，机车、车辆设备故障和行车组织变化的处置，涵盖了普速铁路列车运行中57种突发事件的处置内容，每个场景按照处置程序、知识点解读、安全注意事项、事故案例、处置流程图5个方面进行解读，其中28个场景配有解析视频，内容上重点突出、图文并茂、通俗易懂。

本书为企校合作"双元"新形态教材和理实一体化教材，内容贴近现场生产实际，突出教、学、做一体化；适用于机务系统机车乘务员在普速铁路担当列车牵引任务遇非正常情况行车时的应急处置（含在普速铁路运行的动车组司机），可作为机务系统机车乘务员岗位培训、各级资格性和适应性培训教材，也可供职业技术院校相关专业选修。

本书编写人员有中国铁路广州局集团有限公司机务部王应芬、罗茵蓓、邱升辉、江金明、陈首昆、李兴华、曹锦福、司茂文、刘华明、吴富贵、张威，职培部郭晓东；广州铁路职业技术学院陆超、郭泉成；湖南高速铁路职业技术学院邓经纬；中国铁路广州局集团有限公司"张鑫义劳模和工匠人才创新工作室""潘辉劳模和工匠人才创新工作室""李刘劳模和工匠人才创新工作室"三位带头人；中国铁路广州局集团有限公司广州职工职业技能培训基地胡锦江、李时嶂，株洲职工职业技能培训基地刘劲锋；中国铁路广州局集团有限公司广州机务段张火兴、林绿峰、黄国彪、唐武全、余杰、林祥文、李毅，株洲机务段戴勇、王剑、何颖峰，长沙机务段王志军，怀化机务段邓军，汕头机务段邹伟建，海口机辆轮渡段刘建豪。其中王应芬、罗茵蓓、邱升辉、江金明、陈首昆、李兴华、曹锦福、司茂文、刘华明、吴富贵、张威负责编写处置程序部分；罗茵蓓、张火兴、陆超、郭晓东、邓经纬、张鑫义、林绿峰、黄国彪、刘劲锋、唐武全、潘辉、李刘、王剑、戴勇、郭泉成、余杰、林祥文、胡锦江、李时嶂、何颖峰、邓军、李毅负责编写知识点解读、安全注意事项、事故案例部分；罗茵蓓、张火兴、林绿峰、刘劲锋、潘辉、戴勇、余杰、王志军、邹伟建、刘建豪负责编写处置流程图部分。中国铁路广州局集团有限公司株洲机务段王志、邱子君、贺粤祥、靳敏、胡星，长沙机务段刘炜，怀化机务段陈筱清、毛梦君、杨富华、王泽昱、刘经宝、肖根灵负责制作视频。

本书由中国铁路广州局集团有限公司职培部周建友，怀化机务段梁铁军，长沙机务段朱新勇，广州机务段李文康、张明亮审定。

由于编写时间仓促和编者水平有限，书中难免有疏漏、不妥之处，望读者提出宝贵意见。

编委会

2023 年 12 月

目录

第一章

行车突发事件

场景 1 运行中遇下列情况时必须采取紧急停车措施

处置程序

视频

运行中遇下列情况时必须采取紧急停车措施

1. 遇响墩、火炬、停车手信号、鸣示的紧急停车信号或遮断信号机显示红灯时；

2. 遇线路塌方、山体滑坡、道床冲空、线路被埋等危及行车安全时；

3. 总风压力低于制动主管定压、制动主管压力异常、机车或列车失去空气制动力或制动力减弱危及行车安全时；

4. 接收到紧急停车信号或指令时。

遇其他危及行车和人身安全等情况时，必须采取紧急停车措施。紧急停车是指立即采取停车措施。司机根据现场实际情况，自行决定采取何种停车措施。

知识点解读

视频

响墩的使用方法

1. 响墩的使用方法

响墩形状为圆饼形，底平面内有强力磁铁，如图 1-1 所示，使用方法为磁吸式，取出响墩后将底平面吸附在铁轨轨面上，列车经过碾压后，会产生剧烈闷响。响墩在使用时以 3 枚为一组，放置原则为机车来车方向的左侧钢轨放置两枚，右侧钢轨放置一枚，彼此间隔距离为 20 m，如图 1-2 所示。

图 1-1 响墩

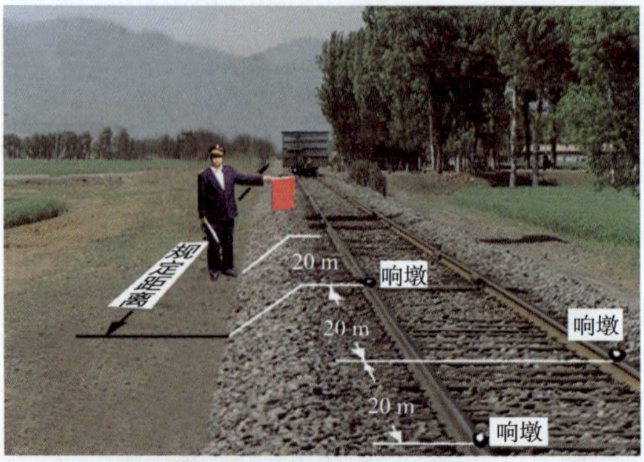

图 1-2 响墩放置示意

2. 火炬的使用方法(图 1-3)

视频

火炬的使用方法

(1)打开火炬套筒外盖，取出火炬，确认外观完好无折损。

(2)先取下擦火头及其外盖，露出火药头，刮掉火药头表面蜡层。

(3)通过擦火头上磷片用力擦划火药头使之燃烧，如磷片失效，可直接将火炬头部在钢轨内侧竖面上(或粗糙的物体表面)用力擦划。

(4)将火炬吸附在钢轨轨面上，向内倾斜。

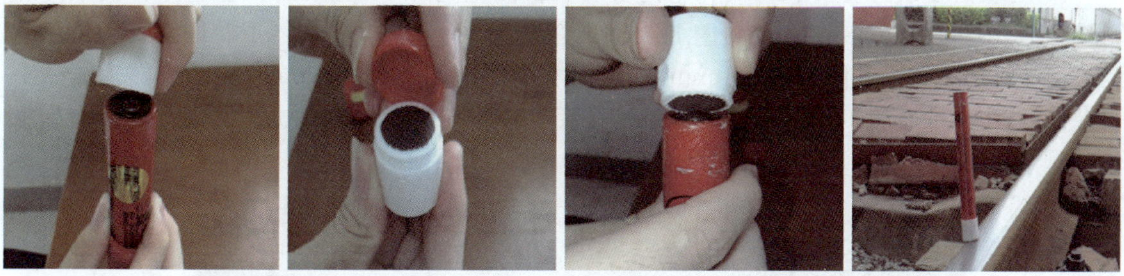

图 1-3　火炬的使用方法

3. 停车手信号显示方式

昼间——展开的红色信号旗，夜间——红色灯光，如图 1-4 所示。

图 1-4　停车手信号

昼间无红色信号旗时，两臂高举头上向两侧急剧摇动；夜间无红色灯光时，用白色灯光上下急剧摇动，如图 1-5 所示。

图 1-5　停车手信号(无红色信号旗)

4. 紧急停车信号鸣示方式(连续短声 • • • • • • • •)

使用时机：司机发现(或接到通知)邻线发生障碍，向邻线上运行的列车发出紧急停车信号时。邻线列车司机听到紧急停车信号后，应紧急停车。

5. 线路障碍自动监测报警系统

(1)设备原理：运用激光扫描技术对铁路沿线设定的监测范围进行实时监测，发现障碍物自动报警。

(2)告警灯安装位置(图 1-6)：告警灯安装于检测范围外 50～100 m 处，行车方向线路左侧路肩上，困难地段安装在隧道洞壁上或桥梁栏杆上，特殊地段可安装于右侧。安装于路肩上的告警灯距线路中心线≥3 100 mm，距轨面水平面高度≥4 000 mm。安装于隧道洞壁上的告警灯，距轨面水平面高度 1 100 mm。安装于桥梁栏杆上的告警灯，距轨面水平面高度 900～1 100 mm。

图 1-6 告警灯安装位置

(3)报警方式：

①无线列调语音报警：发现障碍物自动报警，对接近列车发出无线列调语音报警，语音提示内容为："××线上/下行××公里+××米发生险情，立即停车"，默认第 1 min 不间断，之后每 30 s 发送 1 次。

②告警灯报警：发现障碍物自动报警，对接近列车亮红灯(正常情况下不点灯)。

③喇叭警示：障碍物停留 15 s，发出喇叭单音蜂鸣报警警示(在现场设置)。

(4)系统报警处置流程：

在途司机接收到无线列调语音报警或发现告警灯亮红灯时，司机应立即停车并按规定汇报，检查不影响列车继续运行时，应以遇到障碍能随时停车的速度(最高不超过 20 km/h)继续运行，并执行如下规定：

①司机若发现线路上有侵入限界的障碍物时，应立即停车，并将停车时间、位置等情况报告车站值班员。

②若列车通过报警地段未发现障碍物，待机车头部越过防护区段 100 m 后，司机向车站报告，恢复正常行车。

安全注意事项

运行中遇必须采取紧急停车措施的各种情况时，必须采取措施果断、应对准确。停车后立即使用列车无线调度通信设备通知车站值班员及列车调度员，配备列车防护报警装置的列车应首先发起列车防护报警装置报警，并按要求进行处置。

事故案例

某特快旅客列车运行途中，因线路边坡滑塌，滑塌体堆覆占压铁路下行线。列车运行接近该地段时，受天气影响和地理条件限制，司机瞭望距离不足导致停车不及时，列车与线路上的滑塌体相撞，发生列车脱轨事故。事故造成机车及机后第 1～8 位车辆脱轨。经救援，中断正线和上行线行车时间约 22 h，构成铁路交通事故。

场景 2 列车在区间被迫停车后不能继续运行时的处置

处置程序

视频

列车在区间被迫停车后不能继续运行时的处置

1. 报告：应立即使用列车无线调度通信设备通知两端站（列车调度员）及车辆乘务员（随车机械师），报告停车原因和停车位置，根据需要迅速请求救援。遇列车无线调度通信设备、GSM-R 手持终端等通信设备无法联系时，司机可指派机车乘务组、列车乘务组及其他铁路工作人员，使用一切可利用的通信、交通工具向就近车站（列车调度员）报告停车原因和停车位置。

列车在不明原因紧急制动停车后，除第一时间报告外，还应判明是否危及邻线列车运行安全，并将相关情况再次向车站值班员或列车调度员报告。

2. 判断：检查判明停车原因，确认是否妨碍邻线。

3. 防护：需要防护时，列车前方由司机负责，列车后方由车辆乘务员（随车机械师）负责，无车辆乘务员（随车机械师）为列车乘务员负责。有副司机（副班司机、以下同）的货物列车尾部防护由副司机负责。

（1）可能妨碍邻线时，配备列车防护报警装置的列车，司机应首先使用列车防护报警装置进行防护，同时立即用列车无线调度通信设备通知邻线上运行的列车和两端站（列车调度员），并与车辆乘务员（随车机械师）分别在列车的头部和尾部附近邻线上点燃火炬；在自动闭塞区间，还应对邻线来车方向短路轨道电路。

（2）列车在区间被迫停车可能妨碍邻线需要检查处理时，动车组以外旅客列车司机指派副司机沿邻线一侧向后、车辆乘务员由同侧向前进行检查；动车组列车司机指派人员沿邻线一侧向后进行检查（与动车组共线运行区段需申请邻线限速 160 km/h 及以下，以下同）；货物列车司机指派副司机向后部检查。发现妨碍邻线时，应立即派人按规定防护。如发现邻线有列车开来时，应鸣示紧急停车信号。

4. 处置：根据停车原因，按照相应程序处置，并向车站值班员或列车调度员报告处置情况。已请求救援的列车，不得再行移动。

知识点解读

1. 列车在区间被迫停车

列车在区间被迫停车是指列车在区间因线路中断、接触网停电、动车组（电力机车）停在分相无电区、制动失效及其他机车车辆故障等原因，导致列车不能按信号显示（行车凭证）继续向前运行的情况。列车在区间因作业需要、信号（包括地面信号和车载信号）显示停车信号或显示不明、接到停车的通知而停车，以及发现线路上有行人、异物等而临时停车，不属于列车在区间被迫停车。

2. 列车防护报警装置（LBJ）使用方法

（1）发送报警信息操作

①通过操作显示终端 MMI 按键启动发送:

a. 持续按下操作显示终端 MMI 的[报警]按键 3 s 以上(图 1-7),操作显示终端 MMI 发出"按'确认'键发送报警信息"的语音提示,同时操作显示终端 MMI 主界面显示"按'确认'键发送报警信息","按'退出'键返回"和 5 s 倒计时提示信息。

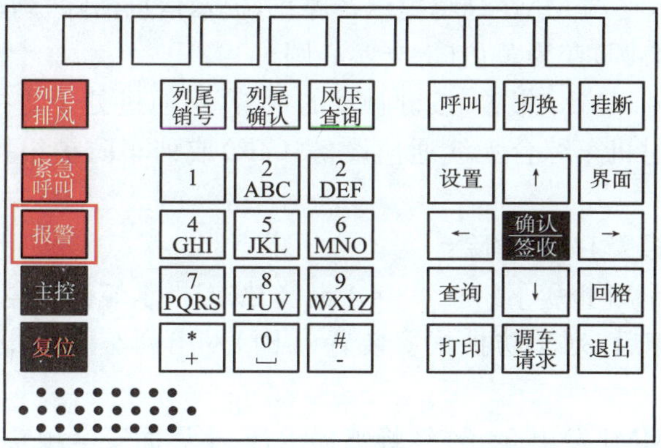

图 1-7　列车防护报警装置(LBJ)发送报警操作方法 1

b. 在随后的 5 s 时间内,继续按下[确认/签收]键,列车防护报警装置(LBJ)开始发送列车防护报警信息。

c. 列车防护报警信息只能在停车状态发送。

②通过主机按键启动发送:

a. 操作显示终端 MMI [报警]按键失效或紧急情况下,可持续按压机车综合无线通信设备(CIR)主机界面或列车防护报警装置(LBJ)机箱面板的[报警]按键约 3 s(图 1-8),启动发送报警信息。

b. 按下[报警]按键 3 s 后,[报警]按键指示灯变为长亮。

c. 松开[报警]按键,如果列车处于停车状态,列车防护报警装置(LBJ)将发送列车防护报警信息。

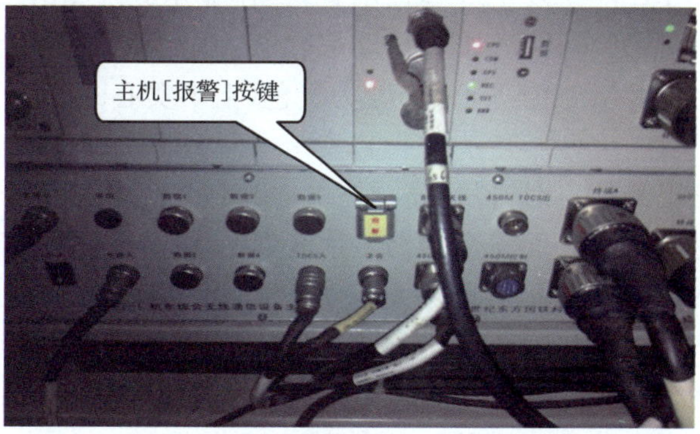

图 1-8　列车防护报警装置(LBJ)发送报警操作方法 2

(2)取消报警信息操作

①通过操作显示终端 MMI[报警]按键解除:

a. 发送列车防护报警信息时,再次按下操作显示终端 MMI 的[报警]键(持续 3 s)后,列车防护报警装置(LBJ)发出列车防护报警解除信息。

b. 操作显示终端 MMI 发出 5 s 连续蜂鸣提示音,主界面安全预警显示区显示"列车防护报警已解除!"红色字体提示信息,同时列车防护报警装置(LBJ)工作状态指示灯(红色实心圆)连续闪烁 5 s。

c. 5 s 后,操作显示终端 MMI 蜂鸣提示音停止,提示信息清除,列车防护报警装置(LBJ)工作指示灯由红色(实心圆)变为黄色(上半实心圆)。

d. 由操作显示终端 MMI [报警]按键触发的报警,可通过处于主控状态 MMI 的[报警]按键解除报警,也可通过机车综合无线通信设备(CIR)或列车防护报警装置(LBJ)主机面板的[报警]按键解除。

②通过主机面板[报警]按键解除:

a. 持续按下主机面板[报警]按键约 3 s,[报警]按键指示灯由闪亮变为长亮。

b. 松开[报警]按键后,列车防护报警装置(LBJ)发出列车防护报警解除信息,同时[报警]按键指示灯熄灭。

c. 操作显示终端 MMI 发出 5 s 连续蜂鸣提示音,主界面安全预警显示区显示"列车防护报警已解除!"红色字体提示信息,同时列车防护报警装置(LBJ)工作状态指示灯(红色实心圆)连续闪烁 5 s。

d. 5 s 后,操作显示终端 MMI 蜂鸣提示音停止,清除提示信息,列车防护报警装置(LBJ)工作指示灯由红色(实心圆)变为黄色(上半实心圆)。

e. 由机车综合无线通信设备(CIR)或列车防护报警装置(LBJ)主机面板[报警]按键触发的报警,只能通过机车综合无线通信设备(CIR)或列车防护报警装置(LBJ)主机面板的[报警]按键解除。

③列车移动后自动解除列车防护报警[如果列车防护报警装置(LBJ)通过 TAX 装置(或 DMS 设备)获取到有效的速度信息时]:

a. 发送列车防护报警信息时,当列车运行速度大于 5 km/h、连续时间大于 30 s 时,列车防护报警装置(LBJ)自动停发防护报警信息(不发送列车防护报警解除信息)。

b. 操作显示终端 MMI 停止发出蜂鸣提示音,操作显示终端 MMI 主界面安全预警显示区显示并语音提示"注意! 列车移动,报警自动解除!"。提示信息 5 s 后自动清除,列车防护报警装置(LBJ)工作指示灯由红色(实心圆)变为黄色(上半实心圆)。

(3)接收报警信息操作

①接收到列车防护报警信息时,操作显示终端 MMI 间隔 5 s 发出"注意! 收到列车报警信息,注意运行!"注意提示,主界面安全预警显示区列车防护报警装置(LBJ)工作状态指示每 1 s 闪烁一次,并显示红色字体提示信息。

②按下操作显示终端 MMI[确认/签收]键,对接收的报警信息进行确认。

③按下操作显示终端 MMI[确认/签收]键后,提示语音停止,主界面安全预警显示区显示报警提示信息由红色变为黄色,并标记"已确认"文字提示。

④列车防护报警装置(LBJ)工作状态指示灯变为黄色长亮(下半实心圆)。

(4)接收报警解除信息

①机车综合无线通信设备(CIR)接收到列车防护报警解除信息时,操作显示终端 MMI 发出两次"注意! 列车报警解除,注意运行!"语音提示。

②操作显示终端 MMI 主界面安全预警显示区显示红色字体的报警解除提示信息。

③语音提示结束后，主界面安全预警显示区显示的提示信息自动清除，列车防护报警装置(LBJ)工作状态指示灯变为黄色长亮(下半实心圆)。

3. 轨道电路短路导线使用方法(图 1-9)

①取出短路导线，确认导线无断损。

②在来车方向，用磁铁分别吸附于钢轨轨面，短接轨道电路，注意有条件时可先用砂纸对钢轨进行打磨、去除铁锈、油污，确保短路导线作用良好。如果有调谐区，应在调谐区外、机车前端适当位置使用。

图 1-9　轨道电路短路导线使用方法

4. 请求救援后的防护

已请求救援时，从救援列车开来方面(不明时，从列车前后两方面)，距离列车不小于 300 m 处放置响墩防护。

安全注意事项

1. 在区间被迫停车后，应首先判明停车原因，准确记录好停车位置，按要求做好防溜措施，可能妨碍邻线时，要首先做好邻线的防护，在处置过程中，掌握好区间停车不超过 10 min，站内停车不超过 15 min 的原则，迅速请求救援(涉及救援的关键事项应向列车调度员汇报清楚)，已申请救援的列车不得再行移动，防止由于停车位置发生变化，导致担当救援的列车无法准确控速。

2. 在有动车组列车运行的区段，待停车原因消除后必须要撤除响墩。

事故案例

某电力机车司机担当旅客列车值乘任务运行至某线路 11.9‰上坡道处，因机车 CCBⅡ制动机控制系统列车管控制模块瞬间动态故障，造成司机制动时，列车管压力异常下降，充风缓解时，列车管充风达不到定压，列车被迫停车。司机在两次请求救援又取消救援的作业过程中，由于操纵不当造成列车向后溜动 50 m，运转车长两次拉紧急制动阀(车长阀)停车，随后司机第三次请求救援。经救援，耽误行车 2.5 h，构成铁路交通事故。

处置流程图

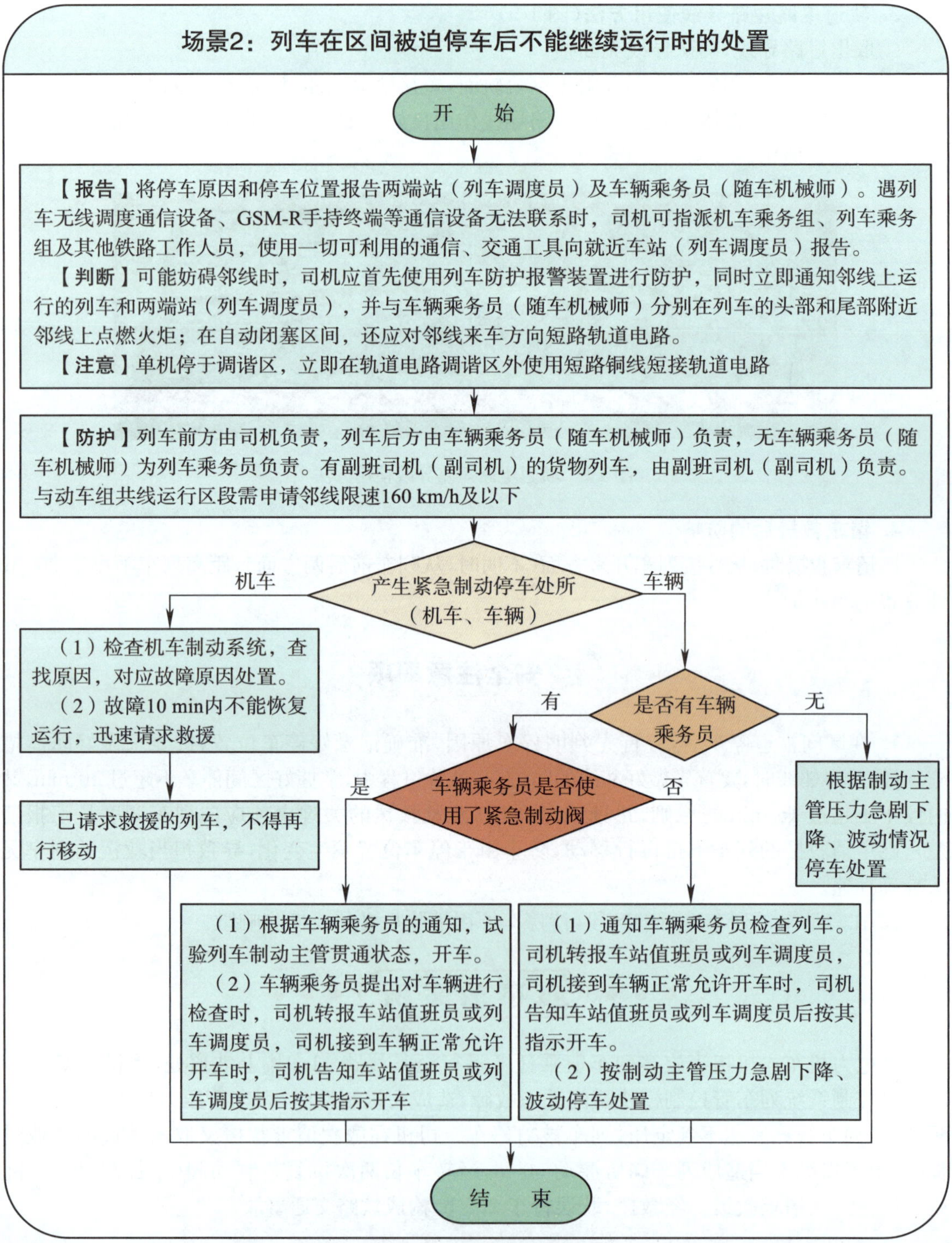
场景2：列车在区间被迫停车后不能继续运行时的处置
开　始
【报告】将停车原因和停车位置报告两端站（列车调度员）及车辆乘务员（随车机械师）。遇列车无线调度通信设备、GSM-R手持终端等通信设备无法联系时，司机可指派机车乘务组、列车乘务组及其他铁路工作人员，使用一切可利用的通信、交通工具向就近车站（列车调度员）报告。
【判断】可能妨碍邻线时，司机应首先使用列车防护报警装置进行防护，同时立即通知邻线上运行的列车和两端站（列车调度员），并与车辆乘务员（随车机械师）分别在列车的头部和尾部附近邻线上点燃火炬；在自动闭塞区间，还应对邻线来车方向短路轨道电路。
【注意】单机停于调谐区，立即在轨道电路调谐区外使用短路铜线短接轨道电路
【防护】列车前方由司机负责，列车后方由车辆乘务员（随车机械师）负责，无车辆乘务员（随车机械师）为列车乘务员负责。有副班司机（副司机）的货物列车，由副班司机（副司机）负责。与动车组共线运行区段需申请邻线限速160 km/h及以下
产生紧急制动停车处所（机车、车辆）
机车
车辆
（1）检查机车制动系统，查找原因，对应故障原因处置。
（2）故障10 min内不能恢复运行，迅速请求救援
已请求救援的列车，不得再行移动
是否有车辆乘务员
有
无
车辆乘务员是否使用了紧急制动阀
是
否
根据制动主管压力急剧下降、波动情况停车处置
（1）根据车辆乘务员的通知，试验列车制动主管贯通状态，开车。
（2）车辆乘务员提出对车辆进行检查时，司机转报车站值班员或列车调度员，司机接到车辆正常允许开车时，司机告知车站值班员或列车调度员后按其指示开车
（1）通知车辆乘务员检查列车。司机转报车站值班员或列车调度员，司机接到车辆正常允许开车时，司机告知车站值班员或列车调度员后按其指示开车。
（2）按制动主管压力急剧下降、波动停车处置
结　束

场景 3　自动闭塞区间单机（包括双机、专列回送的机车）在区间紧急停车或被迫停在调谐区内的处置

视频

自动闭塞区间单机（包括双机、专列回送的机车）在区间紧急停车或被迫停在调谐区内的处置

处置程序

1. 具备移动条件时须立即先将机车向前移动不少于 15 m。

2. 司机须立即通知后续列车司机、并向两端站车站值班员（列车调度员）报告停车位置。

3. 副司机在单机运行前方轨道电路调谐区外使用短路铜线短接轨道电路。

4. 开车前撤除轨道短接铜线。

知识点解读

1. 调谐区（图 1-10）：ZPW-2000 型轨道电路采用电气绝缘节来实现相邻轨道电路区段的隔离，调谐区结构原理如图 1-11 所示。电气绝缘节长度为 29 m，电气绝缘节由空心线圈、29 m 长钢轨和调谐单元等构成，调谐单元实物如图 1-12 所示。调谐区对于本区段频率呈现极阻抗，利于本区段信号的传输及接收，对于相邻区段频率信号呈现零阻抗，可靠地短路相邻区段信号，防止了越区传输，实现了相邻区段信号的电气绝缘。同时为了解决全程断轨检查，在调谐区内增加了小轨道电路。简单来讲，当机车或车辆停在调谐区内时，无法通过轨道电路来反应闭塞分区被占用的情况。

图 1-10　轨道电路调谐区标志

2. 单机在区间紧急制动后制动系统会启动自动撒砂的功能，如果停车后单机停留在有砂砾的轨面上，轨道电路将无法被机车轮对可靠短路，会造成后方通过信号机升级为允许运行的信号，存在追踪列车进入该闭塞分区与停留机车发生冲突的隐患。

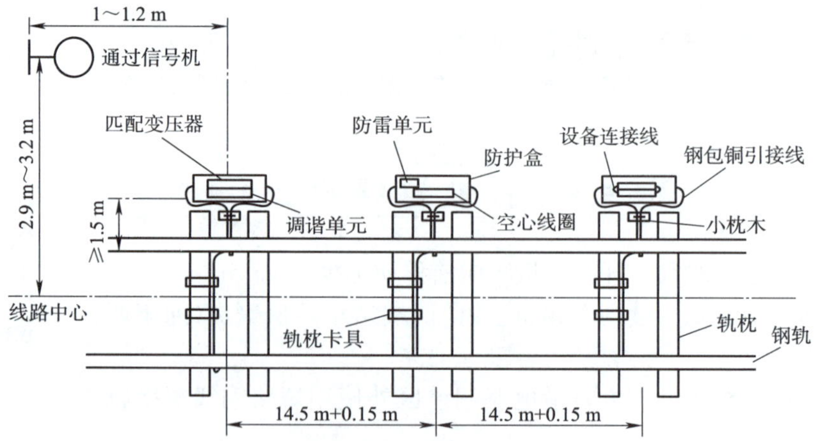

图 1-11　调谐区结构原理

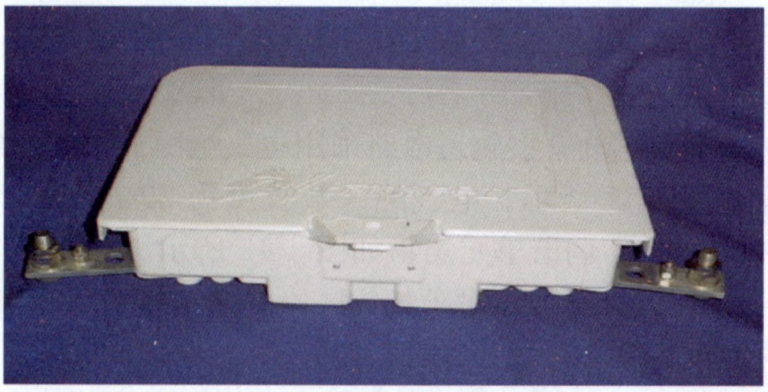

图 1-12　调谐单元实物

安全注意事项

1. 自动闭塞区间单机(包括双机、专列回送的机车)在区间紧急停车或被迫停在调谐区内,都有可能造成防护本闭塞分区的通过信号机错误显示进行信号的情况,因此在处置过程中,应首先移动机车,使轨道电路可靠短路。

2. 在机车运行前方轨道电路调谐区外短接轨道电路,机车移频信号将跳到单红灯。

事故案例

两台 HXD_{1C} 型电力机车担当重联单机任务,因列车管漏风产生紧急制动停于区间,同时机车大量撒砂并经车轮碾压导致轨道电路分路不良,司机未采取任何防护措施,导致后行货运列车与之相撞,造成机后 2、4、10、11 位车辆脱轨,货运列车 2 名机车乘务员轻伤,中断正线行车约 10 h,构成铁路交通事故。

处置流程图

场景3：自动闭塞区间单机（包括双机、专列回送的机车）在区间紧急停车或被迫停在调谐区内的处置

开　始

↓

【移动】是否具备移动条件，能移动时立即将机车向前移动不少于15 m

↓

【报告】立即通知后续列车司机、向两端站车站值班员（列车调度员）报告停车位置

↓

【防护】在单机运行前方轨道电路调谐区外使用短路铜线短接轨道电路。
【注意】下车作业注意人身安全

↓

【撤除防护】开车前撤除轨道短接线

↓

结　束

场景 4　运行中遇响墩爆炸声或火炬火光的处置

处置程序

视频

运行中遇响墩爆炸声或火炬火光的处置

1. 立即使用紧急制动停车。

2. 报告停车位置和原因。

3. 处置：

(1)有防护人员时，司机应及时与防护人员联系，了解情况并采取相应措施。

(2)无防护人员时，应立即检查前方线路，如无异状，列车以在瞭望距离内能随时停车的速度继续运行，但最高不得超过 20 km/h(电力机车过分相困难时可适当提高速度)。在自动闭塞区间，运行至前方第一架通过(进站)信号机前，如无异状，即可按该信号机显示的要求执行；在半自动或自动站间闭塞区间，经过 1 km 后，如无异状，可恢复正常速度运行。

知识点解读

1. 响墩的使用时机

根据规定，列车在区间被迫停车后，分四种情况按规定放置响墩防护：

(1)已请求救援时，从救援列车开来方面(不明时，从列车前后两方面)，距离列车不小于 300 m 处防护；

(2)一切电话中断后发出的列车(持有红色许可证通知书 1 的列车除外)，应于停车后，立即从列车后方按线路最大速度等级规定的列车紧急制动距离位置处防护；

(3)对于邻线上妨碍行车地点，应从两方面按线路最大速度等级规定的列车紧急制动距离位置处防护，如确知列车开来方向时，仅对来车方面防护；

(4)列车分部运行，机车进入区间挂取遗留车辆时，应从车列前方距离不小于 300 m 处防护。

2. 火炬信号的使用时机

(1)列车在区间被迫停车，可能妨碍邻线时或邻线上有妨碍行车地点；

(2)列车运行中碰撞线路障碍物，可能妨碍邻线时。

安全注意事项

1. 响墩爆炸声或火炬信号的火光都表示，列车运行前方有需要紧急停车的情况，因此机车乘务员要反应迅速，应对准确，避免由于停车不及时，导致不良影响。

2. 停车后如无防护人员，经检查无异状后，按最高不得超过 20 km/h 的速度继续运行，但电力机车要考虑限速区段是否存在分相区，如过分相困难时可适当提高运行速度，避免机车掉入分相区，影响运行秩序。

处置流程图

场景4：运行中遇响墩爆炸声或火炬火光的处置

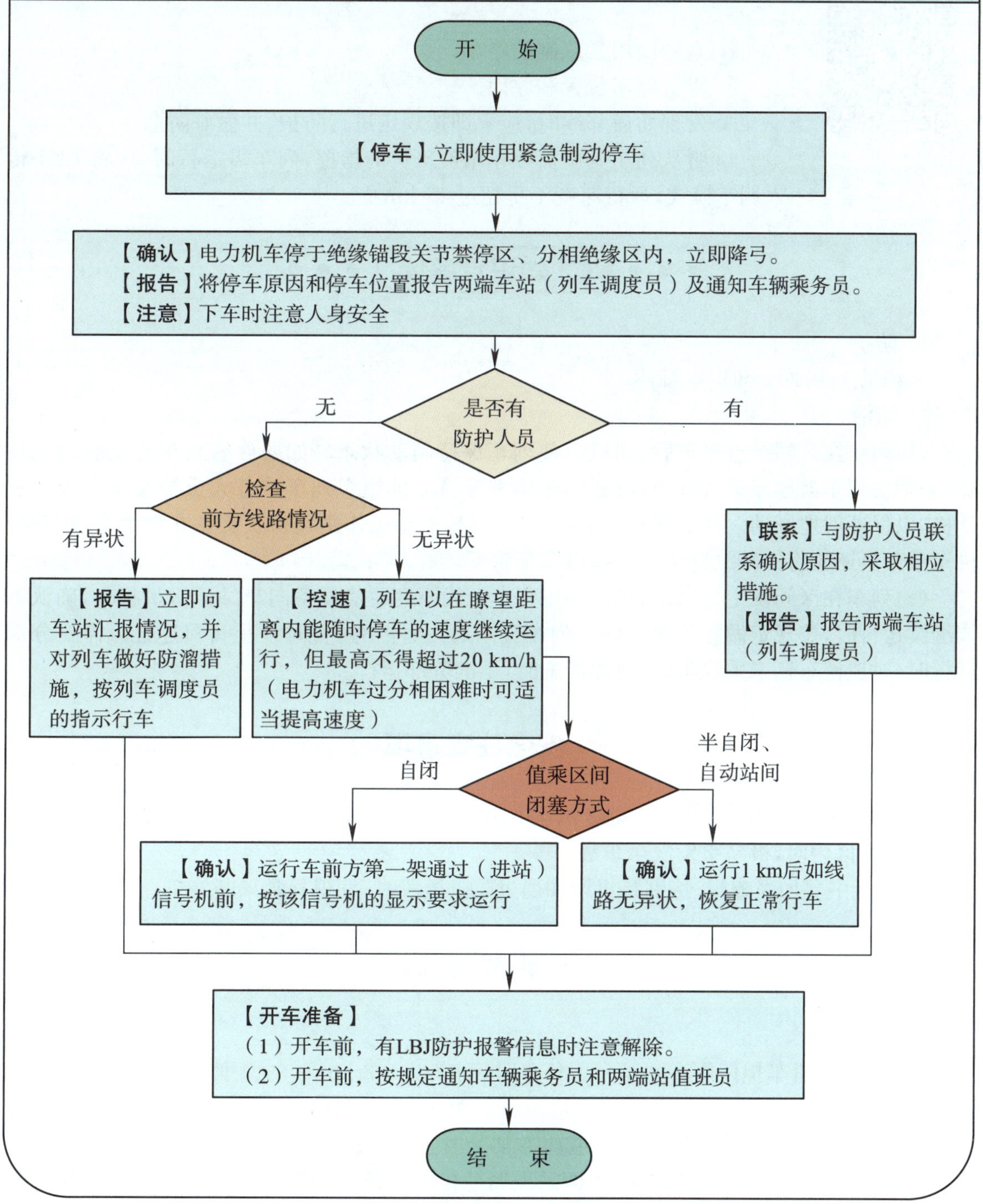

场景 5 运行中发现山体滑坡、线路被埋或断轨变形危及行车安全时的处置

视频

运行中发现山体滑坡、线路被埋或断轨变形危及行车安全时的处置

处置程序

1. 立即使用紧急制动停车。

2. 报告停车位置和原因。

3. 发现妨碍邻线时，应立即按规定进行防护，并做好防溜。

4. 听从列车调度员或车站值班员的指挥，列车需退行时，应将 LKJ 转入调车模式，运行速度不得超过 15 km/h。

知识点解读

1. 防护

见场景 1、场景 2 知识点解读。

2. 防溜

(1)列车在区间被迫停车后，司机应使列车保持制动状态。如遇旅客列车自动制动机故障，必须使列车就地停车时，司机应通知车辆乘务员立即组织列车乘务人员拧紧全列人力制动机，以保证就地制动。其他列车被迫停车后，就地制动工作由司机负责。在坡道上停车时，机车乘务员还应将铁鞋放置于下坡端机车车轮下。

(2)列车在区间发生分离，司机应利用列车无线调度通信设备向车站值班员报告，确认不能继续运行时，按规定做好防溜工作。列车分离后，条件不具备时禁止盲目连挂。需要分部运行时，对遗留车辆未采取防护、防溜措施时，不准分部运行。

安全注意事项

1. 注意可靠短接轨道电路。短接轨道电路不到位时，列车或单机将失去防护，特别是单机停在调谐区内时，极易引发次生事故。

2. 运行中要加强瞭望，特别是汛期和通过防洪地段时，发现异常果断停车。

事故案例

1. 事故概况

SS$_8$ 型电力机车担任旅客列车牵引任务时，列车以 102 km/h 的速度运行在区间，车体被运行方向左侧山体突发的泥石流击打，造成机后第 12 位车厢前进方向第二位轮对脱轨。列车继续以 100 km/h 的速度运行至隧道前方某处时，司机突然发现前方 20 m 处线路上有石块，机车碰撞石块发出异响且跳动，立即采取紧急停车措施。中断正线行车约 5.5 h，构成铁路交通事故。

2. 原因分析

(1)执行信息汇报程序不准确。列车停车后,未及时通知运转车长及前后车站,未汇报是否影响邻线。

(2)机班非正常处置程序混乱。机班在确认机车碰撞异物,排障器严重变形的情况下,一直未通知运转车长转告随车列检人员检查车辆走行部,且在电台多次听见运转车长呼叫车站线路严重塌方的情况下,机班未能及时到塌方现场检查确认,未及时进行请求救援等处理。

处置流程图

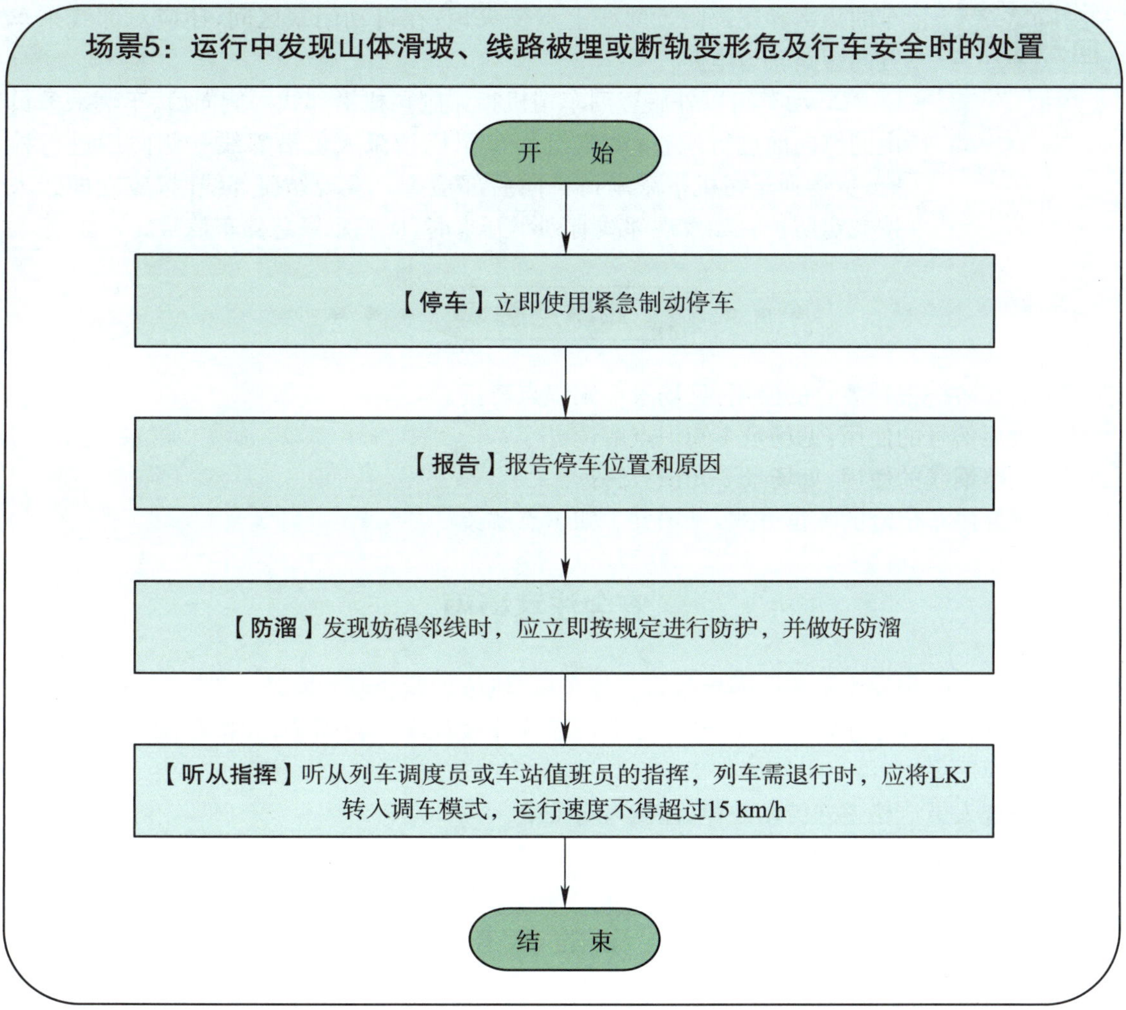

场景5：运行中发现山体滑坡、线路被埋或断轨变形危及行车安全时的处置

场景 6 列车运行中发生不明原因导致紧急停车（司机施加紧急制动除外）时的处置

处置程序

视频

列车运行中发生不明原因导致紧急停车（司机施加紧急制动除外）时的处置

1. 列车运行中发生不明原因导致紧急停车(司机施加紧急制动除外),可能影响邻线时,配备列车防护报警装置的列车应首先使用列车防护报警装置进行防护,同时立即用列车无线调度通信设备通知邻线上运行的列车和两端站(列车调度员),并与车辆乘务员(随车机械师、副司机)分别在列车的头部和尾部附近邻线上点燃火炬;在自动闭塞区间,还应对邻线来车方向短路轨道电路。

2. 动车组以外旅客列车司机指派副司机沿邻线一侧向后、车辆乘务员由同侧向前进行检查;动车组列车司机指派人员沿邻线一侧向后进行检查;货物列车司机指派副司机向后部检查。发现妨碍邻线时,应立即派人按规定防护。如发现邻线有列车开来时,应鸣示紧急停车信号。

知识点解读

1. 列车防护报警装置的使用:见场景 2 知识点解读。
2. 火炬信号的使用:见场景 1 知识点解读。
3. 短路铜线的使用:见场景 2 知识点解读。
4. 紧急停车信号的鸣笛方式:见场景 1 知识点解读。

安全注意事项

1. 列车运行中发生不明原因导致紧急停车(司机施加紧急制动除外),机车乘务员在无法准确查明停车原因的情况下,应首先考虑是否影响邻线列车运行安全,并按影响邻线的办法进行处置。

2. 检查人员严格遵守劳动纪律,注意人身安全。

3. 检查人员应确认列车完整。

事故案例

某特快旅客列车在区间运行时,由于列车超速运行导致机后第 9～17 位车厢脱轨并侵入上行线,司机未按规定进行处置,对向旅客列车运行至上述路段,与侵入限界的特快旅客列车第 15、17 位间发生冲突,事故造成严重伤亡,中断行车约 22 h,构成铁路交通特别重大事故。

处置流程图

场景6：列车运行中发生不明原因导致紧急停车（司机施加紧急制动除外）时的处置

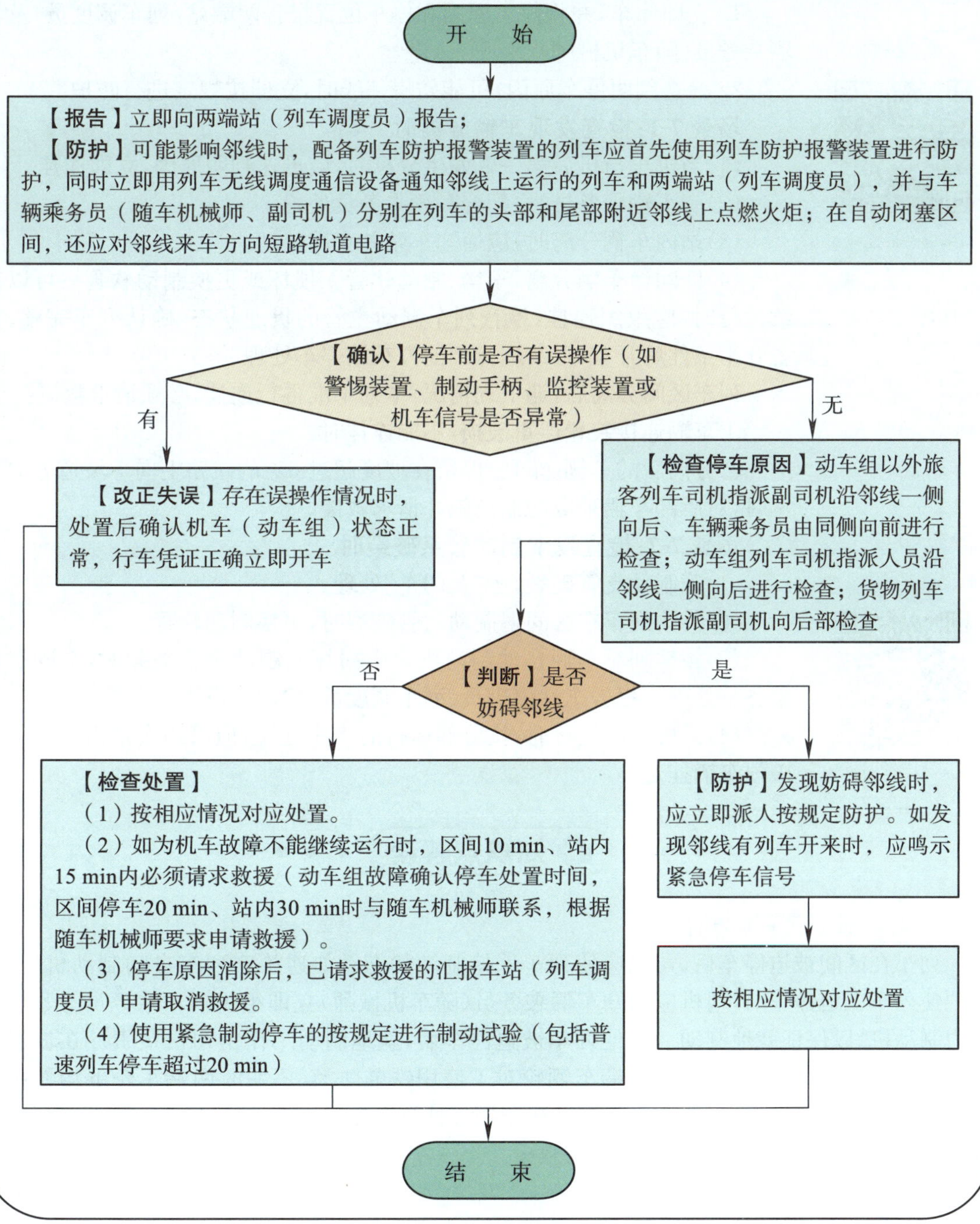

场景 7 列车运行中发现制动主管压力急剧下降、波动等异常情况时的处置

处置程序

视频

列车运行中发现制动主管压力急剧下降、波动等异常情况时的处置

1. 立即停车，并将停车原因和停车位置报告两端站（列车调度员）及车辆乘务员（随车机械师）。

2. 检查判明停车原因，可能妨碍邻线时，立即按规定进行防护。

场景 7-1：检查发现车辆分离时

(1)当机车与机后第一辆发生分离时，应迅速判明原因，立即连挂。

(2)有车辆乘务员时，配合车辆乘务员处置。

(3)站内车辆分离时，应通知车站并会同处理。

(4)区间遇车辆分离，车钩、制动软管无损坏或更换制动软管后可以继续运行时，应组织连挂，检查列车制动主管的贯通状态，确认列车完整，具备开车条件后开车，继续运行到前方车站停车处理。

列车区间分离后，遇下列情况，本列不准再行连挂，必须请求救援：

①车辆连接装置严重破损，不能连挂时。

②分离后的车辆（车列）停留在坡度超过 6‰的线路上向下坡道方向挂车时，对后部车辆采取防溜措施并请求救援。

场景 7-2：检查发现制动管系破裂时

视频

货车漏泄应急处置

(1)若制动支管破裂，按“关门车”处理。

(2)货物列车在区间遇制动软管破裂时，更换制动软管。

(3)旅客列车车辆自动制动机途中损坏或制动主管破裂时，会同车辆乘务员处理。报告车站值班员、列车调度员，按调度员指示办理。

(4)需要分部运行时，按分部运行的程序处置，但第一次牵出时必须将破损车辆挂走。

知识点解读

1. 对后部车辆采取防溜措施

列车在区间被迫停车后，司机应使列车保持制动状态。如遇旅客列车自动制动机故障，必须使列车就地停车时，司机应通知车辆乘务员（随车机械师）立即组织列车乘务员拧紧全列人力制动机，以保证就地制动。其他列车被迫停车后，就地制动工作由司机负责。在坡道上停车时，机车乘务员在下坡方向一端车辆轮对下使用铁鞋防溜（不明时两端车轮下均使用铁鞋防溜）。电气化区段必须使用人力制动机紧固器使列车制动。长大上坡道线路上遇列车后部车辆分离时，本列不得连挂，必须请求救援。

2. 制动支管

连接制动主管与车辆制动机三通阀之间的管路，称为制动支管(图 1-13)。

图 1-13　制动支管

3. 关 门 车

列车中因装载的货物按规定必须停止制动机作用的车辆、制动机临时发生故障的车辆，准许将截断塞门关闭，停止该车辆制动机作用，并须同时拉动缓解阀，排出副风缸内的风，以免因支管漏风而再次制动，这种停止制动机作用的车辆称为“关门车”。

制动缸活塞制动位、缓解位如图 1-14 所示。

(a) 制动位　(b) 缓解位

图 1-14　制动缸活塞制动位、缓解位

4. 关门车的处理

见场景 41 知识点解读。

5. 列车分离

编组始发列车或甩挂作业后未确认车钩连接状态，或因车钩作用不良(包括车钩缓冲装置的破损)，而使列车发生的车钩分离。

安全注意事项

1. 列车区间分离后，遇下列情况，本列不准再行连挂，必须请求救援：

①车辆连接装置严重破损，不能连挂时。

②分离后的车辆(车列)停留在坡度超过 6‰的线路上向下坡道方向挂车时，对后部车辆采取防溜措施并请求救援。

2. 列车运行中发现制动主管压力急剧下降，可能妨碍邻线时，按规定防护，配备列车防护报警装置的列车应首先使用列车防护报警进行防护，同时向两端站车站值班员(列车调度员)、段应急指导台汇报，确保处置正确、信息畅通。

3. 铁鞋(止轮器)放置规范：使用铁鞋(止轮器)防溜，均须将铁鞋(止轮器)置于机车车辆同一侧，采取双向防溜措施。放置时，铁鞋(止轮器)底部及尖部应平直与轨面密贴，鞋尖紧贴车轮踏面，牢靠固定，加锁防盗，铁鞋使用示例如图 1-15 所示。

图 1-15　铁鞋使用示例

事故案例

1. 事故概况

司机甲和乙值乘 HXD_1 型电力机车，担当 X 次列车牵引任务(48 辆车辆)，运行至 A 站和 B 站区间时，机车列尾装置语音提示尾部风压 453 kPa，并伴随列车自动降速(司机未主动回手柄)，列车停于区间(线路纵断面为 11.9‰上坡道)。操纵司机第一次下车检查，向 B 站汇报情况，6 min 后司机再次下车检查，向 B 站请求救援。随后机车司机甲下车向列车尾部逐辆检查车辆制动主管连接状态、车辆制动系统外观和列尾装置状态，未发现异常。约 30 min 后机班向 B 站申请取消救援，重新启动列车，走行 218 m 后，发现列车尾部风压仍无法充至定压，列车提速异常，后又再次向车站请求救援。随后机班采取分段关闭车辆列车管折角塞门方式，对列车制动系统进行检查，司机乙关闭机后第 10 位车辆折角塞门，试验正常。此时接到车站通知从 B 站方向来机车救援，司机乙返回机车，司机甲去列车前部进行防护。段应急指导人员重新安排停于区间的 Y 次货物列车(距离被救援列车尾部约 1 200 m)操纵司机丙下车协助留守司机乙对 X 次列车制动系统继续检查判断。机车司机丙关闭机后第 30 位折角塞门，进行试风，发现列车管无法制动保压，向前检查听到机后第 23 位车辆有漏风声。于是采取关闭第 23 位车辆后端列车管折角塞门，重新充风试验，检查确认第 23 位车辆制动主管中部连接处大漏，现场无法处置后向调度员汇报，并建议采取分部运行方式开通区间。调度员安排另一辆机车，开行救援进入区间，将停留在区间的货物车列拉回站内。

调度员安排停在 A 站的 Z 次本务机车(HXD_1 型)，将停留在区间的 Y 次车列拉回 A 站。从 B 站进入区间担当 X 次救援任务司机接令，牵引 X 次机车及机后 22 辆车辆运行至 B 站。Y 次司机丙在区间接令，担当 X 次列车区间遗留车辆牵引任务，运行至 A 站。

2. 原因分析

(1)救援作业存在问题：

①司机甲和乙发现列车管非正常减压，未及时采取停车措施。

②机班请求救援，取消救援后按坡道起车办法动车后发现无法继续运行，第二次请求救援时未汇报新停车地点公里标。

③X 次机车司机关闭机后第一位车辆折角塞门机车单独制动保压状态正常，即已判明机车无异常时，从 B 站安排救援单机意义不大，因 X 次司机需进行防护，影响正在进行故障检查判断的副班司机作业。

④检查发现 X 次第 23 位车辆大漏，可能经处理后可以继续运行，因此建议对追踪列车 Y 次暂缓开行救援单机(Z 次本务机车)，后发现为制动主管破裂现场无法处理，耽误了将 Y 次车列拉回 A 站。

(2)故障判断不及时：

因列车处于 11.9‰上坡道，担心缓解时列车溜逸，从第 10 位开始关闭车辆折角塞门充风试验，未从车列 1/2 处即 24 辆处关闭折角塞门，影响故障处置判断。

处置流程图

场景7-1：列车运行中发现制动主管压力急剧下降、波动等异常情况列车分离时的处置

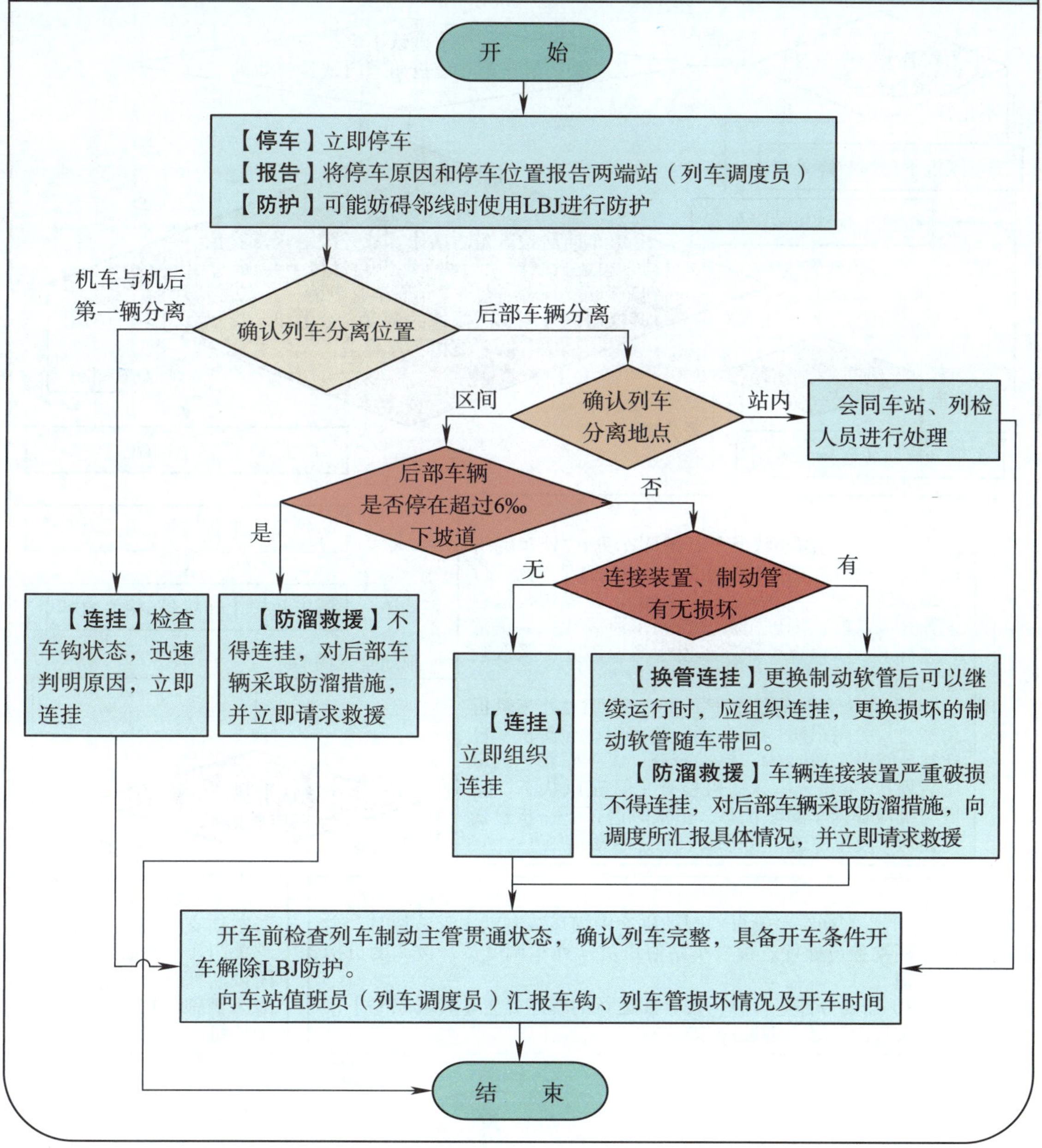

场景7-2：列车运行中发现制动主管压力急剧下降、波动等异常情况时的处置

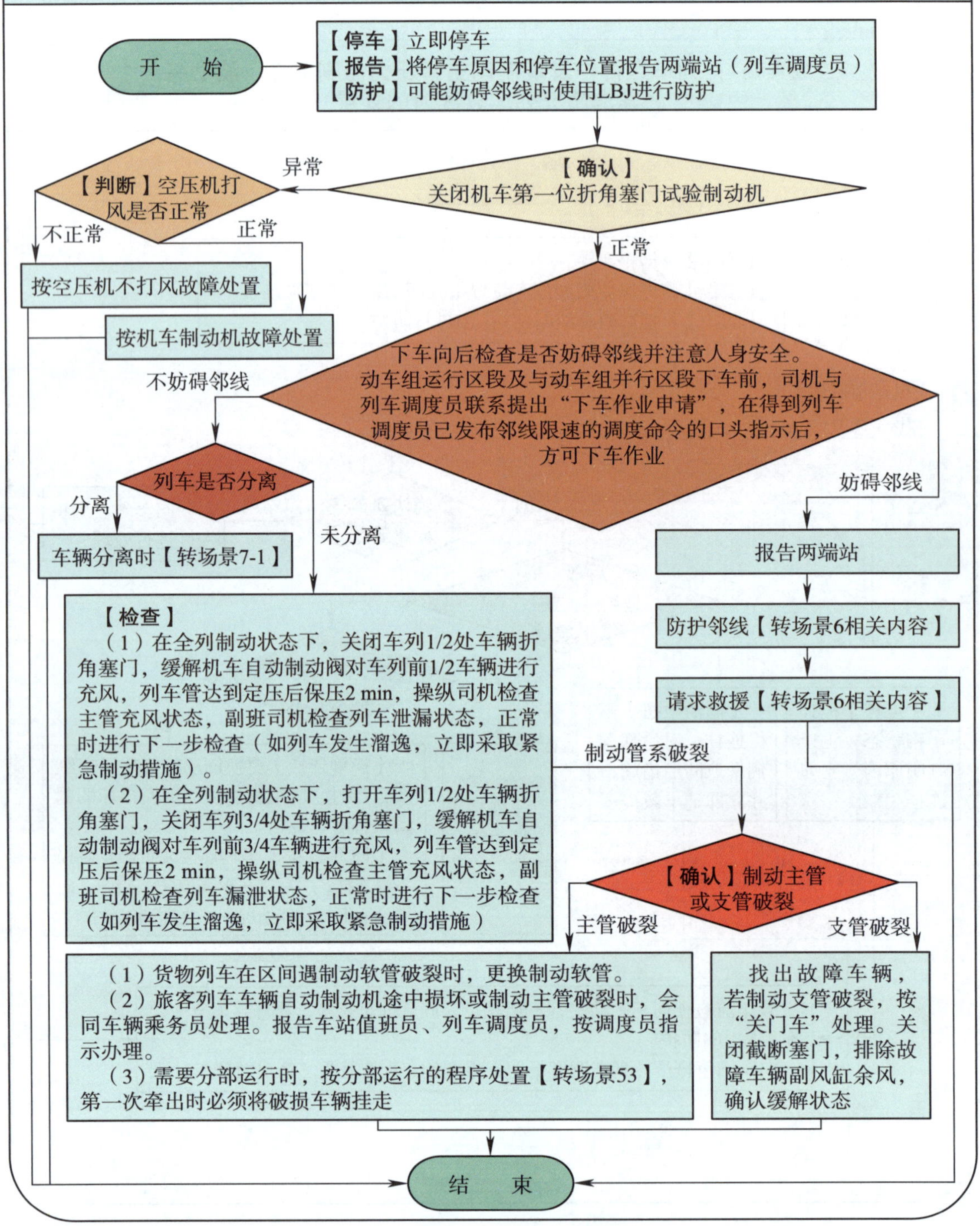

场景 8　单机运行中制动失效时的处置

视频

单机运行中制动失效时的处置

处置程序

1. 立即使用紧急制动，打开紧急放风阀（图 1-16）。
2. 有动力制动的机车，同时使用动力制动。
3. 拧紧人力制动机（图 1-17）或使用弹停（蓄能）制动（图 1-18）。

图 1-16　机车紧急放风阀

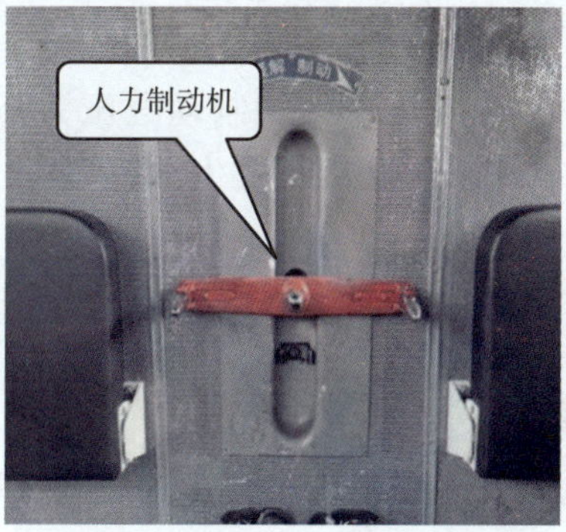

图 1-17　机车人力制动机

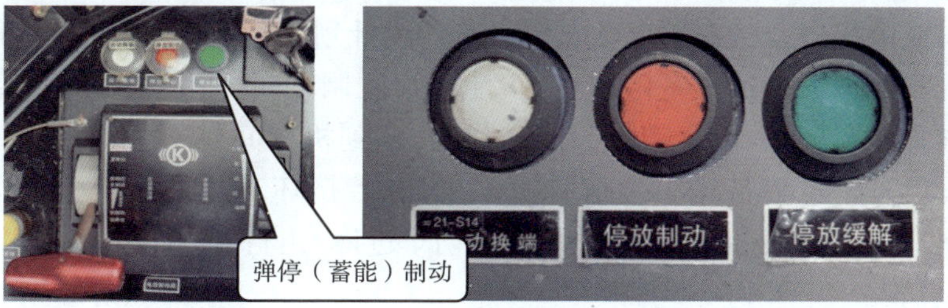

图 1-18　弹停（蓄能）制动按键

4. 一切制动失效后，紧急情况下可采取逆电措施。
5. 通知前方车站值班员。

知识点解读

1. 紧急放风阀是空气制动机的安全设施。当制动阀失效或乘务员发现特殊情况需要立即停车，方可使用紧急放风阀，一般情况不准使用。阀的开启和关闭，是通过手柄转动曲柄来完成的。当手柄朝上时，曲柄使阀紧压在阀座上，将阀口关闭。当拉动手柄使其朝下时，曲柄转动并将阀提起，因而列车管内的压力空气通过阀口，经阀体上的排气孔直接而迅速地排向大气，从而使机车和车辆产生紧急制动作用。

2. 逆电措施：制动失效且在紧急情况下，司机在牵引运行中换向并瞬间加负荷，尽可能使机车停车的一种措施。

3. 逆电措施仅能在紧急情况下使用，使用时应间断瞬间加负荷。因机车在运行中，牵引电机在电动机工作状态，如果这时施行换向后，改变的仅是牵引电机的励磁电流方向，其转向并不会立即改变，这时牵引电机自然进入发电机状态，在这种状态下主电路中的牵引电机和牵引发电机都将工作在发电机状态，负载仅是导线，在极短时间内将会把包括牵引发电机、牵引电动机在内的全部电器烧损。

安全注意事项

司机在使用紧急制动的同时使用动力制动，并将动力制动投入达到最大值，在确认动力制动发挥作用后，使用单阀缓解制动缸压力至 150 kPa 以下（设有自动控制装置的机车可不进行单阀缓解操作），防止机车发生滑行。

事故案例

1. 事故概况

SS7C 型电力机车牵引旅客列车到达终点后，进段整备场整备作业，检查司机及副司机对机车进行整备检查，检查司机填报机统—6 报修，报修内容“Ⅰ室小闸空气位不缓解”。行修制动组人员对故障处所进行检查，发现分配阀胶垫老化，由于当时未找到分配阀胶垫配件，通知行修工长“SS7C 机车不能走”。行修工长通知机车调度员“SS7 机车不能上线”。机车调度员接到通知后，向扳道房以及检查组工长布置机车转线计划，检查组工长安排司机动车转线，检查司机动车，机车经过某道岔准备停车返岔，使用小闸制动时，发现机车不制动、立即使用大闸紧急制动、紧急停车按钮，机车都不起制动作用，跑到机器间拉下蓄电池闸刀，此时蓄能制动器发生作用，机车越过整备场阻拦信号溜入车站内，挤坏车站复式交分道岔后停车，停车后，司机没有下车进行确认，立即换端升弓并想动车进库，走行 39 m 造成机车 3 对轮对脱线，构成铁路交通事故。

2. 原因分析

分配阀故障是造成制动机失效的原因，Ⅱ室小闸的电空转换扳键在空气位（行修人员修理后未恢复），司机操纵机车时也未发现，仍按电空位操纵，造成机车大小闸制动全部失效。整备司机严重违反关于“接车时，应对走行部、基础制动装置、牵引装置、制动机、电气控制系统、机车行车安全装备和柴油机等进行重点检查实验”以及“设有前后司机室的机车，司机必须在运行方向前端司机室操纵，库内第一次动车以及换室后必须进行单阀实验”的规定。整备司机动车前不试闸，不确认制动缸的压力，盲目动车，是造成此次事故的主要原因。

处置流程图

场景8：单机运行中制动失效时的处置

开　始

↓

【紧急制动】立即使用紧急制动，打开紧急放风阀

↓

【动力制动】有动力制动的机车，同时使用动力制动

↓

【人力制动/弹停制动】拧紧人力制动机或使用弹停（蓄能）制动

↓

【逆电措施】一切制动失效后，紧急情况下可采取逆电措施

↓

【报告】通知前方车站值班员

↓

结　束

场景 9 运行中发现列车失去空气制动力或制动力减弱危及行车安全时的处置

处置程序

视频

运行中发现列车失去空气制动力或制动力减弱危及行车安全时的处置

1. 立即使用紧急制动，打开紧急放风阀。具有动力制动的机车，将动力制动投入达到最大值。

2. 装有列尾装置的列车，按压列尾排风键排风制动。客车列尾装置无法进行辅助排风时，立即通知车辆乘务员使用紧急制动阀停车；无法通知车辆乘务员时，司机采用鸣示“连续短声一长声”的鸣笛方式通知车辆乘务员，同时通知前方车站值班员。

知识点解读

1. 紧急放风阀

紧急放风阀见场景 8 知识点解读。

2. 客列尾排风键

客列尾排风键如图 1-19 所示。客列尾操作方法见场景 39 知识点解读。

3. 货列尾排风键

货列尾排风键如图 1-20 所示。货列尾操作方法见场景 40 知识点解读。

图 1-19 客列尾排风键

图 1-20 货列尾司机室控制盒排风键

安全注意事项

1. 当发现列车失去空气制动力或制动力减弱危及行车安全时，乘务员应尽快采取措施使列车停车，同时通知前方车站值班员，避免发生冒进、相撞等严重事故。

2. 列尾排风键按键按下后，听到按键提示音变调后(约 2 s)须及时松手，否则指令将无法发送。

3. 排风键只有在需要尾部辅助排风时方可操作，其他情况下严禁使用。

事故案例

1. 事故概况

SS_8 型电力机车担当旅客列车牵引任务，开车后列车速度 40 km/h 时，司机进行贯通试验，发现列车降速缓慢，司机再次进行贯通试验，列车速度下降依然缓慢，司机立即使用紧急制动并通知运转车长使用紧急制动阀，列车停于区间。司机检查发现机车后部(Ⅱ室)列车管、供风管错装后，请求进前方站侧线停车处理，在更换软管、制动试验正常后，列车晚点开车，构成铁路交通事故。

2. 原因分析

(1)机车整备作业的互控把关制度流于形式。机车在机务段整备场更换制动软管以及供风管时风管错装出库，再次入段整备检查不到位。

(2)车辆段客列检严重简化作业标准。虚假作业，没有按规定到列车尾部车辆检查风压情况，错过了发现和防止事故的最佳时机。

(3)机车乘务员基本作业要求不落实、盲目冒险行车、非正常应急处置不当。挂车后机班未认真检查制动管的连接；贯通试验发现降速缓慢未果断停车，在区间停车检查发现后，也不及时更换处置，而是盲目运行，维持进站，无视安全。

(4)车站运转车长联防互控意识、业务素质差。没有认真确认列车尾部风压，没有进行联防互控，发生制动失灵后，操作紧急制动阀时没有一次性将紧急制动阀拉到位。

处置流程图

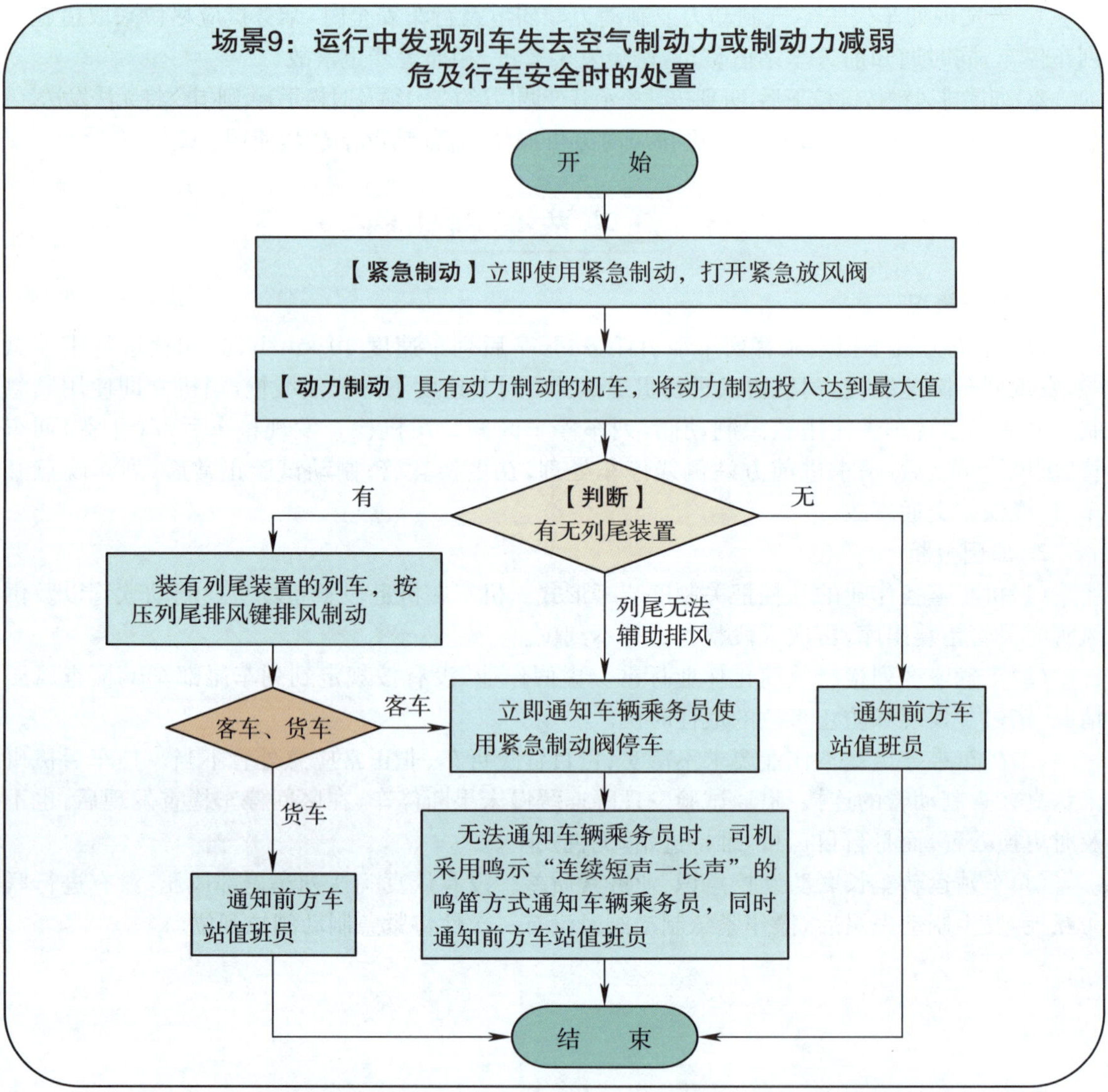
场景9：运行中发现列车失去空气制动力或制动力减弱
危及行车安全时的处置
开　始
【紧急制动】立即使用紧急制动，打开紧急放风阀
【动力制动】具有动力制动的机车，将动力制动投入达到最大值
【判断】
有无列尾装置
有
无
装有列尾装置的列车，按压列尾排风键排风制动
列尾无法
辅助排风
客车、货车
客车
货车
立即通知车辆乘务员使用紧急制动阀停车
通知前方车站值班员
无法通知车辆乘务员时，司机采用鸣示“连续短声一长声”的鸣笛方式通知车辆乘务员，同时通知前方车站值班员
通知前方车站值班员
结　束

场景 10　电力机车运行中遇接触网临时停电或异常时的处置

视频

电力机车运行中遇接触网临时停电或异常时的处置

处置程序

1. 立即采取断主断降弓停车措施。

2. 向车站值班员报告停车位置和原因，听取列车调度员的指示。

3. 检查受电弓、接触网状态，发现异常严禁升弓。

4. 处置：

(1)机车受电弓或车顶无异常时，向车站值班员询问接触网的供电状态，若接触网无电，按规定做好防护、防溜。

(2)得到车站值班员接触网有电的通知时，装有车顶绝缘检测装置的机车，司机要检查确认机车绝缘情况，确认机车绝缘装置故障、绝缘不良或无法确认时，不得盲目升弓。

(3)机车受电弓散架、车顶缠绕异物等情况影响列车运行需要登顶处理时，申请停电和登顶作业的调度命令，接收命令后按登顶作业程序处置，处置完毕后将高压隔离故障受电弓，清除车顶异物，重新进行车顶绝缘检测若正常，使用另一架受电弓维持运行。无法处理或处理后无法继续运行时立即请求救援。

(4)车顶缠绕塑料袋等较小型轻飘物，经高压隔离受电弓后，可以维持运行时，高压隔离异物受电弓回路，重新进行车顶绝缘检测正常后，使用另一架受电弓维持运行，前方停车站加强车顶检查。

(5)如已采取防溜，开车前应确认列车防溜措施撤除，具备开车条件后方可开车。

视频

运行中临时降弓的处置

知识点解读

1. 车顶绝缘检测装置。

(1)为了及时检测出机车车顶高压设备对车体绝缘不良(接地)故障，从而避免盲目升弓而造成车顶“放炮”的恶性事故，故在机车上加装了机车车顶绝缘检测装置(图 1-21)。

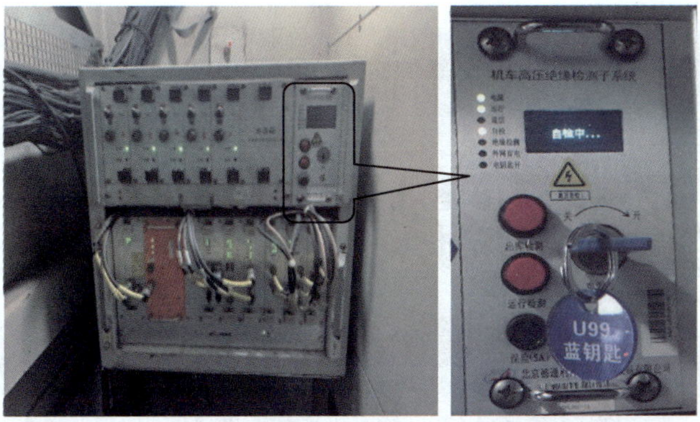

图 1-21　HXD3C 型电力机车 6A 系统车顶绝缘装置

(2)机车车顶绝缘检测的方法(图 1-22)：

①将控制气路柜上的蓝钥匙插入系统主机—绝缘检测板卡钥匙孔中，打到“开”位。

②按“出库检测”按钮，板卡屏幕会显示检测电压及结果。

③检测完毕后，将蓝钥匙打到“关”位，并拔出，放回原位。

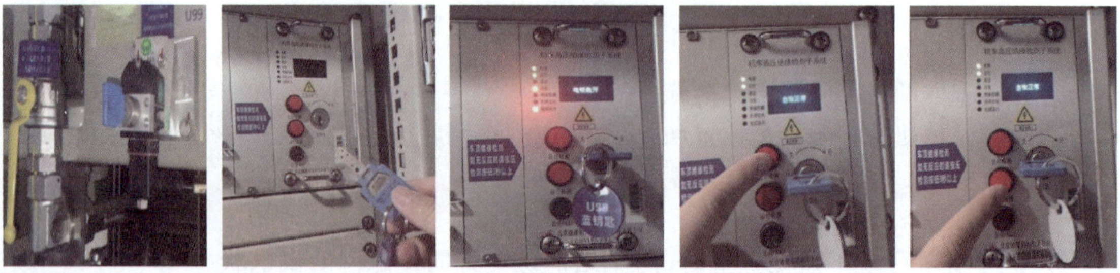

图 1-22 机车车顶绝缘检测方法

2. 高压隔离故障受电弓方法，将对应的受电弓进行隔离。

HXD$_{1C}$ 型电力机车受电弓隔离：隔离 1 弓时，将受电弓模式选择开关置“弓 2 位”，关闭 1 端受电弓供风塞门 K74，如图 1-23 所示；隔离 2 弓时，将受电弓模式选择开关置“弓 1 位”，关闭 2 端受电弓供风塞门 K75。

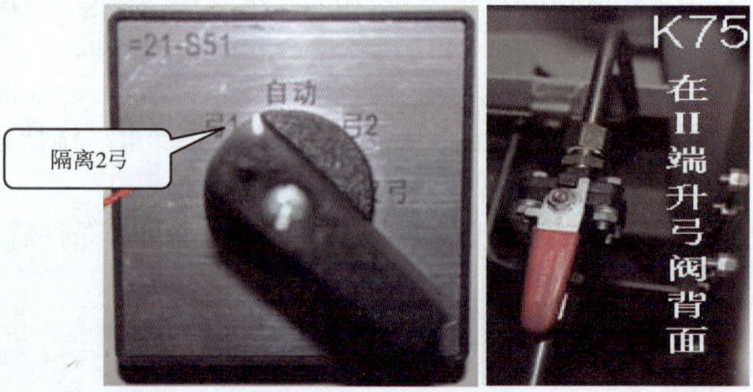

图 1-23 隔离 2 弓

HXD$_{3C}$ 型电力机车受电弓隔离：断开 QA43 或 QA44，关闭故障受电弓供风塞门 U98，如图 1-24 所示，控制电源柜面板上受电弓隔离开关 SA96，置故障受电弓位置，相应的受电弓高压隔离开关动作，如图 1-25 所示。

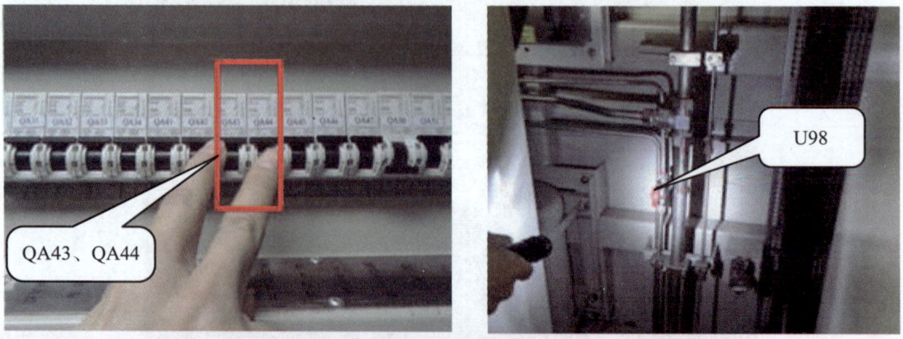

图 1-24 QA43、QA44 和受电弓供风塞门 U98

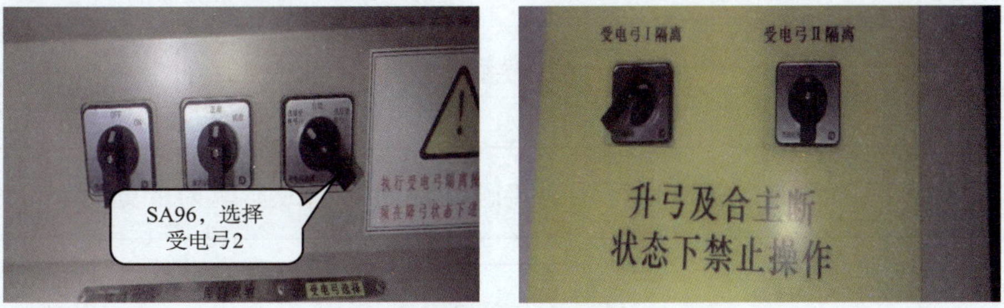

图 1-25　受电弓隔离开关 SA96 和高压隔离开关

3. 登顶作业的方法(见场景 35 知识点解读)。

安全注意事项

运行中加强确认操纵台仪表,发现接触网无网压时,要立即断电降弓并紧急停车,否则极容易发生或扩大弓网事故。

事 故 案 例

1. 事故概况

SS_1 型电力机车担当客车牵引任务,列车运行至临时降弓通过地段时,由于司机未及时降弓,导致机车后弓被打坏改升前弓运行。列车到达终点站停车,机车解钩入库,机车运行至车站某道岔处,因损坏的机车后弓侵入接触网限界,造成将接触线拉断,影响接触网跳闸停电,构成铁路交通事故。

2. 原因分析

(1)司机错误将劈相机按键当作降弓按键断开,错过了正常降弓时机。

(2)在明知机车受电弓被刮坏的情况下,未对受损受电弓进行捆绑处理,盲目换弓臆测行车。

(3)在终点站发现受电弓异常的情况下,司机未降弓进行车顶绝缘检测等检查,继续升前弓维持运行导致设备损坏并进一步扩大影响。

处置流程图

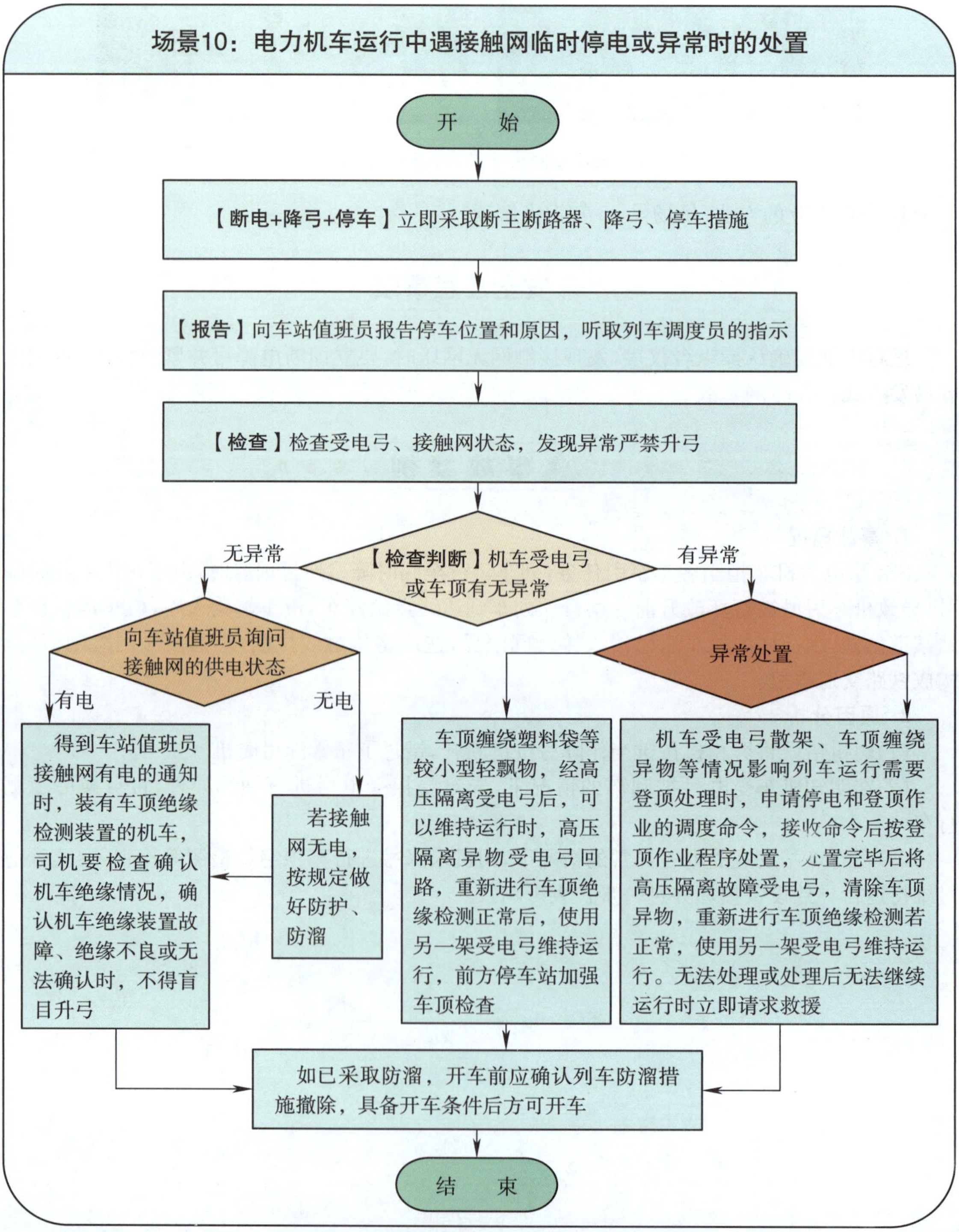
场景10：电力机车运行中遇接触网临时停电或异常时的处置
开　始
【断电+降弓+停车】立即采取断主断路器、降弓、停车措施
【报告】向车站值班员报告停车位置和原因，听取列车调度员的指示
【检查】检查受电弓、接触网状态，发现异常严禁升弓
【检查判断】机车受电弓或车顶有无异常
无异常
有异常
向车站值班员询问接触网的供电状态
有电
无电
得到车站值班员接触网有电的通知时，装有车顶绝缘检测装置的机车，司机要检查确认机车绝缘情况，确认机车绝缘装置故障、绝缘不良或无法确认时，不得盲目升弓
若接触网无电，按规定做好防护、防溜
异常处置
车顶缠绕塑料袋等较小型轻飘物，经高压隔离受电弓后，可以维持运行时，高压隔离异物受电弓回路，重新进行车顶绝缘检测正常后，使用另一架受电弓维持运行，前方停车站加强车顶检查
机车受电弓散架、车顶缠绕异物等情况影响列车运行需要登顶处理时，申请停电和登顶作业的调度命令，接收命令后按登顶作业程序处置，处置完毕后将高压隔离故障受电弓，清除车顶异物，重新进行车顶绝缘检测若正常，使用另一架受电弓维持运行。无法处理或处理后无法继续运行时立即请求救援
如已采取防溜，开车前应确认列车防溜措施撤除，具备开车条件后方可开车
结　束

场景 11　列车运行中发生火灾时的处置

处置程序

列车运行中发生火灾时立即停车(停车地点应尽量避开特大桥梁、长大隧道等，选择便于旅客疏散的地点)；报告两端站(列车调度员)，根据火情通知两端站请求协助灭火，电气化区段，现场需停电时，同时报告车站(列车调度员)。

场景 11-1：车辆发生火灾时(图 1-26)

图 1-26　车辆发生火灾

1. 需进行分解作业时，先使着火车辆与列车后部车辆分离；然后将着火车辆向前拉 50 m 以上尽量转移至线路平坦处，但不得停留在易燃草秸房舍或居民稠密区及重要建筑物附近；再使前部车辆与着火车辆分离 50 m 以上，如图 1-27 所示。

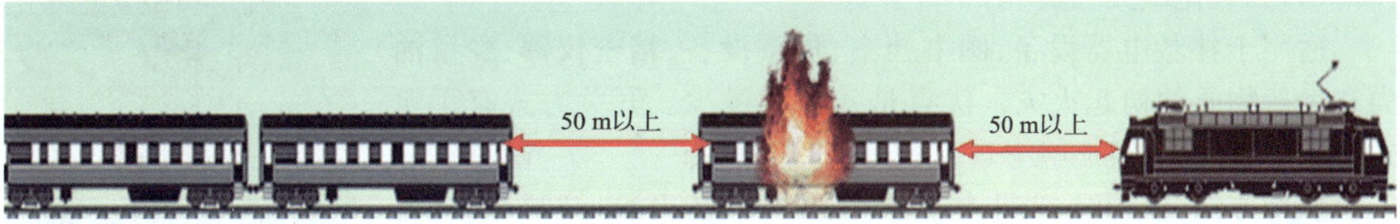

图 1-27　前部车辆与着火车辆分离

2. 危及邻线列车安全时，应对邻线进行防护，并报告列车调度员和两端站车站值班员。

3. 司机应鸣示警报信号，动员附近人力、物力进行灭火，对火灾车辆进行彻底扑灭后经检查确认方可挂运。

4. 情况危急时，可根据货物的性质、风向、地理位置、设备条件等具体情况机动处理。

5. 对在区间甩下的车辆采取防溜措施。

场景 11-2:机车发生火灾时(图 1-28)

图 1-28　机车发生火灾

1. 立即采取“两停一断”措施:停机(电力机车将主手柄置于零位,断开主断路器,降下受电弓)、停车、断(拉)开蓄电池电源。

2. 使用规定灭火器灭火。

3. 火灾扑灭后,检查确认能继续运行时可维持运行,无法运行时,应及时请求救援。

知识点解读

1. 鸣示警报信号

使用鸣笛的声响,形成长短不同、组合方式不同的声响,以表示不同的含义。警报信号为一长三短声,表示发现线路有危及行车安全的不良处所时。

2. 对甩下的车辆采取防溜措施

见场景 7 知识点解读。

3. 机车上配置的灭火器型号及使用方法

(1)二氧化碳灭火器(图 1-29)

图 1-29　二氧化碳灭火器

适用于扑救电器设备、图书档案、贵重设备、精密仪器、少量油类和一般物质的初起火灾。优点是残留物极少。开关方式有手轮式、鸭嘴式等。

使用方法:使用时,首先将灭火器喷嘴对准火源,打开开关(鸭嘴式,右手拔出保险销,紧握喇叭喷筒上橡胶握柄,左手将鸭嘴向下压。手轮式,向左旋转)即可喷出二氧化碳。

灭火时应尽量接近火源,动作要迅速,同时要防止冻伤。

(2)水型喷雾灭火器(图 1-30)

水型喷雾灭火器属高效环保灭火器,可扑救可燃固体(A)、可燃油类(B)、可燃气体类(C)火灾和带电设备的初起火灾,其灭火效果优于干粉、1211 等灭火器,并具有阻燃渗透,灭火效率高、抗复燃性强,喷射距离远,无再生污染、无毒、无刺激。扑救电器火灾,1 m 距离可抗交流电压 36 000 V,漏泄电流仅 1.005 mA 。在市电 220 V 和线间电压 380 V 的情况下,操作人员不戴任何绝缘工具,手持该灭火器对带电物体 3 m 直接连续喷射,不会造成任何电击现象，不会对人体造成任何伤害；缺点是被喷射后部件有残留物污染。

使用方法：使用时，首先将灭火器喷嘴对准火源，拔出保险销，手将压把按下，即可喷出。

（3）机械泡沫灭火器（图 1-31）

机械泡沫灭火器是高效水系灭火剂。

适用扑救固体材料、可燃液体、可燃气体、一般电器设备火灾。灭火距离不小于 1 m，灭火后清理现场必须先切断电源。使用温度为＋5～＋55 ℃，绝缘性能：1 000 V。

使用方法：拔出保险销，按下压把，握紧软管对准火源根部喷射。

图 1-30　水型喷雾灭火器

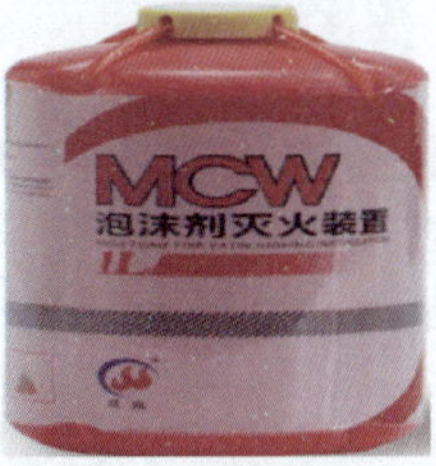

图 1-31　机械泡沫灭火器

（4）手掷式灭火器（图 1-32）

手掷式灭火器即 MCW 灭火装置。

可直接将灭火装置投掷各种明火火源，注意：该灭火装置启动时请与其保持适当安全距离（无遮挡时不小于 3 m）。使用方法：取出灭火装置，直接将灭火装置投掷火源中，投掷后转身离开即可。

图 1-32　手掷式灭火器

（5）MASYS 3000-2 灭火控制器（图 1-33）

当火情较大时，按下 5SB 或两联动紧急按钮（本车："本车紧急启动"及"紧急启动联动开关"。他车："本车紧急启动"及"紧急启动联动开关"）紧急启动灭火装置，利用储气钢瓶内气体进行灭火。注意"本车（或他车）紧急启动"和"紧急启动联动开关"按钮有翻盖保护，需要掀开翻盖并同时按下这两个开关持续 3 s，并看到面板倒计时显示开始、听到启动声音。若控制器出现故障不能正常启动时，需采用机械应急手动控制，首先撤离现场所有人员，拔出电磁阀驱动器上的保险插销，再拉动手动紧急启动拉环即可打开容器阀，释放灭火剂，实施灭火。火灾探测报警装置包括：MASYS 3000-2 型控制器 1 个、紫外火灾探测器 3 只，紧急启动按钮 1 个；气体自动灭火装置包括：机车专用 70 L 储气钢瓶 1 套、电磁驱动装置 1 个、压力指示器 1 只、DN32 高压软管1条、高压气体管道1套、气体喷嘴3只。启动气体自动灭火装置如图1-33所示。

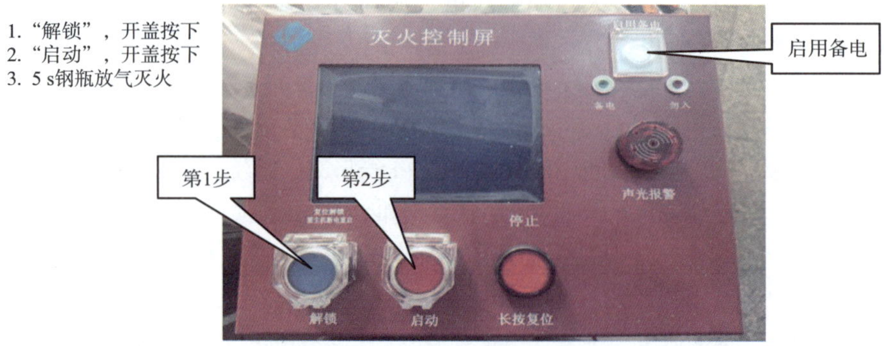

图1-33　气体自动灭火装置

4. 防毒面具使用方法(图1-34)

第一步打开盒盖取出包装袋;第二步撕开包装袋,拔掉前后两个密封塞;第三步戴上头罩,拉紧头带;第四步选择路径,果断逃生。

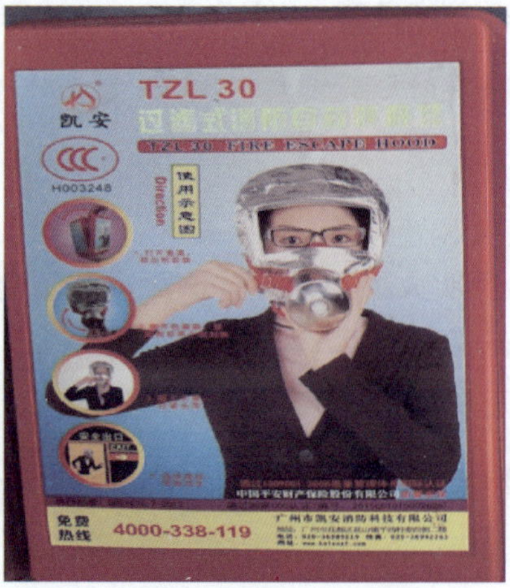

图1-34　防毒面具使用方法

安全注意事项

1. 使用铁鞋防溜时,铁鞋鞋尖必须密贴车轮踏面;防盗链安装在车辆的脚蹬、绳挂等部位上,但严禁安装在车辆的制动主管或总风管上。防盗链不能系得过紧,避免造成铁鞋鞋尖不能紧贴车辆车轮踏面(图1-15)。

2. 根据现场情况准确采取灭火方法,使用灭火器及灭火装置灭火。

3. 执行好劳动安全措施。人工灭火时必须佩戴防毒面具;使用气体自动灭火装置时,首先撤离现场所有人员,若控制器出现故障不能正常启动时,需采用机械应急手动控制,拔出电磁阀驱动器上的保险插销,再拉动手动紧急启动拉环即可打开容器阀,释放灭火剂,实施灭火,并迅速撤离。

4. 在电气化区段灭火时，应注意灭火处与接触网之间距离，如不足 4 m 又未停电的情况下，不得使用水和一般灭火器进行灭火，超过 4 m 时可以使用水灭火，但严禁向接触网带电部分喷射，并保持水流与接触网带电设备距离 2 m 以上。

5. 使用沙土灭火时，必须距接触网带电设备距离 2 m 以上。

6. 火灾扑灭后，应仔细检查机车、车辆设备损坏程度，如确认能够继续运行时，应将损坏的处所处理好后方可继续运行。如无法处理时，及时请求救援。

事故案例

1. 事故概况

DF_{4D} 型内燃机车牵引旅客列车，列车以 100 km/h 的速度运行在正线上。3 号硬座车厢列车员正在打扫卫生时，接到一名旅客报告，车厢内 33 与 34 号座席间窗户的夹板缝里往外冒烟，列车员查看发现列车运行方向右侧墙壁夹缝里不断冒烟，立即报告责任列车长，列车长现场检查判断不清情况，下令列车员使用紧急制动阀停车，停于区间。停车后，列车长组织车辆乘务员灭火，夹板破开出现了明火，机车、车辆乘务员共同配合，对着火车辆进行甩车隔离，阻断火势蔓延，扑灭火灾，经检查确认后重新连挂开车，构成铁路列车火灾事故。

2. 原因分析

乘客未到吸引区吸烟，在座位吸烟并将烟头不断塞进车窗夹板上的一个小洞中引发火情，个别烟头未灭在密闭狭窄空间内闷烧所致。

处置流程图

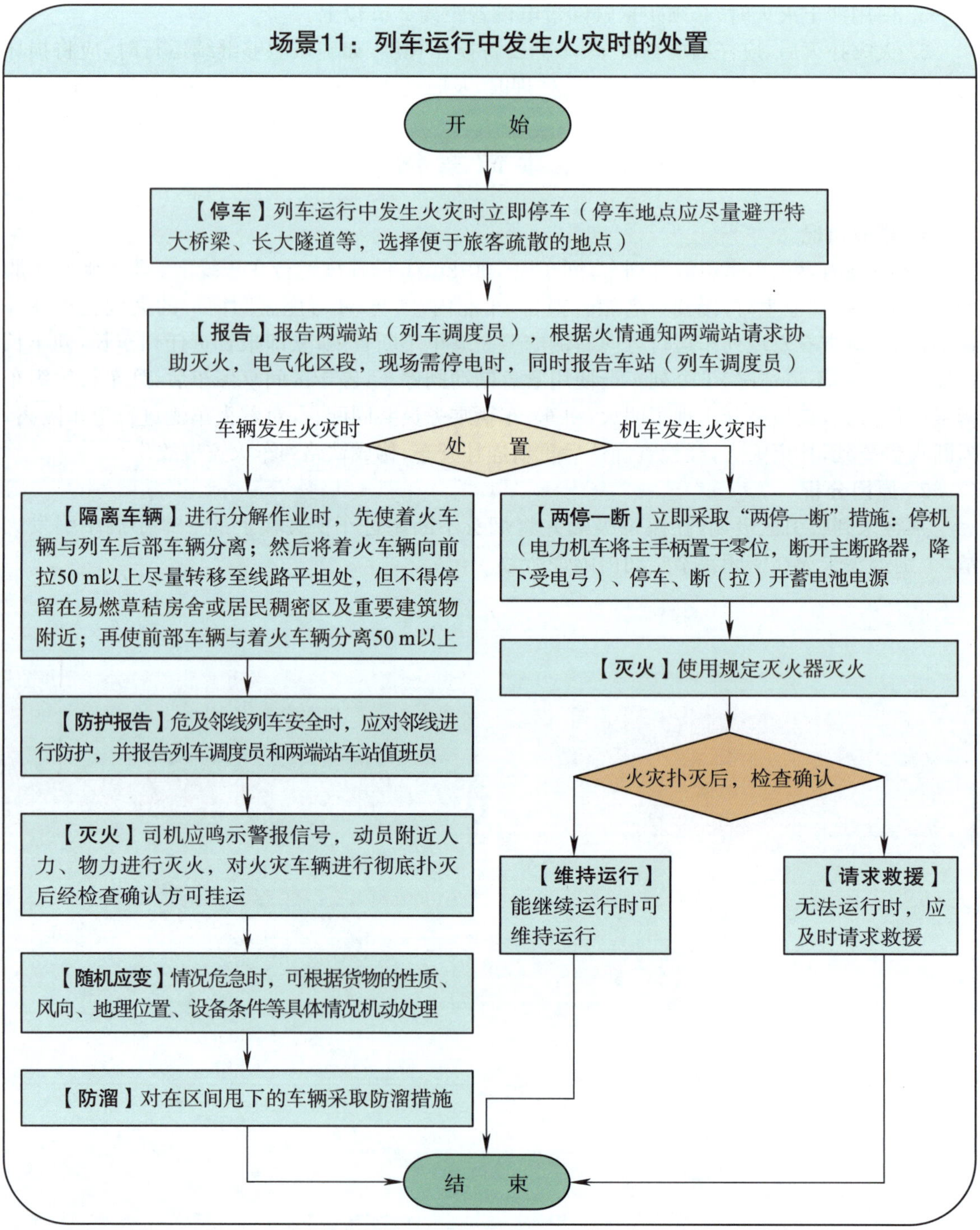
场景11：列车运行中发生火灾时的处置
开　始
【停车】列车运行中发生火灾时立即停车（停车地点应尽量避开特大桥梁、长大隧道等，选择便于旅客疏散的地点）
【报告】报告两端站（列车调度员），根据火情通知两端站请求协助灭火，电气化区段，现场需停电时，同时报告车站（列车调度员）
处　置
车辆发生火灾时
机车发生火灾时
【隔离车辆】进行分解作业时，先使着火车辆与列车后部车辆分离；然后将着火车辆向前拉50 m以上尽量转移至线路平坦处，但不得停留在易燃草秸房舍或居民稠密区及重要建筑物附近；再使前部车辆与着火车辆分离50 m以上
【防护报告】危及邻线列车安全时，应对邻线进行防护，并报告列车调度员和两端站车站值班员
【灭火】司机应鸣示警报信号，动员附近人力、物力进行灭火，对火灾车辆进行彻底扑灭后经检查确认方可挂运
【随机应变】情况危急时，可根据货物的性质、风向、地理位置、设备条件等具体情况机动处理
【防溜】对在区间甩下的车辆采取防溜措施
【两停一断】立即采取“两停一断”措施：停机（电力机车将主手柄置于零位，断开主断路器，降下受电弓）、停车、断（拉）开蓄电池电源
【灭火】使用规定灭火器灭火
火灾扑灭后，检查确认
【维持运行】能继续运行时可维持运行
【请求救援】无法运行时，应及时请求救援
结　束

场景 12　发生挤岔时的处置

处置程序

1. 立即使用紧急制动停车，不得移动。

2. 报告停车位置和原因。

3. 复式交分道岔、可动心轨道岔、分动外锁闭道岔挤岔后经工务、电务部门检查后再确定处理方法。

4. 其他道岔被挤后，如机车、车辆停留在道岔上时不得后退，应顺向缓慢移出，待机车车辆移出道岔后，经工务、电务部门检查加固并同意后，方可退移。

知识点解读

铁路道岔有单开道岔、双开道岔、三开道岔以及复式交分道岔（多开道岔）等。

1. 复式交分道岔（图 1-35）：复式交分道岔像 X 形，实际上相当于四组单开道岔和一副菱形交叉的组合。

2. 可动心轨道岔（图 1-36）：特点是辙叉心轨可以扳动。

图 1-35　复式交分道岔

图 1-36　可动心轨道岔

3. 分动外锁闭道岔：当道岔由转辙机带动至某个特定位置后，通过本身所依附的锁闭装置，直接把尖轨与基本轨或心轨与翼轨密贴夹紧，并固定，称道岔的外锁闭。由于外锁闭道岔的两根尖轨之间没有连接杆，在道岔转换过程中，两根尖轨是分别动作的，所以称为分动外锁闭道岔。

安全注意事项

挤岔后违反规定移动机车车辆，极易造成脱线！

事故案例

1. 事故概况

DF_{4B} 型内燃机车担任长轨车卸长轨作业，由于机车乘务员没有认真核对并错误理解调度命令，臆测行车，导致列车越出封锁范围，越过关闭的信号机、挤坏道岔后又盲目退行，造成机车后台车及机后第 1 位宿营车 2 位台车脱轨，构成铁路交通事故。

2. 原因分析

DF_4 型内燃机车乘务员没有认真核对并错误理解调度命令，臆测行车，导致列车越出封锁范围，越过关闭的信号机、挤坏道岔后又盲目退行造成机车后台车和机后第 1 位宿营车2 位台车脱轨，是造成此次事故的主要原因。调度所列车调度员发布的调度命令与施工日计划和施工请求的内容不一致，且调度命令格式不规范，施工封锁范围等内容表述不准确，是造成此次事故的重要原因。

处置流程图

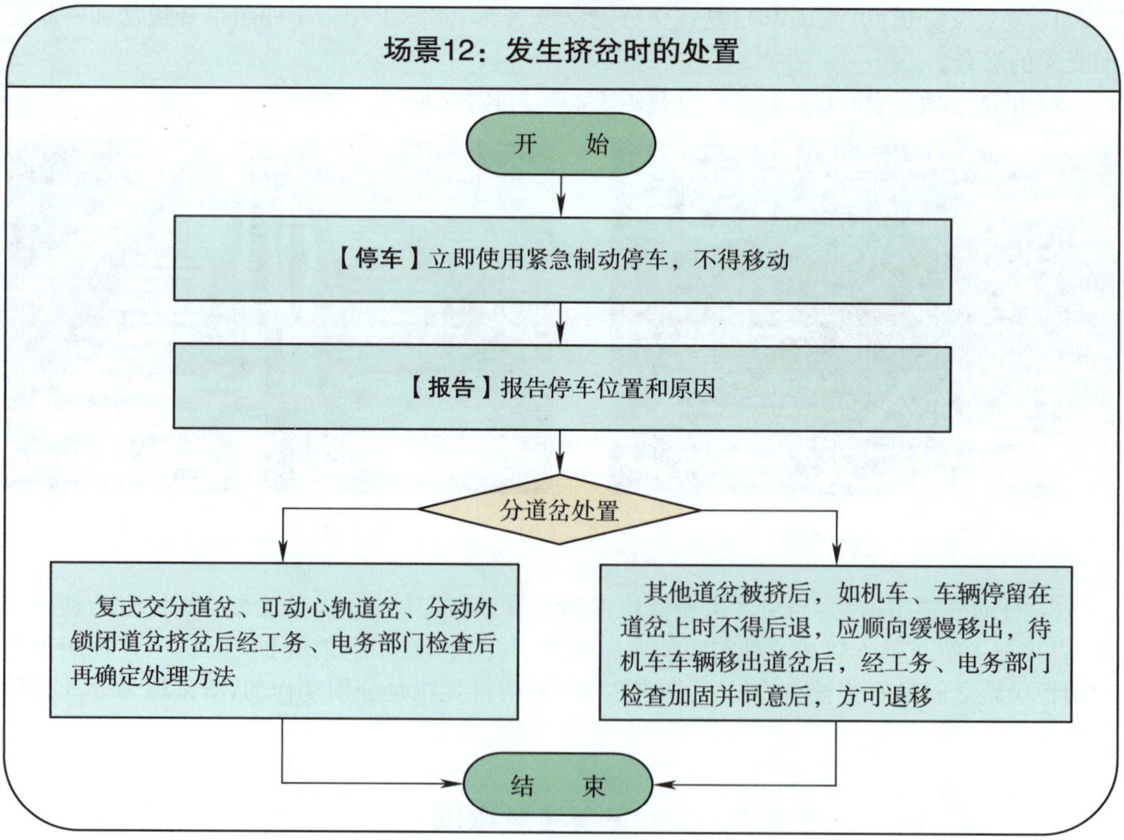

场景 13　列车冒进信号机或越过警冲标时的处置

处置程序

1. 立即使用紧急制动停车。

2. 报告停车位置和原因,按车站值班员指示办理。

3. 进、出站信号机在关闭状态下处置:

(1)列车冒进进站(接车进路)信号机,司机不得擅自动车,待车站使用列车无线调度通信设备通知可进入站内停车后方可直接动车。

(2)列车冒进出站(发车进路)信号机停车后,司机不得擅自移动列车,按照车站值班员的指示办理。需退回时,车站值班员通知司机退回;不需退回时,由车站办理相关行车手续,发给司机相应行车凭证。

(3)列车冒进线路所通过信号机时,司机不得擅自动车,须立即报告车站值班员,按车站值班员指示办理。由车站通知退回重新组织开车或凭车站列车无线调度通信设备通知继续前行。

4. 进、出站(进路)信号机在开放状态突然恢复定位或灭灯,造成列车冒进停车时,司机待车站值班员用列车无线调度通信设备说明情况后,冒进进站(接车进路)信号机时,凭车站通知方可进入站内;冒进出站(发车进路)信号机时,凭车站通知继续运行。

知识点解读

1. 警 冲 标

(1)警冲标是信号标志的一种,设在两会合线路线间距离为 4 m 的中间,如图 1-37 所示,用来指示机车车辆的停留位置,防止机车车辆的侧面冲撞。

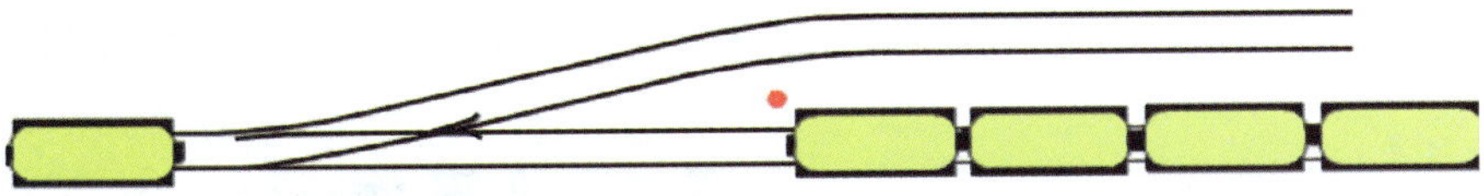

图 1-37　警冲标位置 1

(2)线间距离不足 4 m 时,设在两线路中心线最大间距的起点处,如图 1-38 所示。在线路曲线部分所设道岔附近的警冲标与线路中心线间的距离,应按限界的加宽而增加。

2. 进、出站(进路)信号机定位

信号机的定位是指无列车运行的条件下,信号机经常保持的显示状态。使用完毕后须立即恢复到规定的显示状态,即定位显示。

图 1-38 警冲标位置 2

进站信号机、接车进路信号机和接发车进路信号机的显示是指示列车由区间进入分界点(车场)起防护作用的信号机。出站信号机、发车进路信号机是起防护作用的信号机,其显示是指示列车能否向区间(或车场)发车。

停车信号也称禁止信号,是指禁止列车或调车车列越过信号机的信号。

上述各种信号机,因对行车安全有着重要作用,所以规定均以显示停车信号为定位。

3. 列车冒进信号或越过警冲标

指列车前端任何一部分越过地面固定信号显示的停车信号;停车列车越过到达线末端计算该线有效长度的警冲标或轧上线路脱轨器(系指用于接发列车起隔开作用的脱轨器)时亦算。双线区间反方向运行,列车冒进站界标,亦算。在制动距离内,由于误碰、错办或维修设备,致使临时变更信号显示、信号关闭或临时灭灯,造成列车冒进信号时,不论联锁条件是否解锁,亦按列车冒进信号处理。

安全注意事项

1. 列车冒进信号机时,司机不得擅自动车,按车站值班员指示办理。
2. 车站值班员指示需退行时,司机按规定操作监控装置并严格控制速度不得超 15 km/h。

事故案例

1. 事故概况

SS_1 型电力机车机班在列车接近 A 站时,车站通过车机联控通知机班进 A 站Ⅱ场6 道(有效长 979 m)停车,机班在输入侧线代码时错误输入了 4 道(有效长 840 m),停车后,司机见机车监控显示器显示前方还有 105 m 距离,在没有认真确认地面发车进路信号机位置和前方实际距离的情况下,盲目以为列车尾部未过标而将监控装置转入调车状态动车前拉,当司机发现接近 6 道发车进路信号机时制动停车已来不及,造成机车越过 6 道发车进路信号机,构成铁路交通事故。

2. 原因分析

(1)机班没有安全责任心。规定列车司机在运行中必须做到“彻底瞭望，确认信号，认真执行呼唤应答制度，严格按信号显示要求行车”，而该机班在进站停车作业过程中，司机思想开小差，副司机忙于收拾东西和写行车日志，完全没有集中精力瞭望和盯住停车位置，没有认真确认信号和执行呼唤应答制度，机班两人完全失去互控作用，以致列车第一次停车距信号机过近而且不知道，特别是在列车已经完整进入股道且停车后机车头部距离发车进路信号机仅仅十多米的情况下，又盲目地进行了完全不必要的、也是直接造成事故的第二次动车。

(2)违章操作。铁路局相关文件规定：列车进站前，机车乘务员须按车机联控正确输入股道号，对输入比实际停车股道距离长的选择操作按“人为关机”处理。列车接近A站Ⅱ场车机联控时车站告知6道停车，但司机在输入监控装置侧线代码时极不重视，将6道错输入为4道。由于Ⅱ场4道股道有效长短于6道，也就是对于下行进站的列车而言，6道下行发车进路信号机位置比4道发车进路信号机位置要近100 m。当列车实际进入6道时，监控装置肯定仍然按照4道数据进行控制，而不能按实行进入的6道数据对列车停车作业进行控制。因此，由于司机错输侧线代码，实际上是解除了监控装置对列车进入4道的停车作业控制，也就是起到了人为关机的作用。

(3)司机盲目臆测行车。规定“列车进站后，应停于接车线警冲标内方。在设有出站(进路)信号机的线路，列车头部不得越过出站(进路)信号机”。该机班进站停车作业中，不是根据地面信号机显示要求、运行前方距地面信号机距离等情况掌握列车停车位置和制动时机，而是盲目参照错输侧线代码后监控装置实际上误显示的机车距前方信号机的距离，机械地进行制动停车；尤其是第二次移动列车时仍不看地面信号机实际位置，主观上认为监控器显示还有105 m距离，臆测列车尾部可能没过标，将监控装置转入调车状态盲目向前动车。

处置流程图

场景13：列车冒进信号机或越过警冲标时的处置

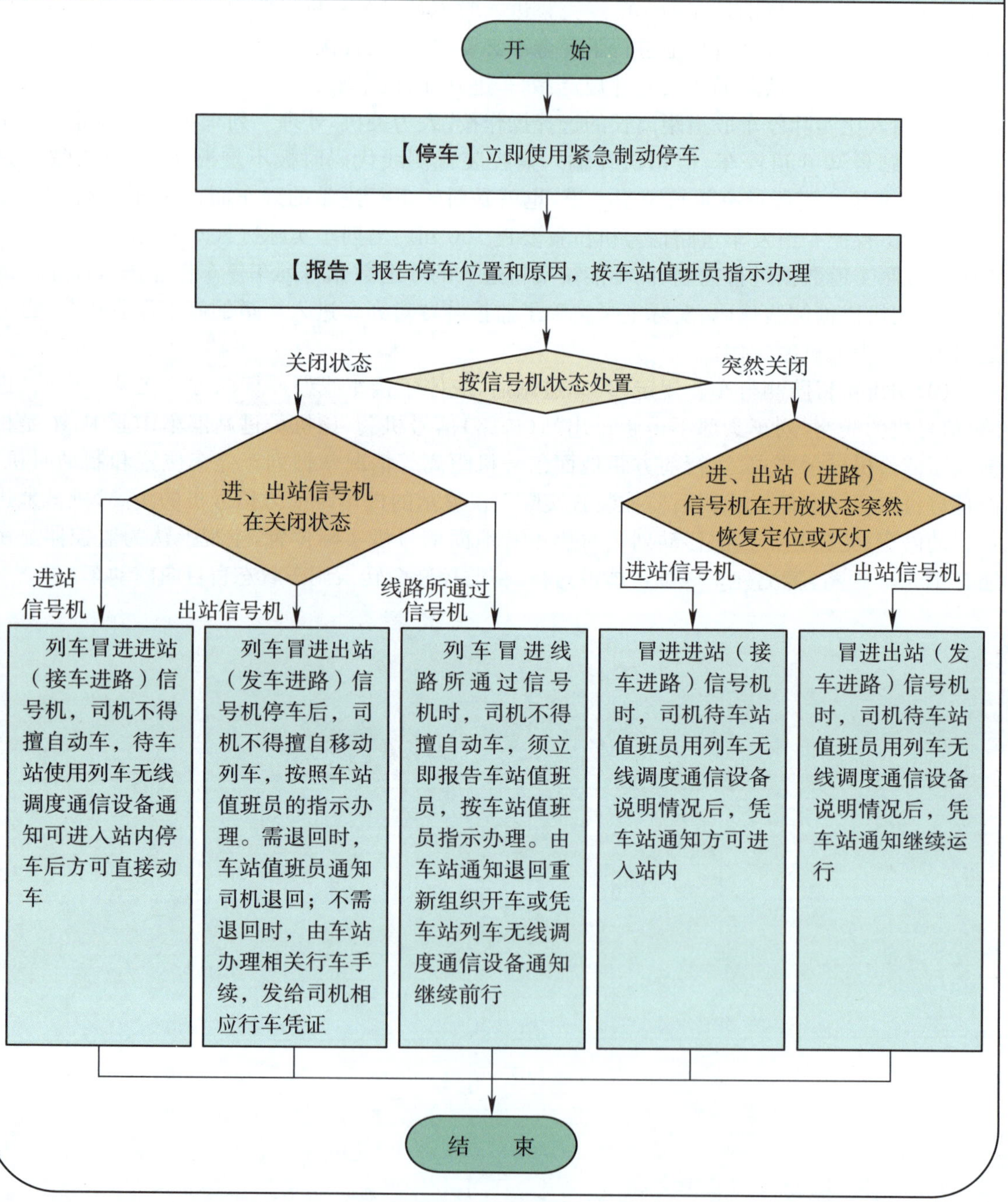

场景 14　站内调车非正常越出站界后的处置

处置程序

机车车辆站内调车非正常越出站界后，司机不得擅自移动，车站准备妥当返站调车进路后，派人按调车方式将机车车辆领入站内；如为动车组，车站准备妥当返站调车进路后通知司机，司机在动车组运行方向（折返）前端操作，按调车模式运行，凭车站返站调车进路准备妥当的通知返回站内。

知识点解读

1. 站 界 标（图 1-39）

为保证行车安全和分清工作责任，车站和它两端所衔接的区间设有的明确界限。

站界标设在双线区间列车运行方向左侧最外方顺向道岔（对向出站道岔的警冲标）外不少于 50 m 处，或邻线进站信号机相对处。

在单线站间区间，车站的范围以两端进站信号机柱的中心线为界，外方是区间，内方则属于车站，通常称为“站界”。

在双线或多线站间区间，站界是按上下行正线分别确定的；即一端以进站信号机柱中心线为界，另一端以站界标的中心线为界，如图 1-40 所示。

图 1-39　站界标

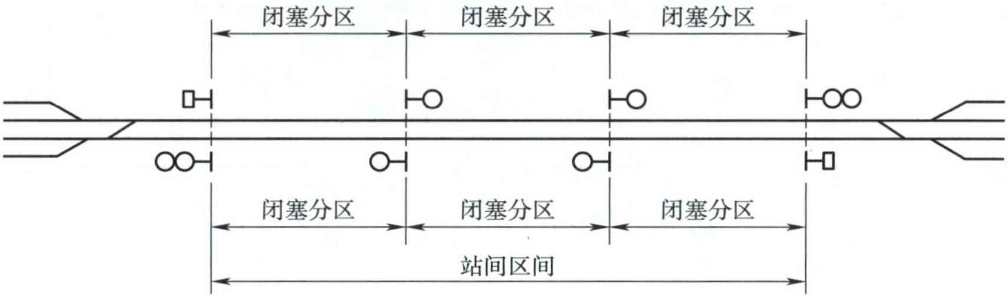

图 1-40　双线区间闭塞分区界限示意

2. 越出站界调车

越出站界调车是受车站调车设备限制，在区间空闲（自动闭塞为第一个闭塞分区空闲）的情况下，越过进站信号机或站界标进入区间调车的一种方法。

安全注意事项

机车车辆站内调车非正常越出站界后，司机不得擅自移动，擅自退回站内，极易造成挤岔或冲突。

事故案例

1. 事故概况

DF$_4$ 型内燃机车担任卸砟任务，卸砟作业完毕到达站内 4 道停车后单机转线过程中，以 15 km/h 速度越过上行反向进站信号机停在区间。后经车站组织单机以调车方式返回至车站 4 道，构成铁路交通事故。

2. 原因分析

机班在单机转线作业过程中，违反了司机在调车作业中应做到“时刻注意确认信号，不间断地进行瞭望，认真执行呼唤应答制，正确及时地执行信号显示（作业指令）和调车速度的要求，没有信号（指令）不准动车，信号（指令）不清立即停车”的规定，运行过程中精力不集中、不执行一次乘务作业标准和呼唤应答制度，对需经过的调车进路、信号机位置没有认真确认，而是边走边找返岔信号机，导致越出站界进入区间，是造成事故的直接原因。

处置流程图

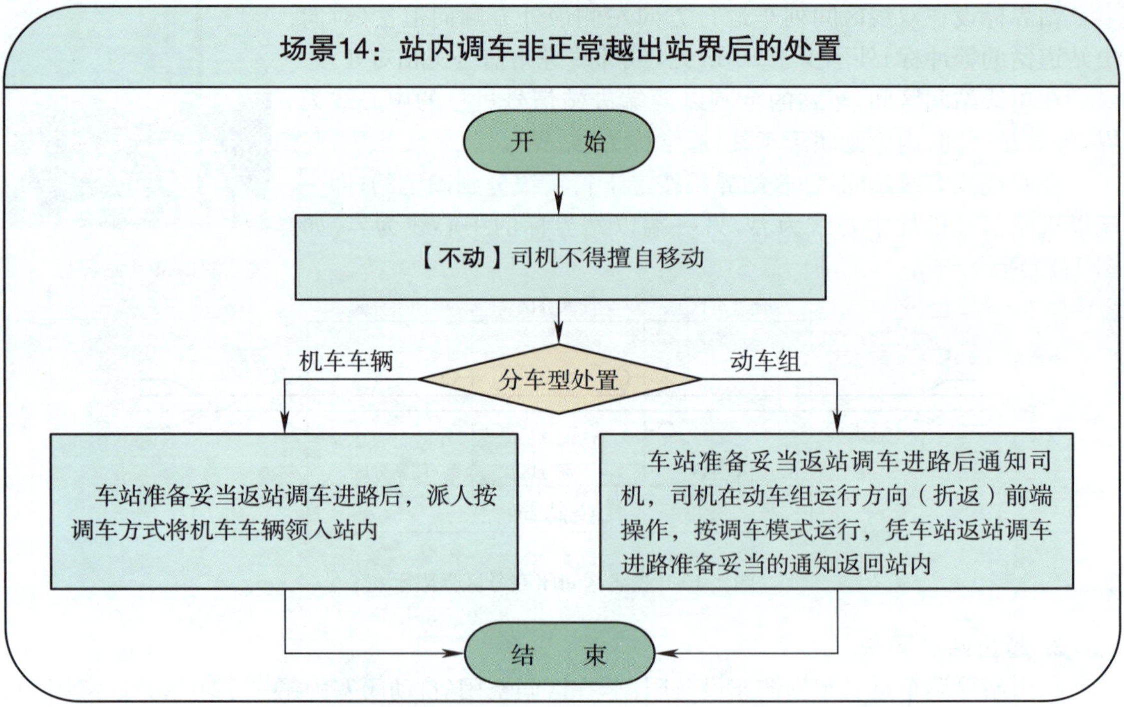

第二章

固定设备故障及线路环境

场景 15　进站(接车进路)信号机故障引导接车时的处置

视频

进站(接车进路)信号机故障引导接车时的处置

处置程序

将速度控制在 20 km/h 以下(在 LKJ 数据中设置为“机外大坡道特殊车站”时允许超过 20 km/h),确认引导信号后(人工引导时需要调度命令),方可进行 LKJ 解锁操作,以不超过 20 km/h 速度进站或通过接车进路,并做好随时停车的准备。

知识点解读

1. 引导信号相关规定:

准许列车在信号关闭条件下,按照规定的低速通过该信号机的信号。进站、接车进路信号机不能使用时,应开放引导信号。引导信号不能开放或无进站信号机时,应派引导人员接车。

引导接车时,列车以不超过 20 km/h 速度进站,并做好随时停车的准备。由引导人员接车时,应在引导员接车地点标处(未设的,引导人员应在进站信号机、进路信号机或站界标外方),显示引导手信号接车。列车头部越过引导信号,即可关闭信号或收回引导手信号。

车站使用引导信号或派引导人员接车时,有以下情况:

(1)进站、接车进路信号机发生故障或因联锁失效不能开放使用时;

(2)向进站、接车进路信号机联锁范围以外的线路上接车时;

(3)双线区段接入反方向开来的列车而无进站信号机时。

在使用引导信号或派引导人员接车时,为保证列车进站安全,列车应以不超过 20 km/h 的速度进站,并做好随时停车的准备,以防进路准备错误或进路上有障碍物时,可以在短距离内立即停车。

进站、接车进路信号机不能使用,设有引导信号时应开放引导信号接车;当引导信号不能开放或无进站信号机时,应派引导人员接车,由引导人员接车时,为了便于司机确认,引导人员应站在引导人员接车地点标处(未设的,应站在进站信号机、进路信号机或站界标外方),正确显示引导手信号。当列车头部越过引导信号或引导手信号后,即可关闭引导信号或收回引导手信号。

2. 引导信号的显示:

(1)进站及接车进路、接发车进路色灯信号机的引导信号显示一个红色灯光及一个月白色灯光(图 2-1)——准许列车在该信号机前方不停车,以不超过 20 km/h 速度进站或通过接车进路,并须准备随时停车。

图 2-1　引导信号

(2)机车信号接码正常时:一个半黄半红色闪光(图 2-2)——表示列车接近的进站、接车进路或接发车进路信号机显示引导信号。

图 2-2　机车引导信号

(3)引导手信号(图 2-3):准许列车进入车场或车站。

昼间——展开的黄色信号旗高举头上左右摇动;

夜间——黄色灯光高举头上左右摇动。

(4)引导员接车地点标,列车在距站界 200 m 以外,不能看见引导人员在进站信号机或站界标处显示的手信号时,须在列车距站界 200 m 外能清晰地看见引导人员手信号的地点设置,如图 2-4 所示。

图 2-3　引导手信号

图 2-4　引导地点

3. 进站(接车进路)信号机故障引导接车时 LKJ 解锁操作:

(1)机车信号接码正常时,机车信号显示一个半黄半红色闪光时,无须解锁操作,监控自动开口限速 20 km/h。机械引导接车 LKJ 控制模式如图 2-5、图 2-6 所示。

(2)人工引导接车时,列车运行至进站(接车进路)信号机前,机车信号为停车信号,司机将速度控制在 20 km/h 以下(在 LKJ 数据中设置为“机外大坡道特殊车站”时允许超过 20 km/h),确认引导信号后,方可按压[解锁]键,以不超过 20 km/h 速度进站或通过接车进路,并做好随时停车的准备。人工引导接车 LKJ 控制模式如图 2-7、图 2-8 所示。

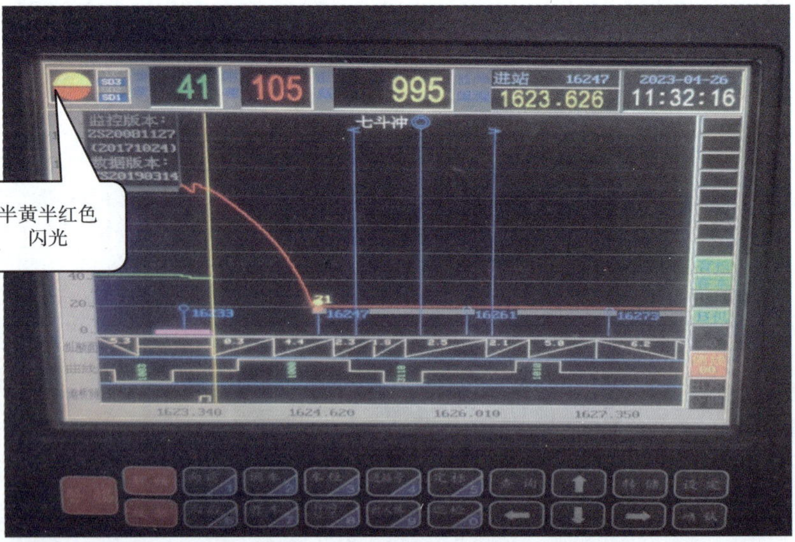

图 2-5　机械引导接车 LKJ 控制模式（LKJ2000 型）

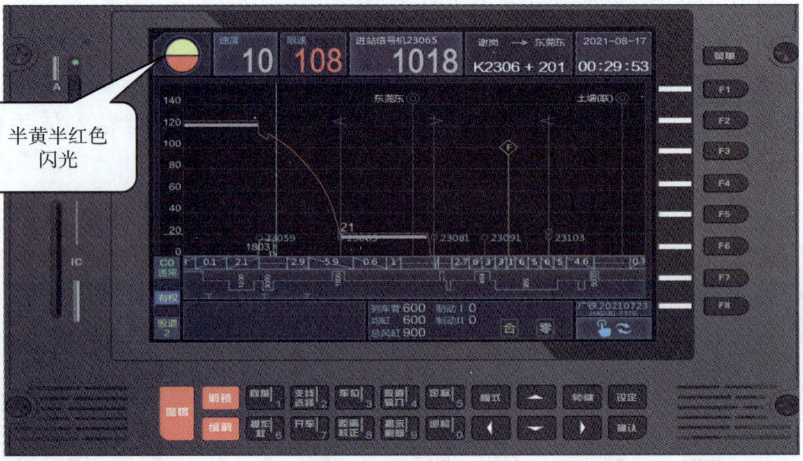

图 2-6　机械引导接车 LKJ 控制模式（LKJ-15C 型）

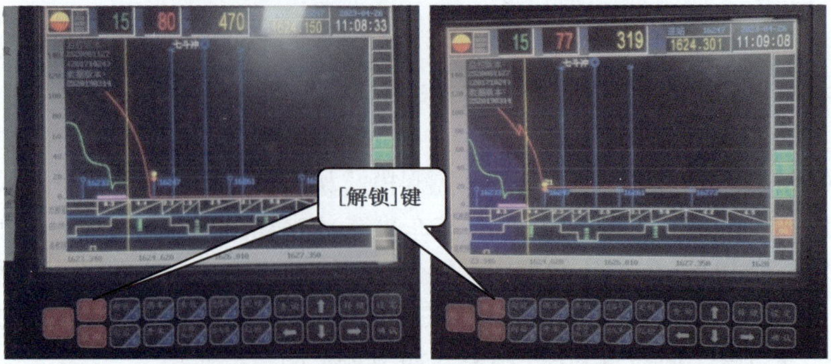

图 2-7　人工引导接车 LKJ 控制模式（LKJ2000 型）

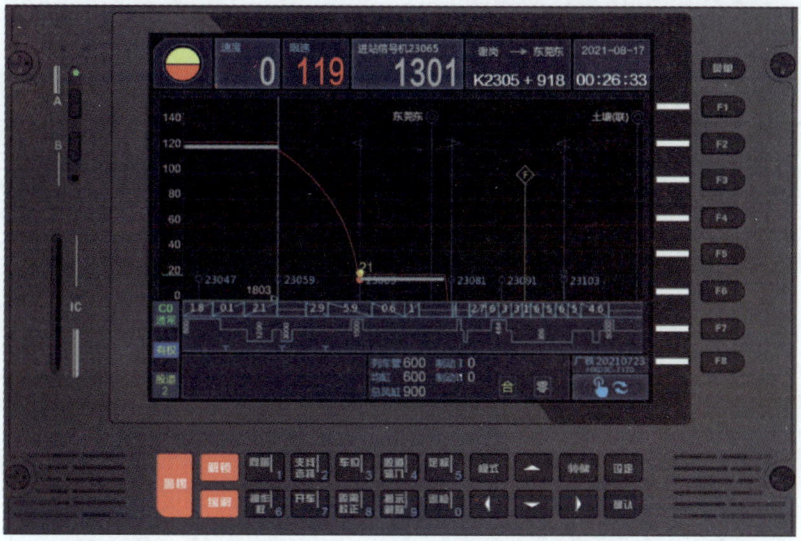

图 2-8　人工引导接车 LKJ 控制模式(LKJ-15C 型)

安全注意事项

1. 人工引导接车时需要调度命令。

2. 人工引导接车时,按机外停车的速度控制模式控制,确认人工引导手信号显示正确后,速度必须控制在 20 km/h 以下(在 LKJ 数据中设置为“机外大坡道特殊车站”时允许超过 20 km/h),方可进行[解锁]操作。

3. 引导接车的速度控制注意监控曲线的控制模式:速度达 18 km/h 时语音报警,速度达 20 km/h 时卸载动作,速度达 21 km/h 时常用制动。

事故案例

1. 事故概况

HXD_{3C} 型电力机车担任车站施工任务使用一般引导接车,列车以 21 km/h 的速度运行至车站下行进站信号机前 313 m 处,由于机班在确认信号过程中速度控制不当,LKJ 限速光标下降碰线触发常用制动,列车被迫于进站信号机 100 m 处停车,共停车 1.5 min,构成铁路交通事故。

2. 原因分析

(1)机班预想不足,速度控制不当。出勤未认真阅读施工安全措施,未掌握机外弯道瞭望问题,关键地段只顾确认信号而忽视了对速度的控制,限速报警未及时制动降速。

(2)施工传达不细致。值班干部出勤传达作用发挥欠缺,未针对性地对监控模式、列车操纵及安全措施进行抽问指导。

(3)现场盯控不到位。施工现场有两名干部和一名指导司机,未意识到瞭望安全风险,未能对机班进行正确的提示,把关人员到岗不到位。

处置流程图

场景15：进站（接车进路）信号机故障引导接车时的处置

开　始

↓

【**控速**】将速度控制在20 km/h以下（在LKJ数据中设置为“机外大坡道特殊车站”时允许超过20 km/h）

↓

【**确认凭证**】确认引导信号后（人工引导时需要调度命令）

↓

【**监控操作**】按压[解锁]键

↓

【**行车要求**】以不超过20 km/h速度进站或通过接车进路，并做好随时停车的准备

↓

结　束

场景 16　出站(发车进路)信号机故障发出列车时的处置

处置程序

视频

出站（发车进路）信号机故障发出列车时的处置

1. 自动闭塞区段使用绿色许可证行车时，确认行车凭证正确后，方可进行 LKJ 解锁操作，按规定开车。如同时接到车站监督器故障的书面通知，司机应以在瞭望距离内能够停车的速度，最高不超过 20 km/h(电力机车过分相困难时可适当提高速度)，运行到第一架通过信号机，按其显示的要求执行。

2. 自动闭塞区段出站信号机故障或停用特定情况下需采用路票行车时，确认行车凭证正确后，方可进行 LKJ 解锁操作，按规定开车。

3. 自动闭塞区段线路所通过信号机或出站信号机故障时，确认线路所绿色许可证(线路所无人值守时，在具备良好语音记录装置的条件下可电台交付)正确后，按规定进行 LKJ 操作，按规定开车。

4. 半自动闭塞区段，出站信号机故障时列车进入区间的行车凭证为路票，并须持有停用基本闭塞法的调度命令；发车进路信号机故障时，列车越过发车进路信号机的行车凭证为半自动闭塞发车进路通知书，正确操作 LKJ，按规定开车。

5. 自动站间闭塞区段，出站信号机故障时列车进入区间的行车凭证为路票，并须持有停用基本闭塞法的调度命令；发车进路信号机故障时，列车越过发车进路信号机的行车凭证为自动站间闭塞发车进路通知书，正确操作 LKJ，按规定开车。

6. 装有进路表示器或发车线路表示器的出站信号机，当该表示器不良时，司机接到车站值班员口头通知后，列车凭出站信号机的显示出发。

知识点解读

1. 绿色许可证行车 LKJ2000 解锁操作

(1)有计划使用绿色许可证。使用绿色许可证行车的运行揭示调度命令已通过 IC 卡载入 LKJ 时，列车接近使用绿色许可证行车的出站(或发车进路)信号机前，显示屏右上方显示揭示窗口，自动弹出“绿色许可证输入”窗口，输入绿色许可证号。确认车站外勤通过手信号后，速度低于 45 km/h 时在 5 s 内依次按压[解锁]+[确认]键后，LKJ 解除在本架信号机前的停车控制，监控列车以不超过该站最低道岔速度通过出站道岔。

(2)临时绿色许可证(图 2-9)。列车运行途中停车接到书面绿色许可证，在使用绿色许可证行车的出站(或发车进路)信号机前，确认具备开车条件后，停车状态下持续按压[↑]键 2 s，弹出“非正常行车确认”窗口；选择[2. 绿色许可证]，输入绿色许可证号，确认车站发车，在 5 s 内依次按压[解锁]+[确认]键后，LKJ 解除在本架信号机前的停车控制功能，以不超过该站最低道岔速度通过出站道岔。若在始发站 LKJ 处于降级工作状态，确认具备开车条件后，按上述方法操作绿色许可证解锁后，再进行开车对标操作。

许 可 证

第________号

在出站（进路）信号机故障、未设出站信号机、列车头部越过出站（进路）信号机的情况下，准许第________次列车由________线上发车。

站（站名印）车站值班员（签名）

年 月 日填发

注：1. 绿色纸，复写一式两份，司机一份，存根一份；（规格90 mm×130 mm）
2. 不用字句抹消。

图 2-9 书面绿色许可证模板

2. 路票行车 LKJ-2000 解锁操作

(1)有计划的停基改电。停基改电运行揭示调度命令内容已通过 IC 卡载入 LKJ 时，接近停基改电起始站的进站(或接车进路)信号机前，显示屏右上方显示揭示窗口。当速度低于 60 km/h 时自动弹出“路票输入”窗口后，输入电话记录号。在出站(或发车进路)信号机前确认车站外勤通过手信号，在 5 s 内依次按压[解锁]+[确认]键，显示屏左上角显示“路票行车”提示窗口，LKJ 解除该信号机和下一站间所有分区通过信号机的停车控制。

(2)临时的停基改电。列车运行途中停车接到停基改电行车的调度命令和书面路票(图 2-10)，在停基改电起始站的出站(或发车进路)信号机前，确认具备开车条件，在停车状态下持续按压[↑]键 2 s，弹出“非正常行车确认”窗口，选择“3. 路票”，弹出“路票输入”窗口，输入调度命令号码和电话记录号。确认车站发车后，在 5 s 内依次按压[解锁]+[确认]键，LKJ 解除对本架信号机和下一站间所有分区通过信号机的停车控制。若在始发站 LKJ 处于降级工作状态，确认具备开车条件后，按上述方法操作路票解锁后，再进行开车对标操作。

路 票

三线

电话记录第　　　号

车 次________

蚌 埠 ——→ 蚌埠东

蚌埠站（站名印） 编号：123456

注：1. 路票为预先印好区间（即站名）和编号的硬卡片；
2. 加盖㊖字戳记者，为路票副页。（规格75 mm×88 mm）

图 2-10 书面路票模板

3. 绿色许可证行车 LKJ-15 解锁操作

(1)有计划绿色许可证:列车运行至有计划绿色许可证行车的车站出站信号机或线路所通过信号机前,运行速度低于 45 km/h,LKJ 按停车信号控制。机车乘务员按压[菜单]键→[F2](特殊行车)键→[F1](行车闭塞)键→[F2](绿色许可证/调度命令)→[F1](绿色许可证),弹出“办理计划绿证”窗口,输入正确的“凭证号”后,按压[F6](完成)键,LKJ 解除出站信号机停车控制,如图 2-11 所示。

图 2-11　有计划的绿色许可证 LKJ-15 解锁操作

(2)临时绿色许可证:列车运行至临时绿色许可证行车的车站出站信号机或线路所通过信号机前,必须停车。接到书面绿色许可证后,机车乘务员按压[菜单]键→[F2](特殊行车)键→[F1](行车闭塞)键→[F2](绿色许可证/调度命令)键→[F1](绿色许可证)键,弹出“办理临时绿证”窗口,输入正确的“凭证号”后,按压[F6](完成)键,LKJ 解除出站信号机停车控制,如图 2-12 所示。

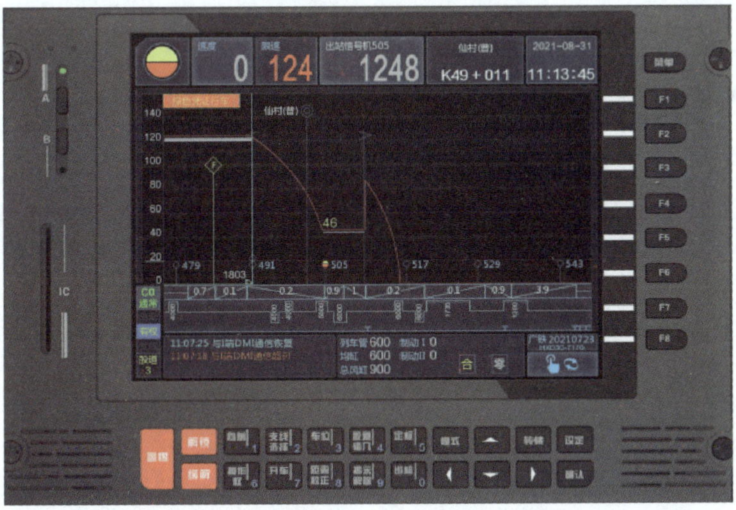

图 2-12　临时绿色许可证 LKJ-15 解锁操作

4. 路票行车 LKJ-15 解锁操作

(1)有计划的路票

列车运行至有计划路票行车的车站出站信号机或线路所通过信号机前，运行速度低于 60 km/h，LKJ 按停车信号控制。机车乘务员按压[菜单]键→[F2](特殊行车)键→[F1](行车闭塞)键→[F1](路票/调度命令)键→[F1](路票)键，弹出“办理计划路票”窗口，输入正确的“电话记录号”后，按压[F6](完成)键，LKJ 解除列车所在线路的出站信号机至下一站间所有分区通过信号机的停车控制，如图 2-13 所示。

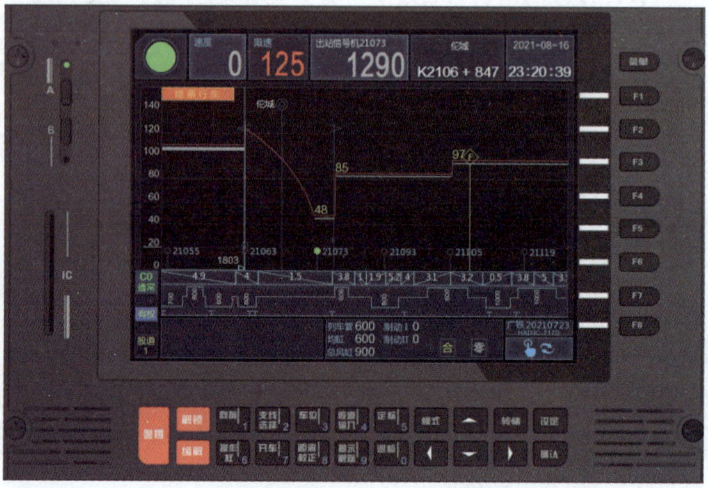

图 2-13 有计划的路票 LKJ-15 解锁操作

(2)临时的路票

列车运行至临时路票行车的车站出站信号机或线路所通过信号机前，必须停车。机车乘务员按压[菜单]键→[F2](特殊行车)键→[F1](行车闭塞)键→[F1](路票/调度命令)键→[F1](路票)键，弹出“办理计划路票”窗口，输入正确的“电话记录号”后，按压[F6](完成)键，LKJ 解除列车所在线路的出站信号机至下一站间所有分区通过信号机的停车控制，如图 2-14 所示。

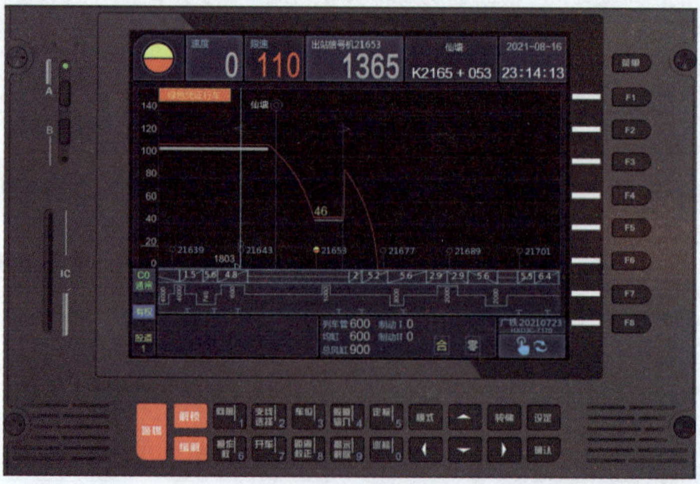

图 2-14 临时路票 LKJ-15 解锁操作

5. 使用绿色许可证行车同时监督器故障

使用绿色许可证行车，车站从监督器上不能确认第一个闭塞分区空闲时，应发给司机书面通知(图 2-15)，司机以在瞭望距离内能随时停车的速度，最高不超过 20 km/h，运行到第一架通过信号机，按其显示的要求运行。如自动闭塞设备良好，仅监督器故障，则不发给司机书面通知。

书　面　通　知

第____次司机：

监督器上不能确认第一个闭塞分区空闲，以在瞭望距离内能随时停车的速度，最高不超过20 km/h，运行至第一架通过信号机，按其显示的要求执行。

站（站名印）车站值班员（签名）

年　　月　　日填发

注：白色纸，复写一式两份，司机一份，存根一份。　　（规格90 mm×130 mm）

图 2-15　书面通知模板

6. 自动站间闭塞发车进路通知书(图 2-16)

自动站间闭塞区段，发车进路信号机故障或超长列车头部越过发车进路信号机发车时，列车越过发车进路信号机的行车凭证为自动站间闭塞发车进路通知书。

自动站间闭塞发车进路通知书

第________号

1. 在列车头部越过发车进路信号机的情况下，准许第____次列车由____线发车。

2. 在____发车进路信号机故障的情况下，准许第____次列车越过该发车进路信号机。

站（站名印）车站值班员（签名）

年　　月　　日填发

注：1. 白色纸，复写一式两份，司机一份，存根一份；　　（规格90 mm×130 mm）

2. 不用的字句抹消。

图 2-16　自动站间闭塞发车进路通知书模板

7. 半自动闭塞发车进路通知书(图 2-17)

半自动闭塞区段，发车进路信号机故障或超长列车头部越过发车进路信号机发车时，列车越过发车进路信号机的行车凭证为半自动闭塞发车进路通知书。

8. 半自动闭塞、自动站间闭塞区段，发车进路信号机故障

(1)LKJ2000 型监控装置操作半自动闭塞、自动站间区段车站发车进路信号机停用，使用半自动、自动站间闭塞发车进路通知书作为越过发车进路信号机的行车凭证时，LKJ 按“绿色许可证”操作，输入的绿色许可证号码为发车进路通知书编号的最后两位数，车站发车后，在 5 s 内依次按压[解锁]+[确认]键，LKJ 解除针对发车进路机的停车控制。

半自动闭塞发车进路通知书

第________号

1. 在列车头部越过发车进路信号机的情况下，准许第____次列车由____线发车。

2. 在____发车进路信号机故障的情况下，准许第____次列车越过该发车进路信号机。

站（站名印）车站值班员（签名）
年　　月　　日填发

注：1. 白色纸，复写一式两份，司机一份，存根一份；　　（规格90 mm×130 mm）
2. 不用的字句抹消。

图 2-17　半自动闭塞发车进路通知书模板

(2)LKJ-15 型监控装置比照临时绿色许可证操作，绿色许可证号码为发车进路通知书编号的最后两位数。

安全注意事项

1. 书面绿色许可证、路票等行车凭证不能使用列车无线调度通信设备交付。

2. 停止基本闭塞法改用电话闭塞法的行车凭证为路票，另须有临时变更行车闭塞法的调度命令。

3. 有计划的绿色许可证和路票行车时，必须确认车站外勤显示的通过手信号(昼间：展开的绿色信号旗。夜间：绿色灯光)后再解锁，严禁未确认手信号违章解锁。

4. 电话闭塞法行车时，对旅客列车，按该区间最高允许速度的 80%控制(该区间某区段限速值低于上述值的按低值控制)。对货物列车，按本区间原规定速度运行。

5. CTC 区段，非正常情况下进入区间的行车凭证均为调度命令。

6. 路票行车，列车运行至接车站进站信号机前，必须按进站信号显示要求执行(监控装置按其对应的机车信号显示要求监控列车运行)。

7. 在一站多场的车站，使用计划绿色许可证行车时，注意应在关系车场出站(进路)信号机前输入绿色许可证编号。

事故案例

1. 事故概况

HXD_{1D} 型电力机车担任特快旅客列车，出站凭计划绿色许可证。司机输入计划绿色许可证号后，加速至 49 km/h，确认通过手信号后，不清楚计划绿色许可证解锁有效时机为速度低于 45 km/h，连续 3 次按压[解锁]+[确认]键操作无效，直至降速至 38 km/h 后才解锁出站。

2. 原因分析

司机对计划绿色许可证解锁操作条件不清楚。监控操作前，必须先将列车速度控制在本车站最低道岔限制速度。

处置流程图

场景16：出站（发车进路）信号机故障发出列车时的处置

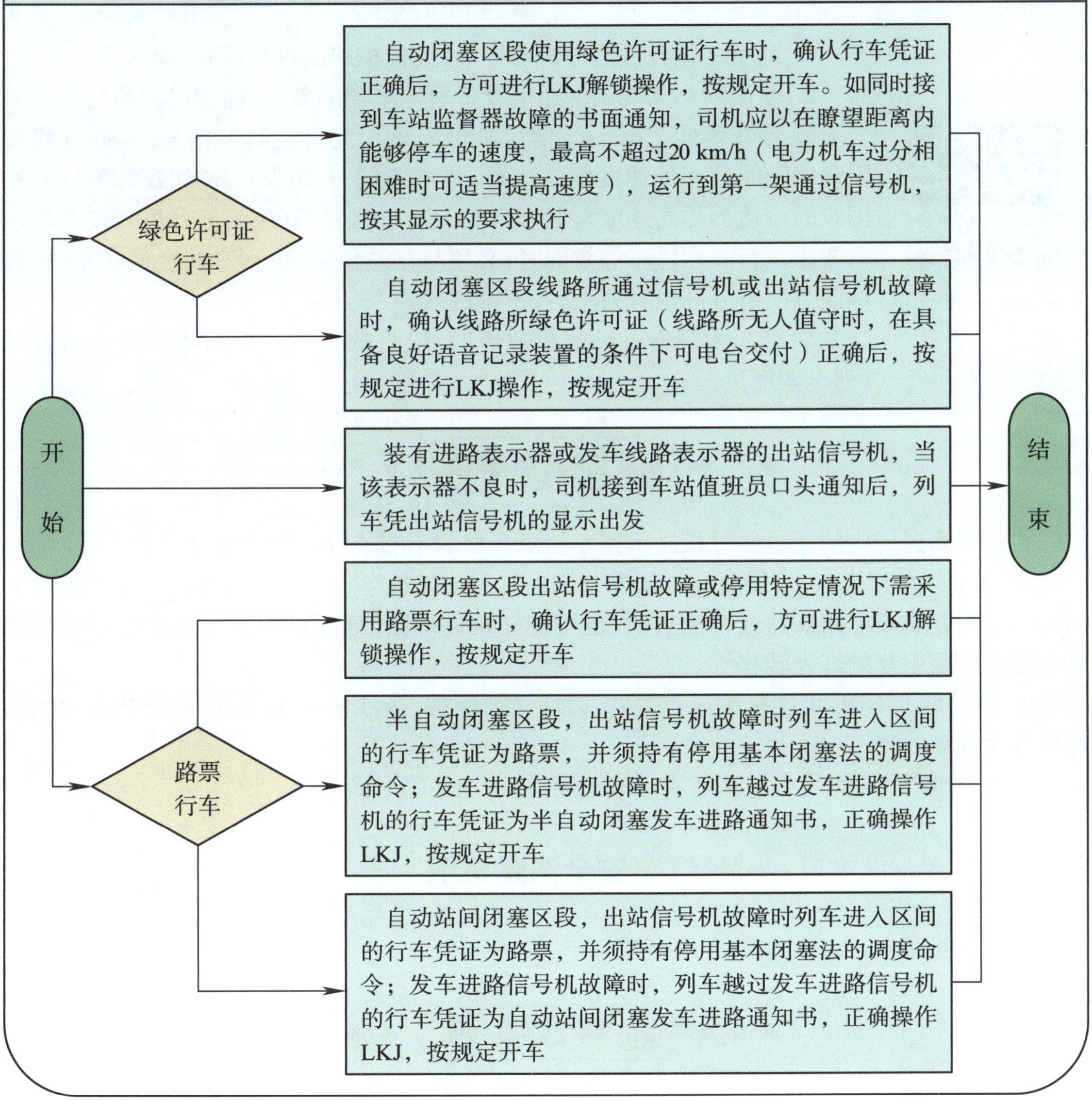

场景 17 自动闭塞区间通过信号机显示停车信号（包括显示不明或灭灯）的处置

处置程序

视频

自动闭塞区间通过信号机显示停车信号（包括显示不明或灭灯）的处置

1. 列车必须在该信号机前停车，报告车站值班员（列车调度员）。

2. 使用列车无线调度通信设备通知车辆乘务员（随车机械师）。

3. 停车等候 2 min，该信号机仍未显示允许运行的信号时，即以遇到阻碍能随时停车的速度继续运行，最高不超过 20 km/h（电力机车过分相困难时可适当提高速度），运行到次一通过信号机（进站信号机），按其显示的要求运行。在停车等候同时，必须与车站值班员、列车调度员联系，如确认前方闭塞分区内有列车时，不得进入。

4. 司机发现通过信号机故障时，应将故障信号机的号码通知前方站（列车调度员）。

知识点解读

自动闭塞区间内的通过信号机显示停车信号及显示不明或灯光熄灭的原因主要有：

1. 显示红色灯光时，可能是前方闭塞分区内有列车或机车、车辆占用；可能是由于线路上有障碍物引起轨道电路短路或钢轨折断；也可能是轨道电路故障所致；还可能是通过信号机的灯泡断丝而引起的灯光转移等。

2. 信号显示不明，可能是因天气关系，如灯光被飘雪、扬沙所遮盖等；也可能是自动闭塞系统发生故障。

3. 灯光熄灭，可能是灯泡断丝或灯泡松动，也可能是临时断电。

安全注意事项

遇前方闭塞分区内有列车时，不得进入。

事故案例

1. 事故概况

SS$_9$ 型电力机车牵引旅客列车，运行在区间时越过关闭的通过信号机，与前行的货物列车追尾造成冲突脱轨，旅客列车的机车和机次 1 至 3 位颠覆，4、5 位脱轨，其中 1、2 位脱轨车辆侵入上行线，中断上行线行车约 10 h，中断下行线行车约 17 h。机车大破 1 台，客车报废2 辆、大破 1 辆、中破 2 辆，货车报废 1 辆、中破 6 辆，损坏轨枕 110 根，构成铁路交通事故。

2. 原因分析

(1)机车司机违章操作是事故的主要原因。机车司机违反相关规定，先是两次解锁，以 75 km/h 的速度越过前方闭塞分区，即因有车占用而显示红灯的信号机，继而又连续 4 次解锁，破坏监控装置防冒功能，以 78 km/h 的速度越过因故障显示红灯的信号机，并且瞭望不认真，到发现区间有车采取紧急制动措施时距前行列车仅 11 m 左右，导致停车不及时，与前行列车尾部相撞，造成列车追尾冲突重大事故。

(2)行车指挥人员严重失职、违章指挥是导致事故发生的重要原因。

从区间通过信号机出现故障至事故发生前，共有 21 趟列车(含事故列车)通过该信号机，其中有 13 趟列车按规定在故障信号机前停车后继续运行，有 1 列车违章关闭监控装置，7 列车违章解锁监控装置，并严重违反相关规定，未停车越过故障信号机，违章进入前方闭塞分区，两趟旅客列车通过故障信号机的速度分别达到了 67 km/h 和 76 km/h。在此过程中，车站值班员放弃联控、互控职责，提示信号机故障时，严重不负责任，联控用语混乱，示意不明，有时呼叫“注意运行”，有时呼叫“按规定运行”，有时呼叫“按规定速度运行”，误导了机车乘务员违章通过故障信号机的行为；列车调度员没有严格执行相关规定，及时监控列车运行状态，发现和制止列车运行中的违章行为，对故障信号机前有的列车停，有的列车不停的情况，不能及时掌握和处理，有的列车请求发布解除监控功能通过故障信号机时发令，有的又不发令。行车指挥人员严重失职和违章指挥，致使当时列车运行一片混乱，最终导致货物列车因没有要到调度命令停车，旅客列车又违章解锁，越过故障信号机盲目运行，造成追尾冲突事故的发生。

处置流程图

场景17：自动闭塞区间通过信号机显示停车信号（包括显示不明或灭灯）的处置

开　始

↓

【停车汇报】列车必须在该信号机前停车，报告车站值班员（列车调度员），通知车辆乘务员（随车机械师）

↓

停车等候2 min，该信号机仍未显示允许运行的信号时，即以遇到阻碍能随时停车的速度继续运行，最高不超过20 km/h（电力机车过分相困难时可适当提高速度），运行到次一通过信号机（进站信号机），按其显示的要求运行。

【注意】在停车等候同时，必须与车站值班员、列车调度员联系，如确认前方闭塞分区内有列车时，不得进入

↓

司机发现通过信号机故障时，应将故障信号机的号码通知前方站（列车调度员）

↓

结　束

场景18 列车运行中碰撞线路障碍物的处置

处置程序

1. 列车运行中碰撞线路障碍物影响行车安全时，司机应立即采取停车措施。

(1)可能妨碍邻线时，配备列车防护报警装置的列车，司机应首先使用列车防护报警装置进行防护，同时立即用列车无线调度通信设备通知邻线上运行的列车和两端站(列车调度员)，并与车辆乘务员(随车机械师)分别在列车的头部和尾部附近邻线上点燃火炬；在自动闭塞区间，还应对邻线来车方向短路轨道电路。

(2)列车在区间被迫停车可能妨碍邻线需要检查处理时，动车组以外旅客列车司机指派副司机沿邻线一侧向后、车辆乘务员由同侧向前进行检查；动车组列车司机指派人员沿邻线一侧向后进行检查；货物列车司机指派副司机向后部检查。发现妨碍邻线时，应立即派人按规定防护。如发现邻线有列车开来时，应鸣示紧急停车信号。

(3)旅客列车应通知车辆乘务员检查车辆走行部。

(4)携带电台，检查机车走行部(货物列车还需检查车辆走行部)，并检查至相撞地点的相关线路(含邻线)，发现异物可能影响列车运行时必须及时清除；发现危及行车安全无法处理时，不得再行移动，立即请求救援。

2. 停车后检查不影响列车运行时，及时通知车辆乘务员上车，报告车站值班员(列车调度员)。

3. 列车运行中碰撞飞禽走兽、轻飘物体等较小障碍物，不影响本列及邻线运行时，可不停车，前方停车站加强机车检查。

4. 线路障碍物包括但不限于以下物体：坠落物(包括上跨桥坠落物、广告牌等)、溜塌体、遗留料具、倒树、飞禽走兽、轻飘物体、冰雪块、人为置障物、其他侵入机车车辆限界的物体等。

知识点解读

1. 列车防护报警装置的使用：见场景2知识点解读。
2. 火炬信号的使用：见场景2知识点解读。
3. 短路铜线的使用：见场景2知识点解读。

安全注意事项

1. 运行中列车碰撞线路障碍物影响行车安全时，司机应首先考虑是否影响邻线列车运行安全，并立即按妨碍邻线行车办法进行处置。

2. 检查人员严格遵守劳动纪律，注意人身安全。

3. 旅客列车再开车前要与车辆乘务员取得联系。

事故案例

HXD3C型电力机车值乘货物列车运行在区间，碰撞6匹骡马停车，造成机车前端列车管折角塞门处断裂、司机侧脚踏板变形，中断行车118 min。

处置流程图

场景18：列车运行中碰撞线路障碍物的处置

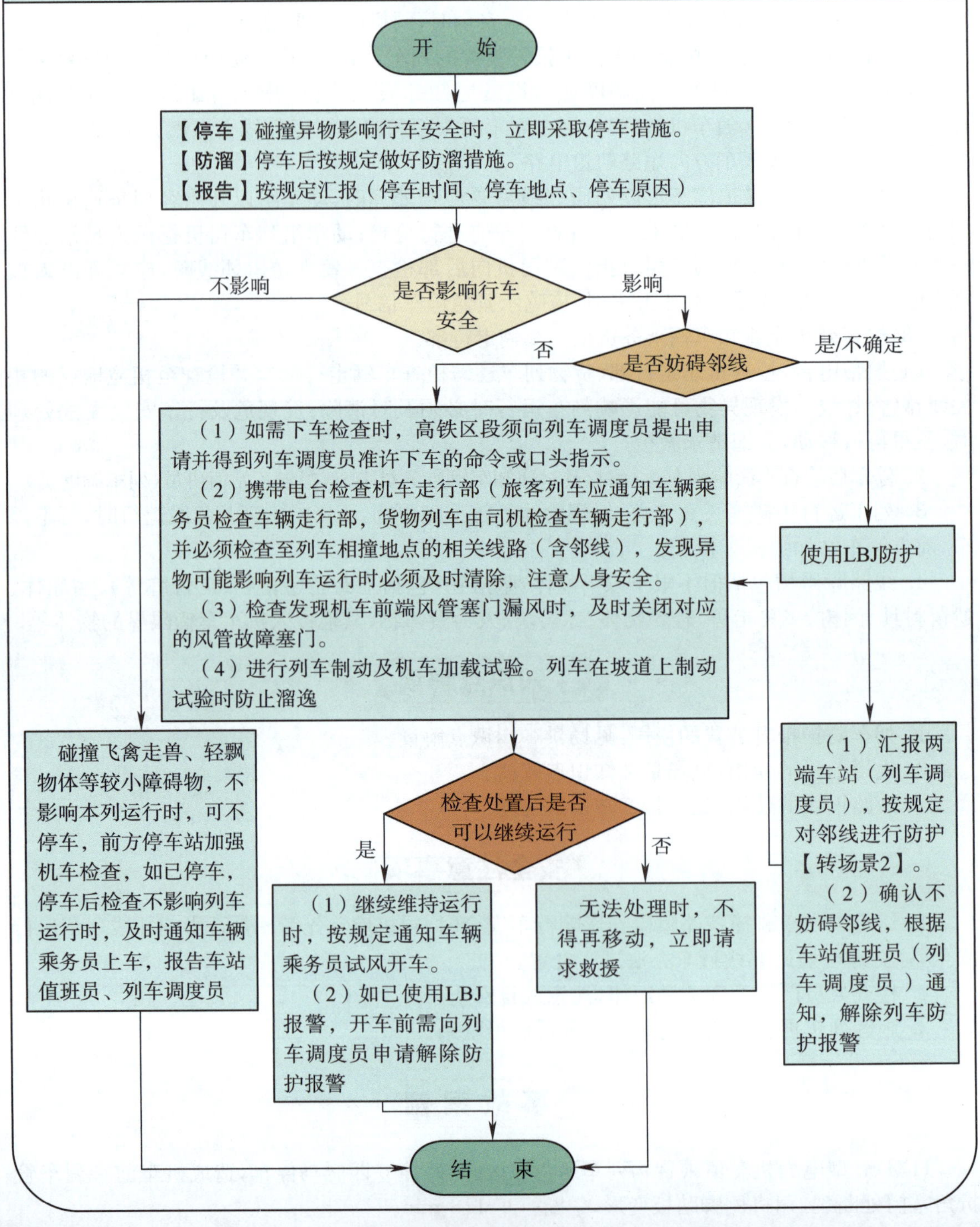

场景 19　接到注意运行但未明确限速要求时的处置

处置程序

司机在运行中接到注意运行的通知，但未明确限速要求时，在注意运行的区段，司机应提前预判安全风险，根据注意运行通知的提示信息，结合线路状态、天气状况、瞭望条件、分相位置、列车操纵等现场运行实际情况、控制列车运行速度，严格落实安全防范措施，遇影响行车或人身安全时采取停车措施，确保列车运行安全。

知识点解读

注意运行是指结合线路状态、天气状况、瞭望条件、分相位置、列车操纵等现场运行实际情况，控制列车运行速度，时刻准备停车。

安全注意事项

司机在运行中接到注意运行的通知，加强瞭望及车机联控，注意控速，随时做好停车的准备。

事故案例

HXD_{1C} 型电力机车担任货物列车牵引任务，始发开车时，车站通知本列货物列车前方区间注意运行。列车以 22 km/h 速度运行在区间时，发现接触网连续 2 个吊弦脱落，司机立即采取降弓停车措施，并向车站、调度员联系汇报。

处置流程图

场景19：接到注意运行但未明确限速要求时的处置

开　始

【预判风险】在注意运行的区段，司机应提前预判安全风险

【安全防范】根据注意运行通知的提示信息，结合线路状态、天气状况、瞭望条件、分相位置、列车操纵等现场运行实际情况、控制列车运行速度，严格落实安全防范措施

【停车】遇影响行车或人身安全时采取停车措施，确保列车运行安全

结　束

场景 20　天气恶劣行车时的安全事项

处置程序

1. 加强车机、道机、守机联控。

2. 运行中遇天气恶劣信号机瞭望距离不足 200 m 时，应适当降速，并报告车站值班员转告列车调度员，严禁盲目赶点和臆测运行。

3. 接到天气恶劣难于辨认信号的调度命令时：

(1)运行中应严格控制速度，加强瞭望和鸣笛，按机车信号的显示运行，当接近地面信号机时还应确认地面信号，遇地面信号与机车信号显示不一致时，立即采取减速或停车措施。

(2)当无法辨认出站(进路)信号机显示时，在列车具备发车条件后，司机凭车站值班员列车无线调度通信设备(其语音记录装置须作用良好)的发车通知起动列车，在确认出站(进路)信号机显示正确后，再行加速。

(3)半自动闭塞区间未确认到预告信号机的显示时，应按机外停车处理。

4. 当天气转好时，应及时报告列车调度员发布调度命令，恢复正常行车。

知识点解读

瞭望距离不足 200 m 判断：行车人员在监控装置显示距前方信号机不足 200 m 时，仍无法辨认地面信号机显示的灯光，即判断为瞭望距离不足 200 m。

安全注意事项

运行中加强瞭望，发现异声异响等异状时，果断采取停车措施。电力机车遇前方有分相时，应注意控制速度，确保顺利通过分相区。

事故案例

HXD_{1D} 型电力机车担任旅客列车牵引任务，列车以速度 41 km/h 接近 A 站时(机班双人值乘执行命令 A-B 站限速 50 km/h 降雨限速警戒)，距离通过信号机约 50 m 处，机班发现通过信号机灭灯(机车信号绿黄灯)，司机立即使用紧急制动停车。

处置流程图

场景20：天气恶劣行车时的安全事项

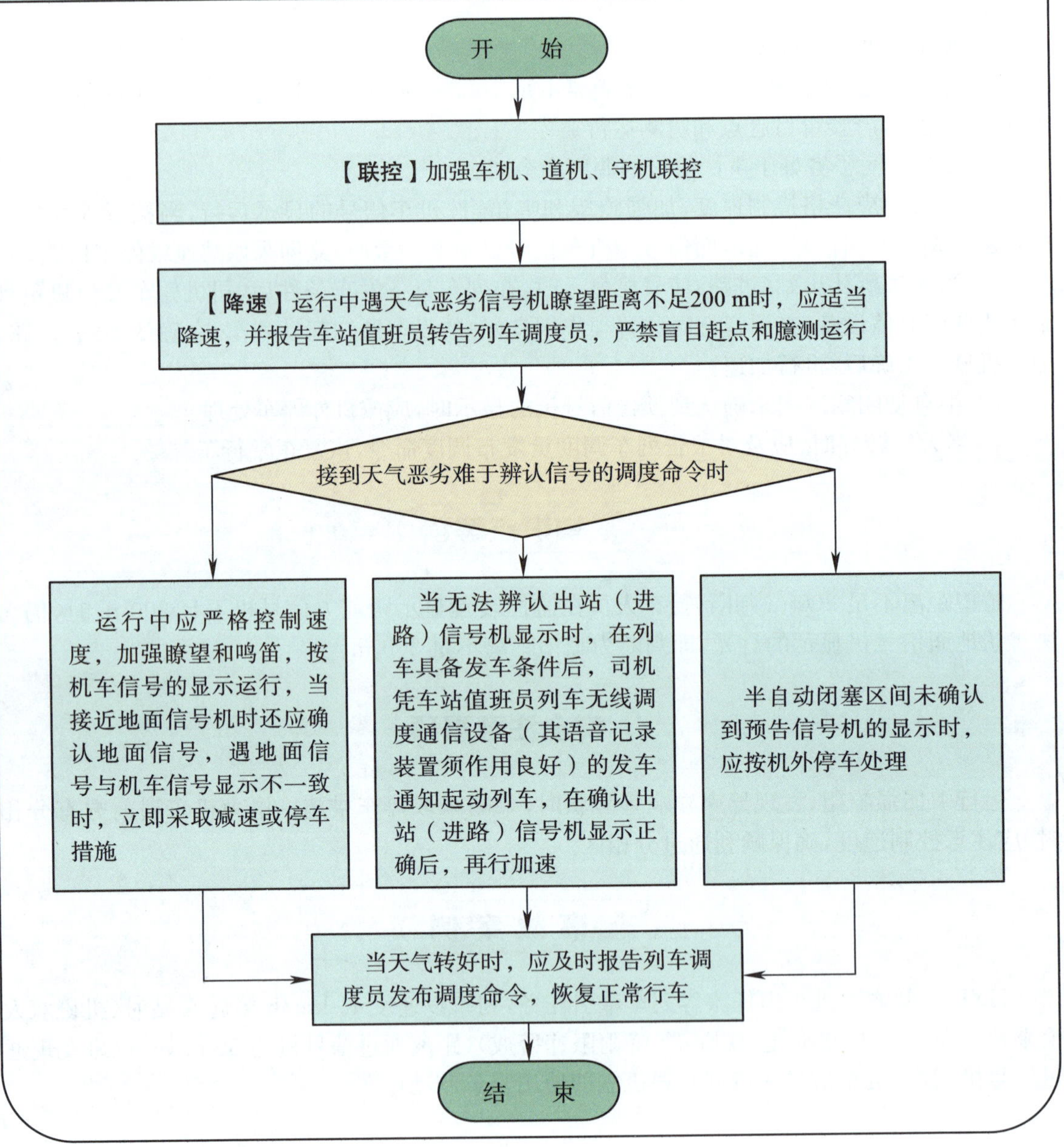

场景 21 汛期暴风雨行车时的安全事项

处置程序

1. 出勤时必须携带“防洪重点地段一览表”。

2. 列车通过防洪重点地段时，司机要加强瞭望，并随时采取必要的安全措施。严禁盲目赶点臆测行车。

3. 当洪水漫到路肩时，列车应以不超过 20 km/h 的速度运行(电力机车过分相困难时可适当提高速度)，并报告车站值班员(列车调度员)；当洪水已漫过钢轨时，司机应立即停车，并报告车站值班员；遇有落石、倒树等障碍物危及行车安全时，司机应立即停车，排除障碍并确认安全无误后，方可继续运行。

4. 列车遇到线路塌方、道床冲空等危及行车安全的突发情况时，司机应立即采取应急性安全措施，并立刻通知追踪列车、邻线列车及邻近车站。配备列车防护报警装置的列车应首先使用列车防护报警装置进行防护。

知识点解读

1. 使用列车防护报警装置进行防护，具体操作图示见场景 2 知识点解读。

2. 路肩：铁路股道外方至路基边缘之间，路基顶面未被道砟覆盖的部分，称为“路肩”。

3. 立即停车是指立即采取停车措施。司机可根据现场实际情况，自行决定采取何种停车措施。

4. 线路障碍自动监测报警系统：见场景 1 知识点解读。

安全注意事项

根据列车调度员的指挥需要退行时，按规定操作监控装置，运行速度不得超过 15 km/h。

事故案例

某货物列车运行到 A 站至 B 站间，发现运行方向左侧线路左侧堑坡溜坍，压倒防护栅栏，立即紧急制动停车并汇报处理，处理好后开车。

处置流程图

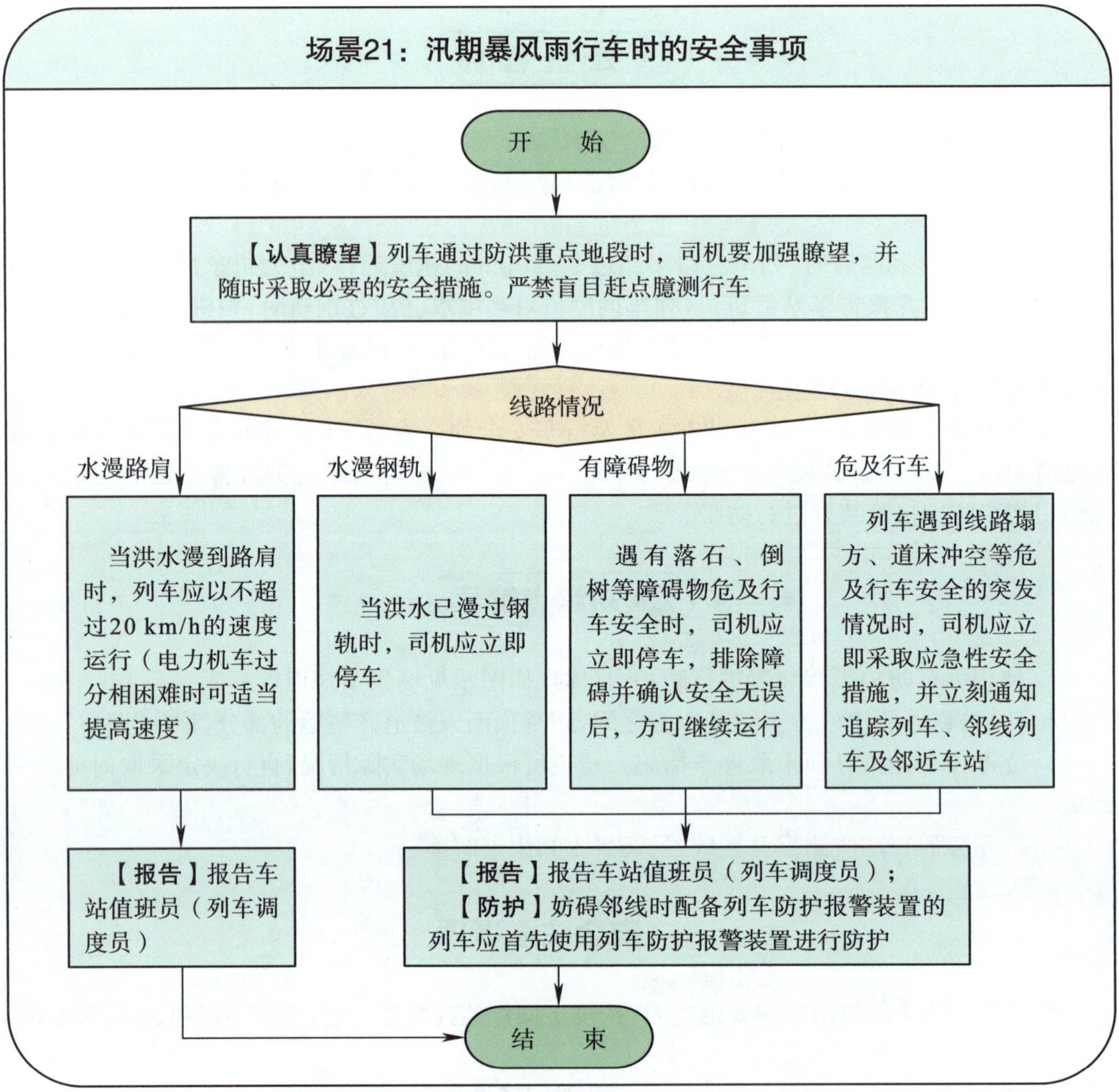
场景21：汛期暴风雨行车时的安全事项
开　始
【认真瞭望】列车通过防洪重点地段时，司机要加强瞭望，并随时采取必要的安全措施。严禁盲目赶点臆测行车
线路情况
水漫路肩
水漫钢轨
有障碍物
危及行车
当洪水漫到路肩时，列车应以不超过20 km/h的速度运行（电力机车过分相困难时可适当提高速度）
当洪水已漫过钢轨时，司机应立即停车
遇有落石、倒树等障碍物危及行车安全时，司机应立即停车，排除障碍并确认安全无误后，方可继续运行
列车遇到线路塌方、道床冲空等危及行车安全的突发情况时，司机应立即采取应急性安全措施，并立刻通知追踪列车、邻线列车及邻近车站
【报告】报告车站值班员（列车调度员）
【报告】报告车站值班员（列车调度员）；
【防护】妨碍邻线时配备列车防护报警装置的列车应首先使用列车防护报警装置进行防护
结　束

第三章

机车、车辆设备故障

场景 22 运行中发生机车故障的处置

处置程序

1. 向车站值班员预报故障情况，在不危及行车安全的情况下，尽量维持到前方车站处理；能在站内停车时须停于站内。站内停车 15 min 内无法处理时需请求救援。

2. 不能维持到前方车站在区间停车时，电力机车尽量避免停在分相前或分相内，并按规定报告，报告内容包括故障原因、车次、机车型号、编组，区间机车故障后 10 min 内不能恢复运行时，应迅速请求救援。

3. 请求救援后，按规定设置防护，已请求救援的列车不得再行移动。

4. 根据机型做好附挂处置（做好防溜处置措施）。

5. 排除故障可取消救援时，必须得到列车调度员或车站值班员允许开车的通知后，方可继续运行。

6. 救援机班非担当区段救援时，被救援机班应派人带道。

知识点解读

1. 机车故障后的时间计算，以列车停车时间开始计算。

2. 请求救援后的防护：见场景 2 知识点。

3. 附挂处置：见场景 57。

安全注意事项

1. 运行中发生机车故障，必须第一时间判断是否危及行车安全，只有在不危及行车安全的情况下，才尽量维持到前方车站处理

2. 请求救援后机班应继续进行机车故障处理（已判断无法处理时除外），故障排除后及时向车站值班员（列车调度员）汇报，按其指示办理。

事故案例

HXD_{1C} 型电力机车担当货物列车牵引任务，列车在运行中机车主断路器突然跳开，司机查询微机显示机车主变流器 1 故障（故障代码 1433，现象：主变 1-逆变器 1 元件总故障。故障代码 1435，现象：主变 1-逆变器 1A 相下管故障），机班进行微机复位处理后，故障仍不能消除。机班立即打电话给“段行车应急指导中心”寻求指导，在段行车应急指导中心指导下，断开“水泵 1”（隔离 1、2、3 牵引电机）维持运行。因考虑到运行区段有 6.3‰长大上坡道，且牵引吨位为 4 763 t（图定定吨 5 000 t），隔离 3 台牵引电机无法满足牵引力要求，司机操纵进入前方站 2 道过标停车。停车后机班继续在“段行车应急指导中心”的指导下进行故障处理，因

按应急故障处理程序处置后故障仍未消除，机班通过前方站向列车调度员请求救援，列车调度员安排后续的 HXD1C 型电力机车担当救援机车，本务机车作附挂处理。救援机车挂车试风正常后开车。

处置流程图

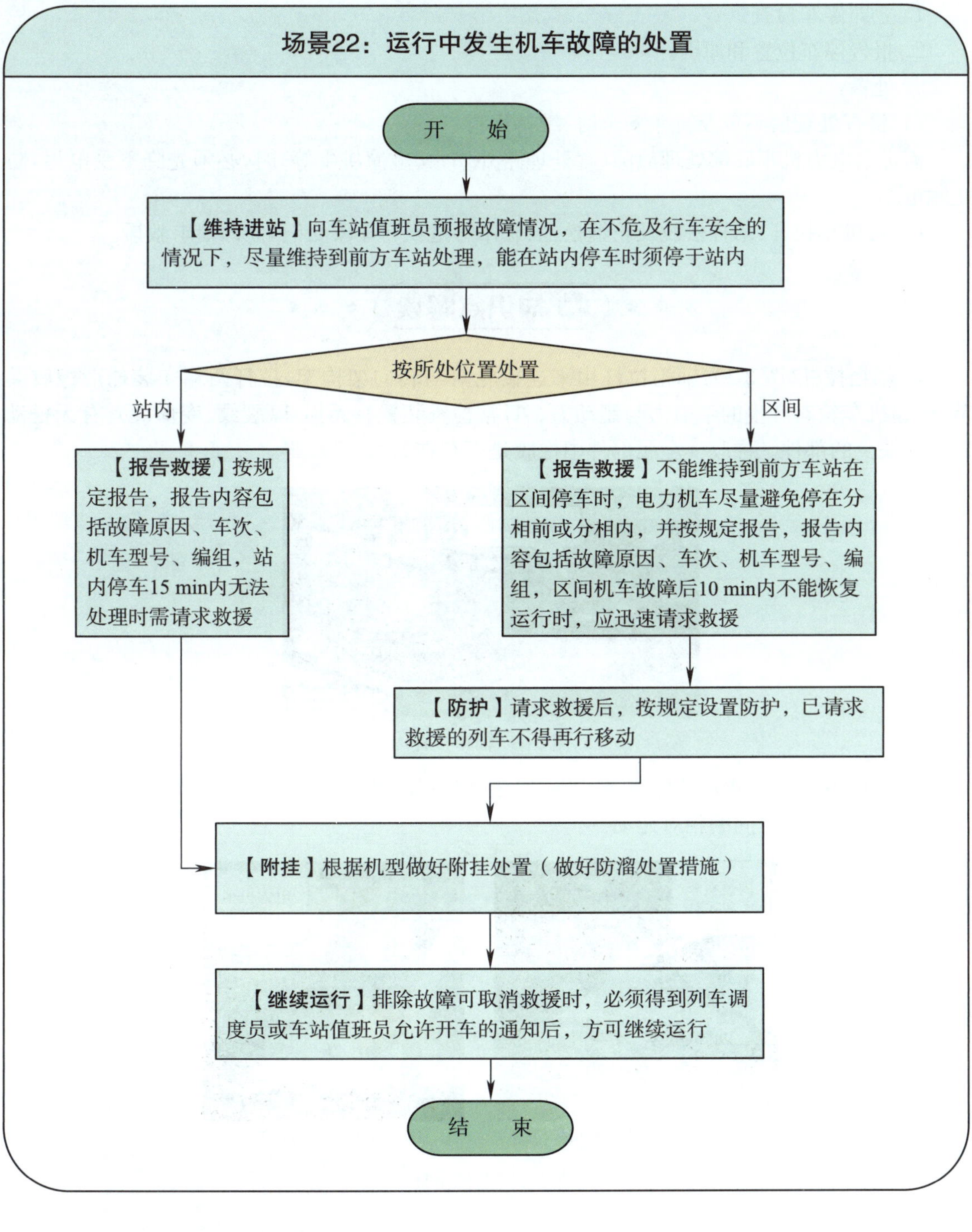

场景 23 运行中发生机车走行部异常时的处置

处置程序

1. 立即停车检查。

2. 报告停车位置和原因。

3. 处置：

(1)检查处理后不危及行车安全时，维持运行。

需进入电力机车底部处理故障（含处理路外伤亡、碰撞耕牛等）时，必须先降下受电弓，防止触电。

(2)遇机车拉杆、吊杆松脱及轮箍松弛、外窜等危及行车安全时，立即请求救援。

知识点解读

1. 轴箱拉杆（图 3-1）：轴箱拉杆用来连接轮对与转向架构架，拉杆两端安装球形橡胶关节，传递机车轮对产生的牵引力与制动力。日常检查装置有无损坏（裂纹、变形等）、有无松动部件和缺少的部件。橡胶—金属部件中橡胶是否存在裂纹、鼓胀等。

图 3-1 轴箱拉杆

2. 电机吊杆（图 3-2）：吊杆两端安装球形橡胶关节，可缓冲牵引电机在运行中的振动，并能适应轮对与构架之间的相对运动。

(a) 内燃机车电机吊杆　(b) 电力机车电机吊杆

图 3-2 电机吊杆

3. 轮箍松弛、外窜(图 3-3)：机车动轮迟缓后，轻则标记错位，严重的会发生动轮轮毂外窜。当轮毂外窜后，在正线上运行会挤翻钢轨，在站内经过复式交分道岔时，极有可能造成脱轨甚至颠覆。

(a) 正常迟缓标记

(b) 迟缓标记错位

图 3-3　迟缓标记

安全注意事项

1. 遇机车拉杆、吊杆松脱及轮箍松弛、外窜等现象，可能导致打坏行车设备、机车脱轨等情况引发事故，禁止继续运行。

2. 停车后要进入机车底部检查时，电力机车须降下受电弓，防止触电。

3. 区间停车 10 min(站内停车 15 min)处理不好，立即申请救援。

事故案例

1. 事故概况

两机班使用双机 SS_3+SS_3 型电力机车担任货物列车牵引任务，运行中听到走行部异声，在区间、中间站两次停车检查时，没有发现故障处所，接着在后续运行又没有注意观察走行部，致使故障扩大，仍然冒险运行，行至 A 站上行进站时，因附挂机车前进方向 1 室左侧第一轮对电机齿轮断裂停车，将 A 站上行进站 6 号道岔尖轨和 12 号道岔主副机表示杆擦伤，影响多趟上行列车侧线通过，构成铁路交通事故。

2. 原因分析

机班安全意识差，工作责任心不强，本可以防止的事故却扩大了事故性质，甚至可能造成车毁人亡重大事故。

处置流程图

场景23：运行中发生机车走行部异常时的处置

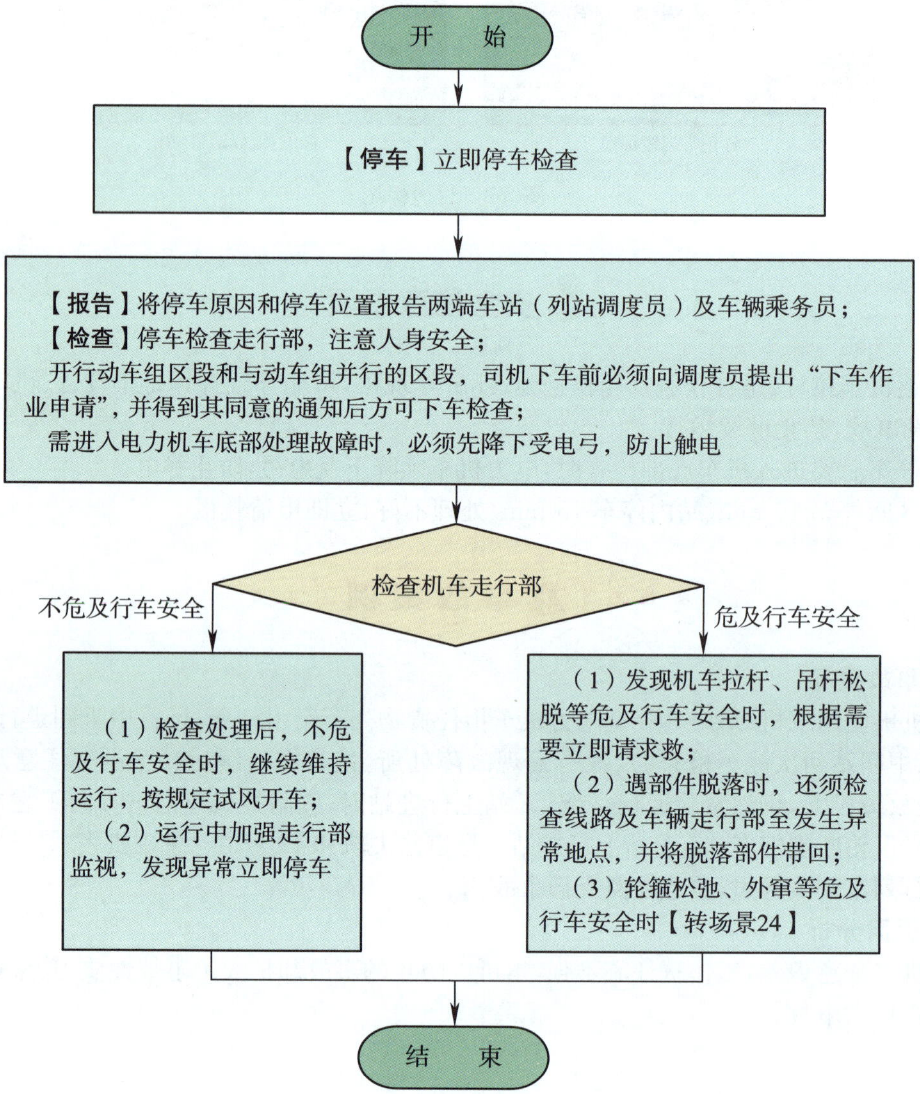

场景 24 机车轮箍松弛后的处置

处置程序

1. 检查发现轮箍标志移位，即判断为轮箍松弛。
2. 判断轮箍松弛，则不得继续运行。
3. 停车站检查发现轮箍标志移位，立即请求救援，经技术部门检查后方可继续运行。

知识点解读

轮箍标志移位：即轮箍与轮辋间对称的标记发生错位（见场景 23）。

安全注意事项

机车动轮迟缓后，轻则标记错位，严重的会发生动轮轮毂外窜。当轮毂外窜后，在正线上运行会挤翻钢轨，在站内经过复式交分道岔时，极有可能脱轨甚至颠覆的危险。

事故案例

1. 事故概况

SS_4 型电力机车担当货物列车牵引任务，列车运行途中，机车 B 节第四轴两侧轮对脱轨，构成铁路交通事故。

2. 原因分析

机班严重违反规章和“一次出乘作业标准”，在车站通过后的调速中将小闸放在制动区，没有缓解，致使机车带闸运行长达两个区间，造成机车 B 节左侧第四动轮轮箍松弛外窜 65 mm，第三动轮轮箍外窜 25 mm，右侧第四、三轮轮箍外窜均为 7 mm。

处置流程图

场景24：机车轮箍松弛后的处置

开 始

↓

【报告】向车站（列车调度员）、段应急指导台汇报；
【检查】下车检查走行部时，注意人身安全

↓

【确认】检查发现轮箍标志移位，即判断为轮箍松弛

↓

判断轮箍松弛，则不得继续运行

↓

【救援】停车站检查发现轮箍标志移位，立即请求救援，经技术部门检查后方可继续运行

↓

结 束

场景 25 遇机车走行部监测装置报警时的处置

处置程序

1. 温度报警时

(1)**场景 25-1**:当某轴位超温报警时(各机型以车载监测装置设定的超温报警门限值为准,直流内燃机车抱轴瓦除外),立即选择适合地点使用常用制动停车检查。停车后,当检查发现轴位变色(变蓝或变红)、冒烟、破损或变形等异常时,立即请求救援。当检查确认轴位无变色(变蓝或变红)、冒烟、破损或变形时,用点温枪检测该轴位温度(无点温枪用手背接触检查),在确认温度异常时,切除报警位相对应的电机,限速 40 km/h 以下(电力机车过分相困难时可适当提高速度)运行至就近前方站更换机车。

(2)**场景 25-2**:当某轴位温升报警时(各机型以车载监测装置设定的温升报警门限值为准,直流内燃机车抱轴瓦除外),切除报警位相对应的电机,限速 40 km/h 以下(电力机车过分相困难时可适当提高速度)运行。维持运行期间密切注意温升等情况,如温度持续上升或有异味、冒烟等异常,立即采用常用制动停车。如温度不持续上升及无异状时,机车乘务员应密切关注报警轴位温度及运行状况,可监视维持至就近的前方站停车检查。停车后用点温枪检测该轴位温度(无点温枪用手背接触检查),在确认温度异常时,应请求更换机车。

(3)**场景 25-3**:直流内燃机车抱轴瓦超温报警(90 ℃及以上)时,采取切除相应轴位电机维持运行到就近的前方站停车检查,若维持运行过程中,温度继续上升,可采取限速 40 km/h 以下维持运行到就近前方站停车检查。停车检查抱轴油盒状态,对抱轴油盒补满油后维持运行。直流内燃机车抱轴瓦温升报警时,采取切除相应轴位电机维持运行到就近的前方停车站停车检查,停车检查抱轴油盒状态,对抱轴油盒补满油后维持运行。

2. 机车轴承、齿轮、踏面发生冲击报警时

(1)**场景 25-4**:当发生轴承Ⅱ级报警时,机车乘务员应切除报警轴位电机。限速 40 km/h 以下(电力机车过分相困难时可适当提高速度)运行,加强后部瞭望、密切关注报警点位显示及温度变化情况。如报警持续(30 min 内有 2 条及以上同点位、同级的报警信息)或温度异常上升、有烟雾、异声、异味等异常状况,应立即停车检查确认;如报警不持续,可维持运行到就近前方站内停车检查确认。确认无异常后恢复正常速度运行。

(2)**场景 25-5**:当发生齿轮Ⅱ级报警时,机车乘务员应关注报警点位显示及走行部情况,并加强后部瞭望。如有烟雾、异声、异味等异常状况,应立即停车检查确认。如报警持续(30 min 内有 2 条及以上同点位、同级的报警信息),则维持到就近前方站内停车检查确认。如报警不持续,可维持到就近前方停车站停车检查确认。

(3)**场景 25-6**:当发生踏面Ⅱ级报警时,机车乘务员应关注报警点位显示及走行部情况,并加强后部瞭望。如有烟雾、异声、异味等异常状况,应立即停车检查确认。否则可维持到就近前方停车站停车检查确认。

(4)**场景 25-7**:当发生轴承、齿轮、踏面Ⅰ级报警时,机车乘务员应及时关注报警点位显示、温度及走行部情况,加强后部瞭望并关注报警级别的发展趋势,维持运行。如有烟雾、异声、异味等异常状况，应立即停车检查确认。

3. 装置报警停车检查确认要求

（1）车载监测装置报警停车检查时，除按规定重点检查报警点位的状态外，还必须同时检查该轴相邻、相对所有点位和踏面的状态。

（2）车载监测装置报警停车时应对走行部轴箱、齿轮箱、踏面、轮箍、电机等相关部件进行检查确认，检查确认相关部件及轴位有无变色（变蓝或变红）、冒烟、破损或变形、断裂等异常情况。

（3）停车检查确认为误报警时可继续运行，并密切注意该轴位温度情况。

知识点解读

1. 机车走行部车载监测装置

机车走行部车载监测装置是机车行车安全重要设备，是检测机车走行部轴承、齿轮及轮对踏面等状态，保证行车安全的重要技术装备。装有走行部监测装置的机车每轴上都装有各个轴承测点，主要对运行中走行部各轴承进行实时监测。走行部监测装置的报警点位显示通常是由两位阿拉伯数字显示，如装置显示“12 点”报警：前面的“1”表示为轴位，1 轴；后面的“2”表示为第 2 点位。

2. 各型机车监测装置测点位置信息、温度报警限值

（1）测点位置信息：机车走行部车载监测装置、6A 系统的走行部故障监测子系统（图 3-4）可以实现对机车走行部轴箱轴承、牵引电机轴承、抱轴轴承、空心轴驱动轴承、传动齿轮及轮对踏面的动态安全监测。在每个轮对电机组上设置相应测点，每个测点安装 1 个同时检测温度、振动与冲击的复合传感器。

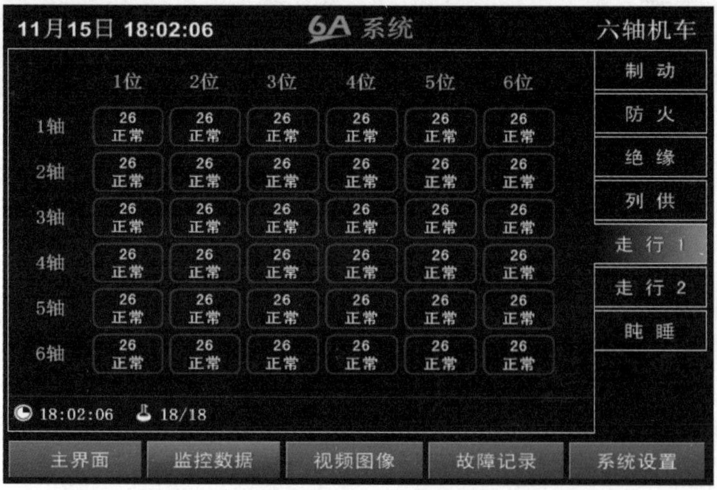

图 3-4　6A 系统走行部故障监测子系统

轴位号用来描述传感器的安装位置，轴位号用两位数字表示传感器在机车测点安装位置，第一位（十位）表示轴号，第二位（个位）表示位号，0 位固定为表示环温传感器；轴号从司机Ⅰ室开始计算，位号 1 从靠近齿轮箱端轴箱开始计算。

(2)各车型轴位温度报警门限值见表 3-1。

表 3-1　各车型轴位温度报警门限值　　单位:℃

车型	1位		2位		3位		4位		5位		6位		7位	
	超温	温升	超温	温升	超温	温升	超温	温升	超温	温升	超温	温升	超温	温升
FXD$_{1J}$	90	55	120	80	120	80	120	80	90	55	90	55	120	80
HXD$_{1B}$	90	55	120	80	120	80	90	55	90	55	90	55	120	80
HXD$_{1C}$	90	55	120	80	90	55	90	55	105	75	90	55		
HXD$_{1D}$	90	55	120	80	120	80	120	80	105	75	90	55		
HXD$_{2B}$	90	55	120	70	90	55	90	55	90	55	90	55		
HXD$_{3C}$	90	55	90	55	90	55	90	55	90	55	90	55		
HXN$_{5}$	90	55	120	80	110	80	90	55	95	55	90	55		
HXN$_{5B}$	120	40	100	55	120	55	120	55	100	55	120	40		

3. 点温枪检测

迷你型红外测温仪(简称测温仪)(图 3-5)可通过测量目标表面所辐射的红外能量来快速准确的确定其表面温度,适用于非解除测量物体表面温度。

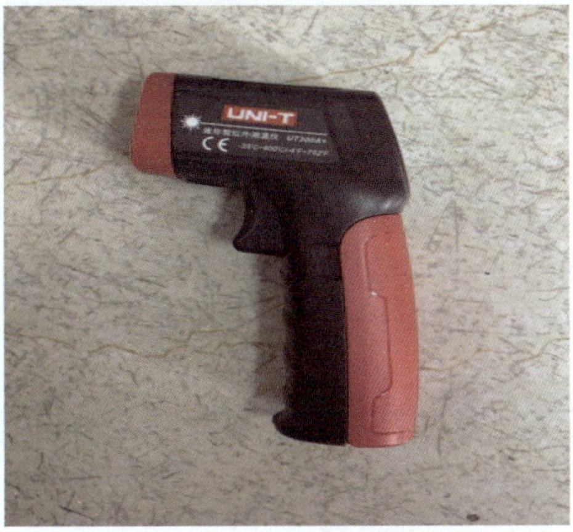

图 3-5　迷你型红外测温仪

操作方法:

(1)开机:测温仪关机模式下短按一下扳机,开机并显示上一次关机前测量后保持的数据。

(2)温度测量:将测温仪对准目标后扣动扳机并保持,此时 LCD 显示器上激光图标显示,激光打开并指向被测目标,温度测量值显示在 LCD 上。此时保持扣动扳机不松开,根据激光点的指示上、下、左、右扫描,可以测量出被测目标区域的最大或最小温度值。

注意:测量时一定要由被测目标的大小根据“距离与光点直径比(D∶S)”和“视场”来确定测量距离。

(3)关机:松开扳机后,LCD 显示器上会继续保留最后测量值和 HOLD 图标。持续 8 s 无任何操作,测温仪将自动关机并保存最后测量值。

(4)单位转换:测温仪在开机模式下,打开电池盖,短按℃/℉转换键可以转换温度单位为摄氏度(℃)或华氏度(℉)。

(5)距离与光点直径比(D∶S):随着与被测目标距离(D)的增大,测温仪所测区域的光点尺寸(S)变大。

(6)视场:测量时要确保被测目标大于测温仪光点的直径,目标越小,则测试距离应越靠近。

4. 手背接触检查

手触主要适用于检查有关部件的温度、振动以及高压油管的脉冲等。在运行中不能进行手触温度检查的部件,应在停车后马上进行。

手触时应先用手指感觉温度,再用手背判断温度。手背触及部件表面的持续时间与相应的温度见表 3-2。

表 3-2 手触判断温度方法

热　别	温　度	差别方法
平热	40 ℃上下	可以长时间手触
微热	70 ℃上下	可手触 3 s
强热	90 ℃上下	不能手触
激热	150 ℃上下	变色
烧损	150 ℃上下	变色生烟

5. 报警方式

报警方式是三级预报警,分别为故障报警、Ⅰ级故障报警、Ⅱ级故障报警。

(1)故障报警:冲击检测、诊断结果达到“冲击检测报警限制值标准”的故障预警标准。子系统不进行在线提示;相关信息转储到地面系统后在地面系统提示,用以引导关注故障部件和指导地面检修。

对达到冲击故障诊断分类预警标准的部件(轴承内环、滚动体、外环的滚动工作面,齿轮的啮合面,车轮的踏面)故障(初期故障),由装置的地面数据分析管理系统对数据进行地面故障预警分析。车载检测装置不做任何预警提示。

(2)Ⅰ级故障报警(指示灯黄色):冲击检测、诊断结果达到“冲击检测报警限制值标准”的Ⅰ级故障报警标准,子系统进行在线警告级报警,提醒司乘人员关注故障部件,但不影响正常行车;相关信息转储到地面系统后在地面系统提示,用以指导地面检修,应该排除部件故障。

对于达到冲击故障诊断分类Ⅰ级报警标准的部件(轴承内环、滚动体、外环的滚动工作面,齿轮的啮合面,车轮的踏面)故障(较大故障),进行车载在线警告级报警。装置主机的前面板用“报警Ⅰ”对应的黄灯报警,装置主机显示屏提示Ⅰ级报警轴承、齿轮、踏面的测点位置及报警日期时间。

(3)Ⅱ级故障报警(指示灯红色):冲击检测、诊断结果达到“冲击检测报警限制值标准”的Ⅱ级故障报警标准,或者轴承绝对温度超过限制值,或者温升达到或超过限制值,子系统进行在线严重警告级报警,司乘人员必须采取相关处理措施,甚至中途停车;相关信息转储到地面系统后在地面系统提示,用以指导地面检修,必须排除部件故障。

对于达到冲击故障诊断分类Ⅱ级报警标准的部件(轴承内环、滚动体、外环的滚动工作面，齿轮的啮合面，车轮的踏面）故障（严重故障）或轴位的温度达到严重警告（超温、温升达到或超过标准值），进行车载在线严重警告级报警。对于轴承、齿轮、踏面Ⅱ级报警或超温、温升达到或超过标准值，装置主机的前面板用“报警Ⅱ”对应的红灯和蜂鸣器报警，装置主机显示屏（或6A显示终端）提示Ⅱ级报警故障或温度达到严重警告的故障类型、测点位置及报警日期时间。

6. 轴承、齿轮、踏面Ⅰ级报警

轴承Ⅰ级报警：对铁路机车（含动车组动力车）走行部的轴箱轴承、牵引电机轴承盒轮对抱轴（或空心轴）轴承（滚动轴承）等部件，进行基于冲击故障监测和温度监测的综合诊断预警和报警。

齿轮Ⅰ级报警：对传动齿轮等部件进行基于冲击故障监测的诊断预警和报警。

轮对踏面Ⅰ级报警：对轮对踏面故障，如：擦伤、剥离、内部缺陷等进行基于冲击故障监测的诊断预警和报警。

7. 温　　升

温升指某一轴位当前温度值减去当前参考温度值的差值大于55 K时的温度报警。所述“参考温度”，对于内燃机车的牵引电机测点而言：前转向架电机参考温度用前通风机出口温度，后转向架电机参考温度用后通风机出口温度；其他如轴箱位置则用环境温度检测传感器温度值作为参考温度。对于电力机车的牵引电机测点而言：参考温度用环境温度检测传感器值。

8. 超　　温

超温指某一轴位当前温度值大于超温报警门限值温度时的温度报警。

安全注意事项

1. 轴温报警装置出库前（本段或折返段）须保证作用良好，主机储存信息（日期、时间、车号）须正确，装置不良严禁出库牵引机车。运行中轴温报警器应保持在开机状态，严禁关闭。

2. 机车运用中出现轴温报警装置报警时，乘务员应记录报警点位置、温度、地点和机车速度，并依据温度变化和实际观测情况，判断是否为误报警。

事故案例

和谐型电力机车担当货物列车牵引任务，在运行途中6A系统走行部故障监测子系统报警：3轴2位升温报警；4 min后再次报警：3轴2位超温报警。司机实施常用制动主动停车，经检查确认轴温异常，随即请求救援。

处置流程图

场景25：遇机车走行部监测装置报警时的处置（温度报警1）

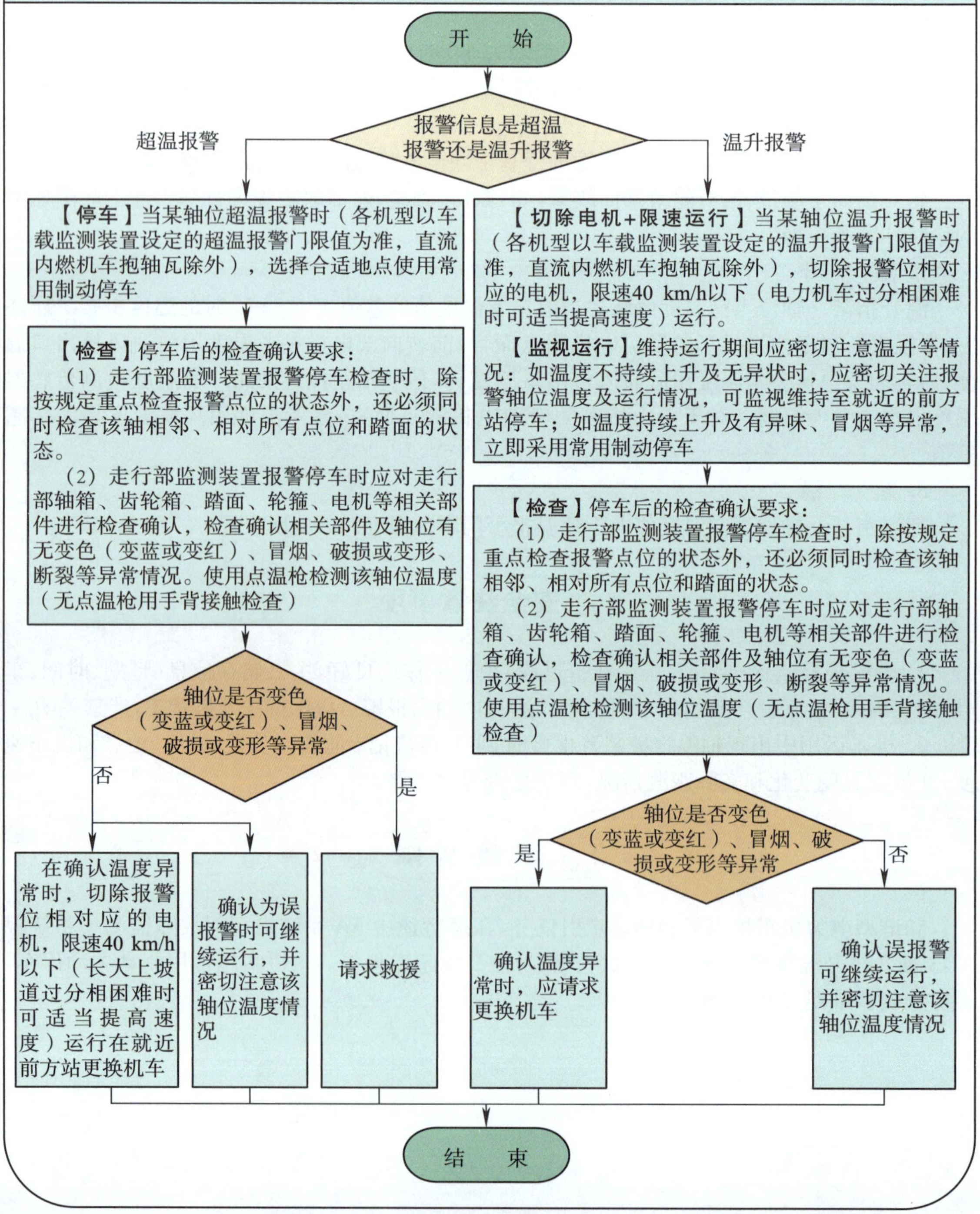

场景25：遇机车走行部监测装置报警时的处置（温度报警2）

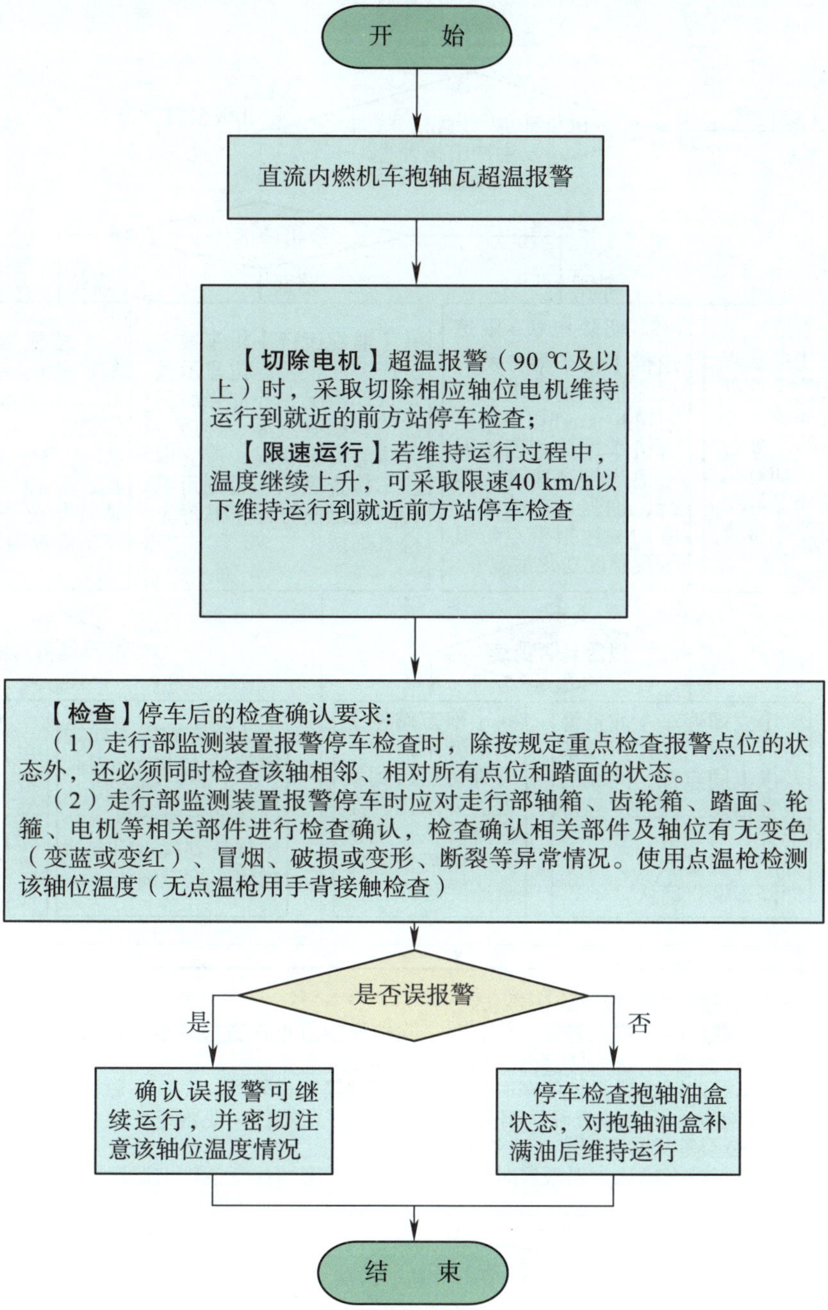

场景25：遇机车走行部监测装置报警时的处置（冲击报警）

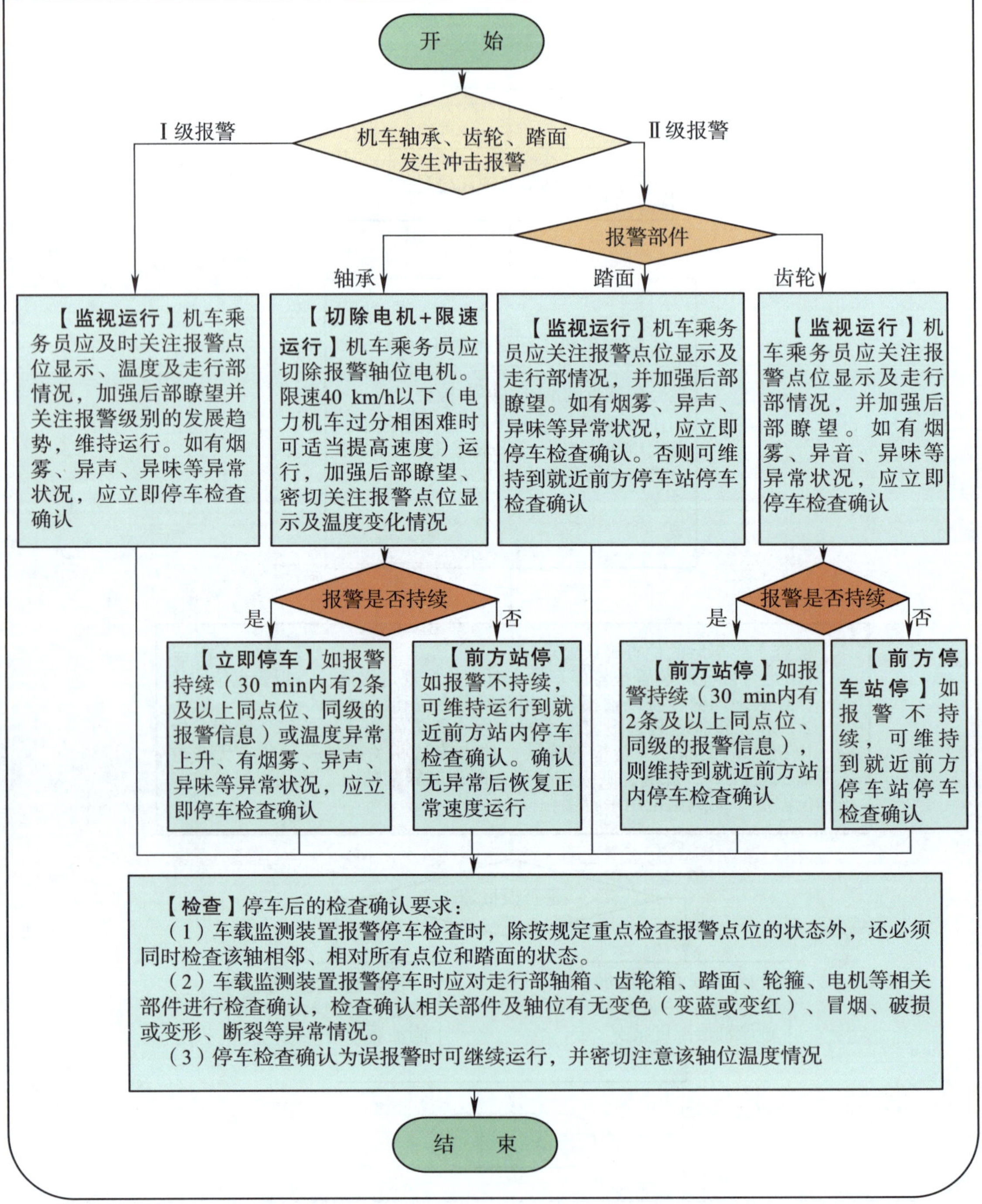

场景 26　列车在区间被迫停车遇自动制动机故障请求救援时的处置

处置程序

1. 报告停车原因和停车位置，根据需要迅速请求救援。

2. 需要防护时，按规定进行防护。

3. 动车组以外的旅客列车司机应通知车辆乘务员立即组织列车乘务人员拧紧全列人力制动机，以保证就地制动；其他列车司机应立即采取安全措施，如放置铁鞋、组织人员拧紧人力制动机等；并向列车调度员报告，请求救援。

知识点解读

1. 防护相关要求，见场景 1、2 知识点解读。

2. 铁鞋防溜相关要求，见场景 7 安全注意事项。

3. 人力制动机（图 3-6）：车辆人力制动机是用人力转动手轮或手柄，用以代替空气制动机的作用，带动基础制动装置，使闸瓦压紧车轮的一种制动装置。现在我国的车辆，除了极个别的特种车辆无法安装外，都规定必须安装人力制动机，一般安装在车辆一端。

(a) 客车车辆　　(b) 货车车辆

图 3-6　人力制动机

安全注意事项

1. 发生自动制动机故障被迫停车，因迅速判明原因，查找故障处所。在区间停车超过 10 min，站内停车超过 15 min 仍未处置好，应立即请求救援。

2. 放置铁鞋时待机车车辆停稳，注意人身安全。将铁鞋的尖端贴紧车轮踏面，并加锁防盗。

处置流程图

场景26：列车在区间被迫停车遇自动制动机故障请求救援时的处置

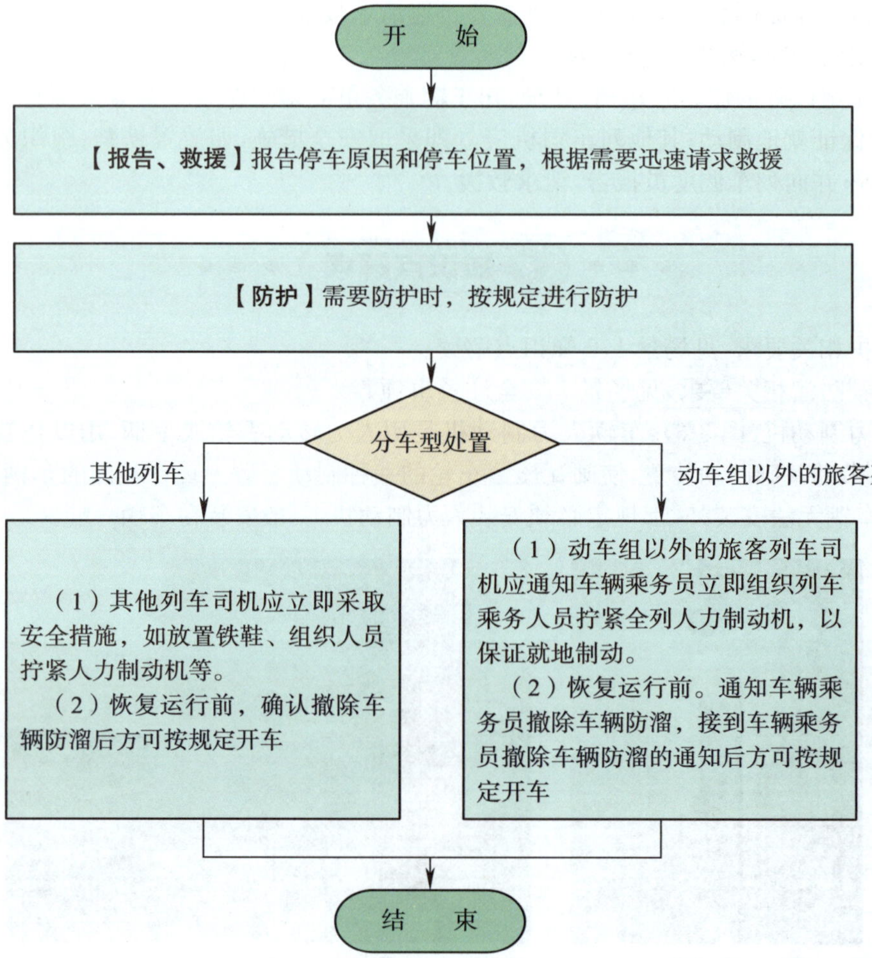

场景 27　货物列车运行中列尾风压与机车风表显示不一致时的处置

处置程序

1. 须对列车进行排风减压，按规定查询列尾装置检查列尾风压与机车风表显示是否基本一致。

2. 如减压后列尾主机语音反馈的风压与机车风表显示不一致，必须采取制动和列尾主机“排风”制动措施，就地停车，判明原因。

3. 如列尾故障时，应将机车号码、司机室列尾控制盒号码报告车站值班员，根据调度命令行车。

知识点解读

1. 列尾主机“排风”：

按压司机室列尾遥控盒（图 3-7）或 MMI（客列尾为 CIR 操作界面）上的排风键，控制列尾主机（图 3-8）控制列车管自动常用制动或紧急制动排风，使列车制动停车（具体操作图示见场景 9 知识点解读）。

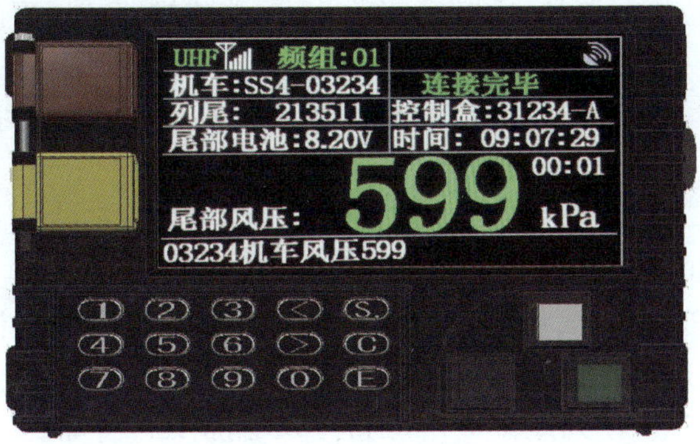

图 3-7　列尾遥控盒

图 3-8　列尾主机

2. 在站简略试验：

有列检作业的由列检人员负责，无列检作业的由车辆乘务员负责，无车辆乘务员的由车站人员负责。挂有列尾装置的列车由司机负责（挂有列尾装置的旅客列车，始发前、摘挂作业开车前及在途中换挂机车站、客列检作业站，有列检作业的由列检人员负责，无列检作业的由车辆乘务员负责）。

3. 在站折返的动车组以外的旅客列车自动制动机试验的规定：

（1）列车终到后，利用本务机车对站折列车施行列车制动机全部试验。设置客列检的，由客列检负责，对全列客车的制动、缓解状态进行确认；未设置客列检的，由车辆乘务员负责，对尾部一辆客车的制动、缓解状态进行确认，并核对列车管风表压力。

(2)列车始发前，施行制动机简略试验，由客列检人员(车辆乘务员)对尾部一辆客车的制动、缓解状态进行确认，并核对列车管风表压力。

4. 未安装列尾装置的列车，司机减压 100 kPa 并保压 1 min，尾部人员确认最后一辆车制动后，通知司机缓解，确认最后一辆车缓解后，通知司机试验完毕。

5. 在中心操作方式车站，列车需进行自动制动机简略试验时，有车辆乘务员的由车辆乘务员负责，无车辆乘务员时由司机负责进行通风试验；挂有列尾装置的列车由司机负责。

安全注意事项

列车无线调度通信设备故障影响列尾正常使用时，报告车站值班员须同时说明。

事故案例

1. 事故概况

HXN_3 型内燃机车值乘货物列车 A，列车 A 在机后 9、10 位间车辆折角塞门半关闭的情况下由车站开车，以 56 km/h 速度运行，司机正常减压调速时发现不降速，连续追加至紧急制动并拉下紧急制动阀无效，列车 A 在连续下坡道上“放飏”，以 91 km/h 速度通过前方站正线 2 道，前行货物列车 B 被喊停在前方站内 2 道后，车站办理了事故列车 A 由 1 道侧线反方向通过进路。事故列车 A 以 98 km/h 速度侧线进站，机后 11～31 位车辆发生脱轨、颠覆，还造成 2 道的停留货物列车 B 机后第 51～58 位车辆脱轨，中断行车约 17 h，构成铁路交通事故。

2. 原因分析

(1)机车司机制动机试验违反规章。司机在制动机简略试验时，没有注意充、排风时间，未发现充、排风时间过短的问题。

(2)乘务员设备操纵不熟误判故障。司机试风时发现列尾风压不正常，在与车站检查时检查不认真，没有发现机后 10 辆前折角塞门半关的问题，错判列尾装置故障。

(3)乘务员应急反应能力差。司机减压 80 kPa 调速，发现制动力弱，拉开机车紧急制动阀，仍然无效。司机在列车放飏、严重超速运行，已危及自身人身安全时，仍是一味地按压[查询]键，不清楚操作列尾控制盒的排风键(红键)使列尾排风，直到后部车辆脱线才停车。

处置流程图

场景27：货物列车运行中列尾风压与机车风表显示不一致时的处置

开　始

↓

【确认】须对列车进行排风减压，按规定查询列尾装置检查列尾风压与机车风表显示是否基本一致

↓

【停车】如减压后列尾主机语音反馈的风压与机车风表显示不一致，必须采取制动和列尾主机“排风”制动措施，就地停车，判明原因

↓

【报告】如列尾故障时，应将机车号码、司机室列尾控制盒号码报告车站值班员，根据调度命令行车

↓

结　束

场景 28　内燃机车牵引客车发生机车柴油机燃烧不良冒黑烟的处置

处置程序

1. 隧道区运行时，要立即停车，但尽量避免停于隧道内，排除故障后方可继续运行，否则请求救援；如不得已停在隧道内，应立即停机请求救援。

2. 非隧道区运行时：

(1)牵引非空调客车时，要立即停车，排除故障后方可继续运行，否则请求救援。

(2)牵引空调客车时，应立即通知车辆乘务员，要求临时关闭客车空调机组，同时通知车站值班员(列车调度员)请求更换机车，低速维持到前方站停车处理。

3. 遇增压器故障须立即停机，严禁盲目维持运行。

知识点解读

1. 增压器工作原理(图 3-9)

柴油机产生的高温废气进入增压器涡轮侧，径路是：由柴油机排烟总管排出的废气进入喷嘴环叶片经扩压后冲击转子装配的涡轮叶片使转子装配高速旋转，再由增压器的中间体通过烟筒由机车顶部排至车外。由于转子装配高速旋转压气机叶轮也同步高速转动将经过 3 级空气滤清后的新鲜空气吸入增压器压气机蜗壳内，再由扩压器增大压力后由蜗壳出气口经管道进入中冷器进行空气冷却，降温后进入柴油机空气稳压箱供各气缸使用。

由于增压器工作时排气最高温度可达 650 ℃，为保护各部件不变形进行水循环冷却；由柴油机高温水管路进口水管分支进入增压器中间体进水管对中间体进行冷却，带走热量，由中间体出水口排至柴油机高温出水总管集中总体，再由冷却单节冷却。增压器转子装配高速旋转同时由进油管接头将精滤后的机油经中间体暗道进入压端及涡端滑动轴承对转子轴提供悬浮式润滑，再经体内暗道排入柴油机油底壳。

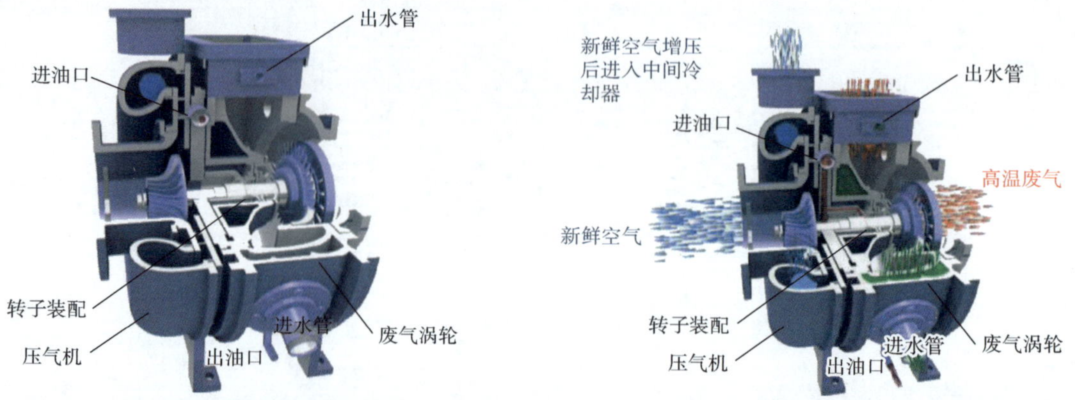

(a) 内部结构　　(b) 工作原理

图 3-9　增压器

2. 增压器主要作用

增加各气缸内新鲜空气、改善气缸内燃烧条件、使喷入气缸内的雾化燃油充分燃烧以增加柴油机输出功率、降低气缸内由燃烧不良产生的积炭、降低气缸内温度使相关各部件延长使用寿命。

3. 增压器故障判断

(1)增压器工作噪声过大，有金属的撞击或摩擦声，严重时伴随强烈振动。

(2)增压器气端发出如气喘的异响，压气机的出口压力显著下降并伴随着压力波动，导致柴油机工作不平稳、功率下降、排气冒黑烟等现象。

安全注意事项

运行中发生增压器故障，乘务员必须立即停机，严禁盲目维持运行，未判明故障原因的不得起机，防止因增压器故障引发熏伤旅客、烧断接触网等次生事故。

事故案例

1. 事故概况

DF_{8B}型内燃机车担当旅客列车牵引任务，运行在区间，机车前增压器发生故障，燃烧不良冒黑烟，经过隧道区段造成车厢旅客身体不适，运行至前方站停车时高温油气烧断机车上方接触网网线，构成铁路交通事故。

2. 原因分析

机车前增压器油封在运行中破损。

处置流程图

场景28：内燃机车牵引客车发生机车柴油机燃烧不良冒黑烟的处置

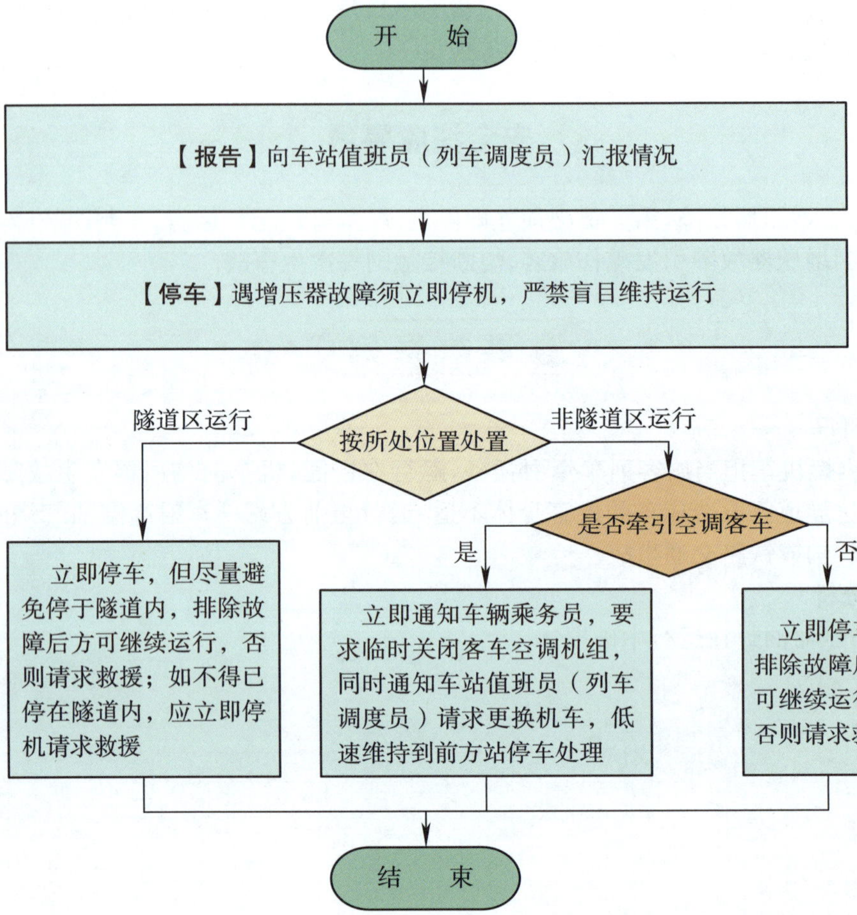

场景 29　机车与第一位车辆车钩高度差超限时的处置

处置程序

1. 检查车钩高度差超限时，通知车站值班员派列检人员处理(旅客列车通知车辆乘务员)。

2. 配合检查机车与车辆停留位置，如处于曲线、钢轨接头或路基松软地点，可根据要求连挂移动车列至平顺坚实的直线地点，高度差符合规定后，及时联系开车。否则摘开机车、车辆，分别测量车钩中心线距钢轨顶面高度，对应处理。

知识点解读

1. 车钩高度差超限

75 mm 高度差是根据车钩中心线水平线距轨面的高度范围 815～890 mm 规定而定，是为了保证列车中机车车辆连挂时车钩高度的一致性。动车组为固定编组，正常情况下不分解。

2. 造成车钩高度差的原因

车钩高度差主要是由于机车车辆的空重、弹簧的强弱、车轮踏面的圆周磨耗、心盘垫板的厚薄以及线路的状况等原因所造成的。

3. 判断方法

(1)平时在检查锤处刻一个 75 mm 的标记；

(2)用刻度尺直接测量。测量两车钩中心水平线高度差的方法如图 3-10 所示。

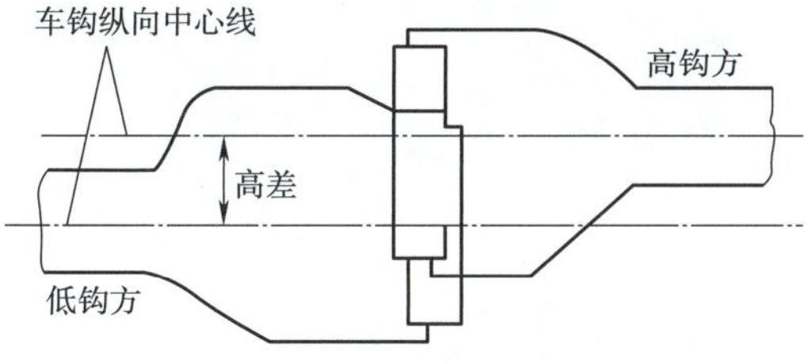

图 3-10　车钩中心水平线高度差示意

安全注意事项

如果车钩高度差超过规定的范围，当列车运行至道岔、路基松软地段时，车辆上下颠簸，尤其在陡坡线路上，容易发生脱钩而造成列车分离，并且高度差过大时，使车钩钩舌牵引面变小，承受不了牵引力，易发生断钩。

事故案例

1. 事故概况

SS_6 型电力机车担当旅客列车牵引任务，机车到达始发站挂车，由副司机负责地面连挂作业指挥及连挂状态检查，连挂完毕并试拉后，司机对列车进行制动机试验，列车开车后走行238 m后突然起非常停车。停车10 min后机班才发现机车与机后第一位车辆发生分离，经检查处理后正常开车。

2. 原因分析

(1)乘务员作业标准严重不到位。机班对车钩及连挂状态的检查不认真是造成这次事故的主要原因，机班不落实作业标准，库内接车没有认真检查车钩“三态”，以致未发现车钩内残雪结冰、导致钩锁铁不能完全落槽的问题，挂车后学习司机对车钩连接状态及落槽情况检查不认真，司机没有下车进行复检，造成车钩钩锁铁落槽不到位开车，机车过道岔时，车钩钩锁铁跳动，导致列车分离。

(2)乘务员应急处置严重不到位。机班业务能力、安全敏感性、非正常处理能力差，列车停车后，未能做到迅速判明原因，停车后反复缓解8次，才发现列车分离，造成影响扩大。

(3)乘务员信息反馈不到位。机班未按规定执行信息反馈制度，事故发生后，机班判断出现错误，错过了有效指导处理的最佳时机。

处置流程图

场景29：机车与第一位车辆车钩高度差超限时的处置

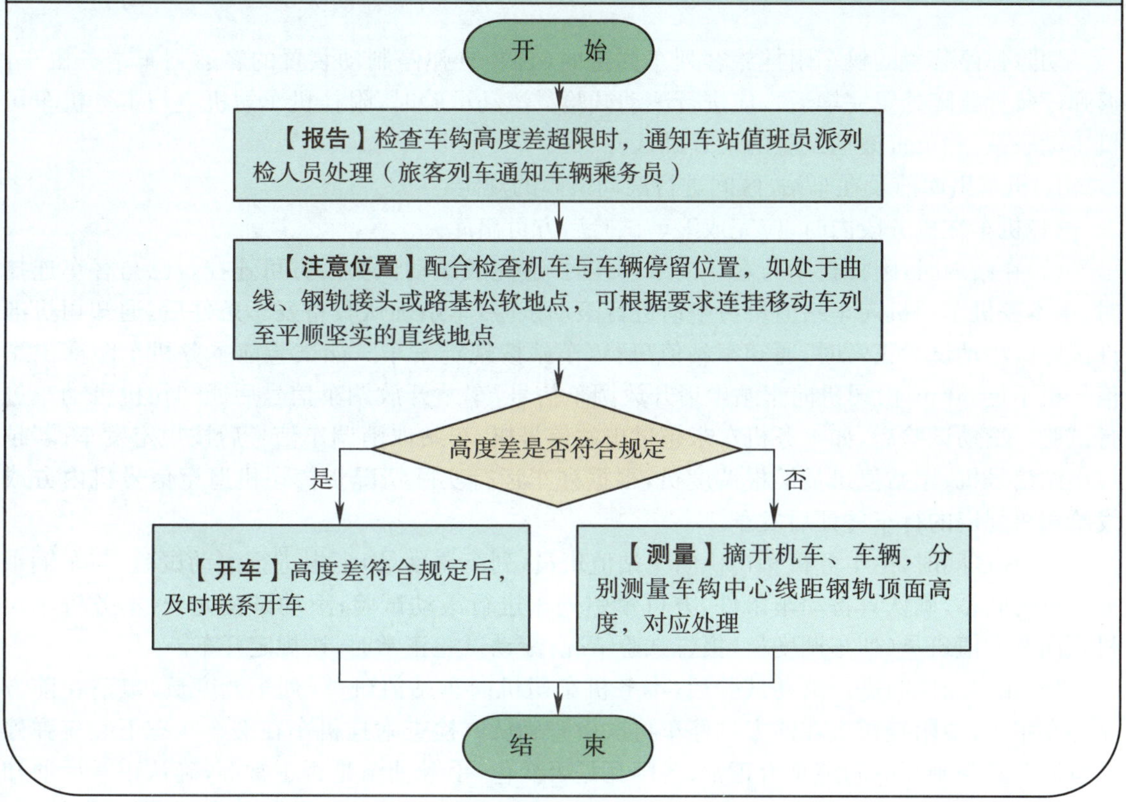

场景 30 附挂机车进行滚动试验的规定

处置程序

切除弹停装置的机车附挂旅客列车回送时(含装有弹停制动装置的客运列车本务机车,遇弹停装置故障处置完毕后),应进行滚动试验。滚动试验时,附挂机车司机应与本务机车司机主动联系,并负责滚动试验的检查确认。

1. 机车出库前及在车站、区间进行滚动试验的规定:

(1)机车在机务段内时,应完成滚动试验后方可出库。

(2)在站内时,附挂机车与客车尚未连挂时,应完成滚动试验后方可连挂。已与客车连挂时,由本务机车司机向车站值班员申请进行滚动试验,车站确认具备发车条件后,通知司机准许试验。滚动试验正常时,通知车站值班员,车站按规定发车。如试验前本务机车距离出站信号机不足 30 m,由司机向车站申请开放调车信号,车站开放调车信号后通知司机可动车进行试验。滚动试验后,如本务机车未越过出站信号机,车站取消调车信号后按规定发车;若越过出站信号机,车站值班员汇报调度员,根据列车运行实际情况指挥司机退至信号机内方或发给司机规定的行车凭证后发车。

(3)在区间时,由本务机车司机向车站值班员(列车调度员)汇报进行滚动试验,与车辆乘务员进行联系,确认具备动车条件,方可牵引列车进行滚动试验;滚动试验完毕,本务机车司机须向车站值班员(列车调度员)报告试验情况;滚动试验正常时,按规定开车。

(4)站内或区间进行滚动试验后,本务机车司机向车站值班员(列车调度员)申请在前方站停车报告,由附挂司机在前方站停车再次检查确认。检查附挂机车在缓解状态下装有弹停装置制动盘与闸瓦的间隙是否正常、各闸瓦是否变色、手触轴温是否正常等,确认正常后通知本务司机按规定开车;列车开车后,附挂司机应注意走行部是否有异声异状,发现异常情况,及时通知本务司机采取停车措施。

2. 滚动试验运行速度不得超过 5 km/h,走行距离控制在 20 m 左右。未进行滚动试验或滚动试验未通过时,不得开车。

知识点解读

滚动试验目的:检查附挂机车制动系统处置是否正确,判断附挂机车是否抱闸。

安全注意事项

1. 在滚动试验过程中,注意人身安全。
2. 附挂处置完毕后,注意不得开放弹停塞门,否则机车会出现抱闸现象。

事故案例

1. 事故概况

HXD_{2B} 型电力机车担当机车回送专列押运值乘任务。运行若干站后在某车站 3 道停车，机车回送专列押运司机向车站报告，机后第二位 HXN_{3B} 型内燃机车第二动轮左侧迟缓(装有弹停制动装置)；列车调度员发布调度命令，指示机车回送专列在车站停运保留。

2. 原因分析

(1)厂家在对机车进行无动力回送操作过程中，操作者没有对 HXN_{2B} 型内燃机车左侧二轴弹停制动装置进行切除，复检者检查确认不彻底，没有发现该轴弹停制动装置未切除，造成出厂机车源头质量控制存在漏洞。另外，在无动力回送操作完成后，没有进行机车无动力回送专列的滚动试验，而是利用机车将编组好的机车无动力回送专列拖动数次，送接机车乘务员领取随车工具，存在管理上的漏洞。

(2)严重缺乏安全责任意识。根据规定，“无动力回送机车的技术处理，在厂的由机车工厂负责，机务段派驻的接车技术人员确认”和“无动力回送机车中间站侧线停车超过 20 min 或区段站、编组站更换本务机车时，应对机车走行部的轴温、踏面清扫闸瓦、轮对、基础制动装置进行重点检查”。但接车乘务员在技术人员对机车进行无动力回送操作后，没有逐个检查和确认机车弹停制动装置的切除情况，也没有仔细检查机车闸瓦间隙是否正常，就盲目在“机车无火回送操作确认单”上签字；乘务员在押运机车回送专列过程中，沿途有 12 个站停车超过 20 min，有多个车站乘务员都没有下车检查机车走行部，存在群体违章现象。在机车动轮迟缓的情况下没有及时发现，走行距离多达 1 000 km 以上，性质十分恶劣，构成铁路交通事故。

处置流程图

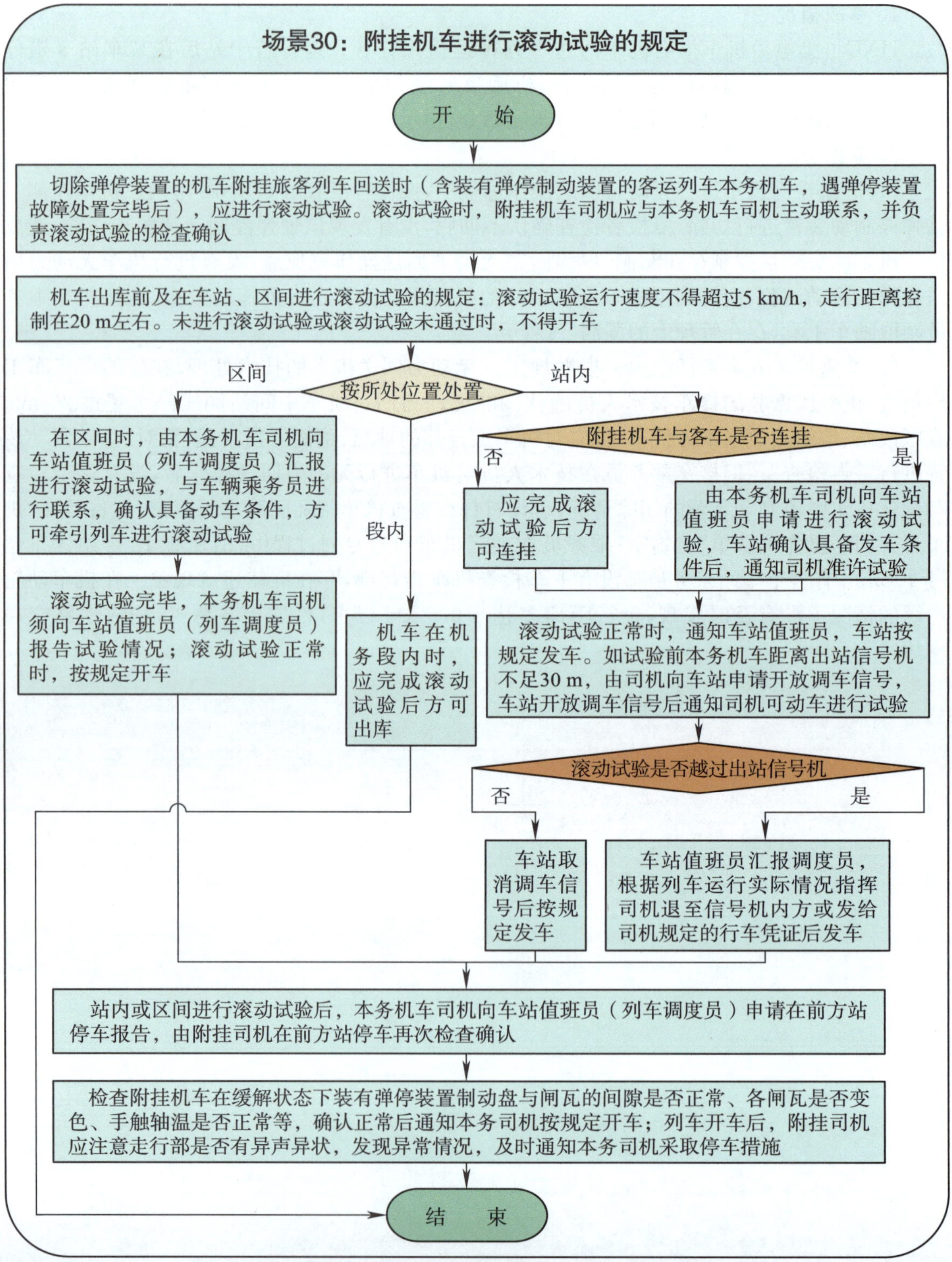
场景30：附挂机车进行滚动试验的规定
开　始
切除弹停装置的机车附挂旅客列车回送时（含装有弹停制动装置的客运列车本务机车，遇弹停装置故障处置完毕后），应进行滚动试验。滚动试验时，附挂机车司机应与本务机车司机主动联系，并负责滚动试验的检查确认
机车出库前及在车站、区间进行滚动试验的规定：滚动试验运行速度不得超过5 km/h，走行距离控制在20 m左右。未进行滚动试验或滚动试验未通过时，不得开车
按所处位置处置
区间
站内
段内
在区间时，由本务机车司机向车站值班员（列车调度员）汇报进行滚动试验，与车辆乘务员进行联系，确认具备动车条件，方可牵引列车进行滚动试验
滚动试验完毕，本务机车司机须向车站值班员（列车调度员）报告试验情况；滚动试验正常时，按规定开车
机车在机务段内时，应完成滚动试验后方可出库
附挂机车与客车是否连挂
否
是
应完成滚动试验后方可连挂
由本务机车司机向车站值班员申请进行滚动试验，车站确认具备发车条件后，通知司机准许试验
滚动试验正常时，通知车站值班员，车站按规定发车。如试验前本务机车距离出站信号机不足30 m，由司机向车站申请开放调车信号，车站开放调车信号后通知司机可动车进行试验
滚动试验是否越过出站信号机
否
是
车站取消调车信号后按规定发车
车站值班员汇报调度员，根据列车运行实际情况指挥司机退至信号机内方或发给司机规定的行车凭证后发车
站内或区间进行滚动试验后，本务机车司机向车站值班员（列车调度员）申请在前方站停车报告，由附挂司机在前方站停车再次检查确认
检查附挂机车在缓解状态下装有弹停装置制动盘与闸瓦的间隙是否正常、各闸瓦是否变色、手触轴温是否正常等，确认正常后通知本务司机按规定开车；列车开车后，附挂司机应注意走行部是否有异声异状，发现异常情况，及时通知本务司机采取停车措施
结　束

场景 31 旅客列车空调失效时的处置

处置程序

1. 接到旅客列车空调失效的通知时，司机负责向车站值班员（列车调度员）报告、转报行车信息；动车组司机负责配合列车长开启车组车门，确认车门开关状态；根据列车长、随车机械师的请求或列车调度员发布的调度命令安全行车。

2. 遇接触网停电或机车故障导致旅客列车空调失效时，司机立即报告车站值班员（列车调度员），并通知列车长和随车机械师（车辆乘务员）。

3. 牵引直供电旅客列车的机车发生故障（非走行部和制动系统故障），不能牵引运行，向车站值班员（列车调度员）申请救援（同时说明为直供电列车），但仍能向列车供电时须告知车站值班员（列车调度员），由故障机车供电维持运行。

4. DF_{11G} 型内燃机车担当牵引直供电旅客列车任务，一台机车发生故障时，应保持两台发电机向列车供电，维持运行。一台发电机故障时，应及时通知车辆乘务员，由车辆乘务员转为减负荷状态，维持运行。

知识点解读

1. 直供电旅客列车：我国 DC 600 V 旅客列车供电系统在吸取法国 TGV、德国 ICE、日本新干线以及欧洲多电压制列车供电系统特点的基础上，根据国内旅客列车的具体情况，进行了优化设计。通过机车给旅客列车供电，以达到甩掉发电车，实现提高列车运输能力、节能、环保和列车运行高速化的目的。

2. 直供电故障应急处置程序：见场景 43 直供电旅客列车发生供电故障的处置。

安全注意事项

1. 直供电机车途中发生故障时，司机应及时报告车站值班员（列车调度员），报告内容应包括故障现象、能否向列车供电、能否随本列附挂运行等情况；不能向列车供电时，司机还应通知车辆乘务员。

2. 直供电如果使用一路维持供电运行，须加强机械间的巡视，并注意观察操纵台供电情况。

事故案例

1. 事故概况

SS_9 型电力机车连挂旅客列车后发现只能Ⅰ路供电，且Ⅰ路电压在 480～715 V 间波动。乘务员立即对Ⅱ路绝缘进行了复查，确认Ⅱ路绝缘良好；反馈信息并请求司机重新供电：机车两路能供电，当Ⅰ路逐步加载到 3 辆车后，电压在 480～715 V 间波动；Ⅱ路只加载 2 辆车，电压则在 440～750 V 间波动，随即Ⅱ路断电，因此客车电器设备无法正常使用。列车还是在始发站正点始发。列车运行途中因全列空调无法使用，致使车厢温度过高，列车被迫在中间站临时停车，经相关人员检查并决定：更换机车。更换机车后全列带载供电正常，造成列车晚点约 3 h。

2. 原因分析

因机车供电系统功率不足、带载能力差，当车辆加载后，造成供电电压波动大，导致列车供电电压波动大所引发的供电故障。

处置流程图

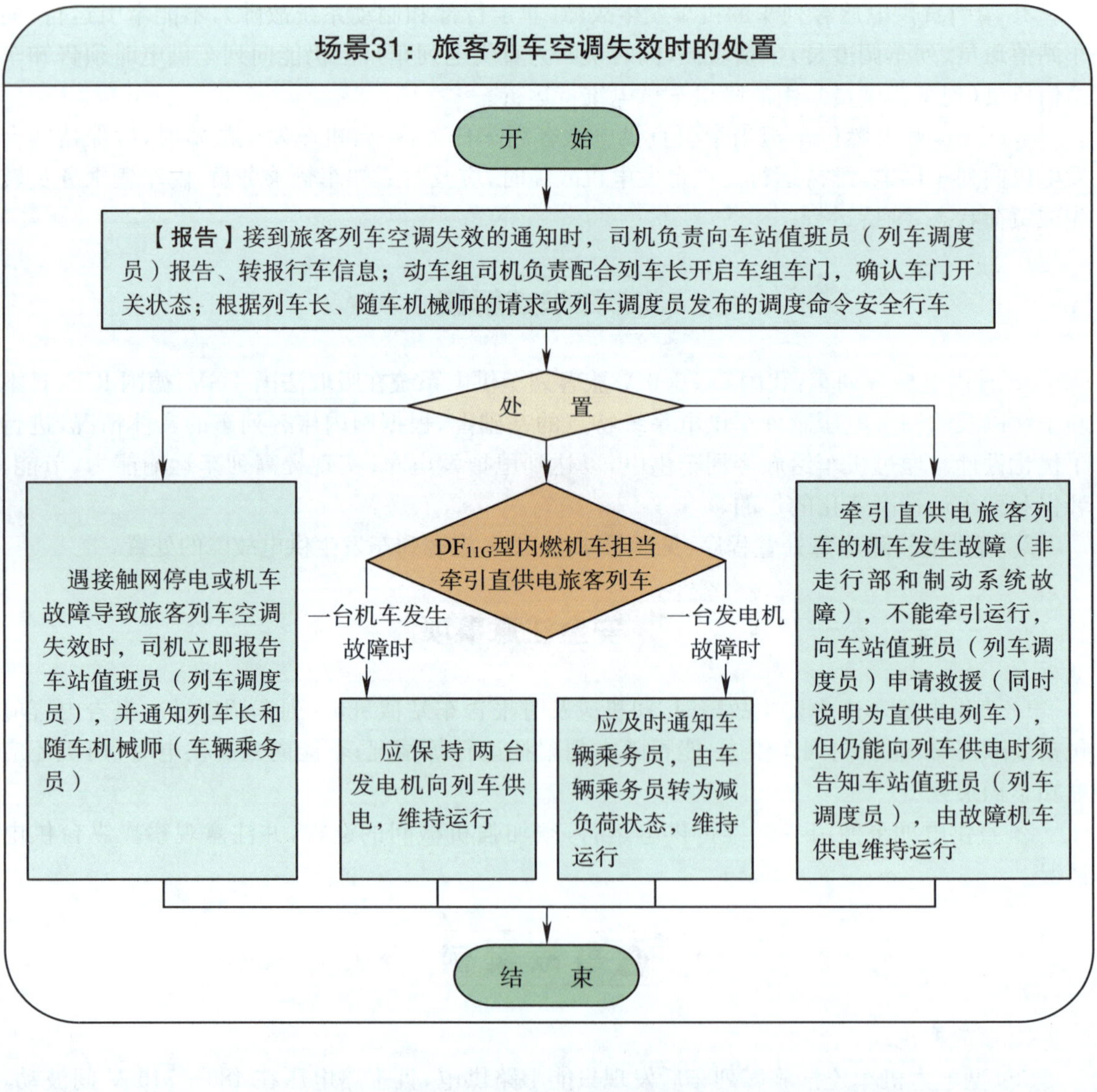

场景 32 接到旅客列车车窗玻璃破损通知时的处置

处置程序

视频

接到旅客列车车窗玻璃破损通知时的处置

1. 接到车辆乘务员车窗玻璃破损的报告时，按车辆乘务员的要求到前方站停车处理或观察运行，并立即向列车调度员(车站值班员)报告。

2. 动车组司机接到随车机械师车窗玻璃破损影响车厢气密性，要求限速 160 km/h 运行的通知时，严格控速运行，并及时报告列车调度员。

3. 接到车窗玻璃破损处理结束的通知后，要立即报告车站值班员(列车调度员)。如在继乘交接班车站处置，应向接班司机交接。

4. 机车车窗(门)玻璃破损时，由司机直接向车站值班员或列车调度员报告。

安全注意事项

1. 接到车辆乘务员车窗玻璃破损的报告时，注意了解车辆玻璃破损具体位置(×号车厢×侧)及原因。

2. 接到车辆乘务员车窗玻璃破损的报告时，注意了解是否有限速要求。

事故案例

1. 事故概况

HXD_{1D} 型电力机车担任特快旅客列车，始发站正常开车，列车以 149 km/h 的速度运行在区间时，车辆乘务员电台通知司机，机后第 14 位车辆左侧玻璃破损，请求在前方站处理。

列车在前方站 5 道停车，车辆乘务员通知司机在站台侧处理，要求司机等到处理好并通知后才开车，司机回复并要求车辆乘务员向车站报告；列车调度员询问晚开原因，司机向列车调度员汇报了车辆乘务员在机后第 14 位左侧站台处理玻璃破损情况，调度员要求司机处理完毕后抓紧开车，同时收到车站客运人员 2 次呼叫司机“客车司机客运作业完毕”，司机回复后，双人同侧确认出站信号后，在没有与车辆乘务员联控、确认车辆作业是否完毕的情况下，起动列车，列车走行了 23 m 后，车辆乘务员 2 次呼叫司机停车，告知还未处理完，防护信号旗未撤除，人还未上车；同时副司机也提示要司机停车，司机仍然未采取停车措施；列车调度员将列车扣停在前方站 3 道，经车辆乘务员下车检查处理后开车。

2. 原因分析

(1)非正常行车办法不执行。机车乘务员接到车辆乘务员关于车窗玻璃破损，需要在前方营业站处理的通知后，没有及时报告列车调度员，违反《旅客列车车窗玻璃破损应急处置办法》“司机接到(车窗玻璃破损请求在前方站停车处理的)通知后要立即报告车站值班员或列车调度员……”的规定，导致车站车务应急值守人员未参与非正常行车工作，为事故埋下隐患。

（2）基本规章和办法不掌握。机车乘务员对“动车组以外的其他列车在车站出发，司机确认行车凭证正确，发车条件完备后，直接起动列车；办理客运业务时……司机须得到车站客运人员的报告后，方可起动列车”和“车辆乘务员在车站对通过列车进行应急处置时，应在作业前告知机车乘务员，作业结束且车辆防护信号撤除后通知机车乘务员；未接到车辆防护信号已撤除的通知，机车乘务员不得开车”的规定不掌握，在没有接到防护信号已撤除通知的情况下，错误将车站客运值班员“客运作业完毕”的通知当成发车信号开车，导致事故发生。

（3）应急处置不当。开车仅运行 23 m，司机接到车辆乘务员呼叫停车和防护信号旗挂在车上、人未上车的通知时，没有立即采取停车措施，依然继续运行，甚至在副司机提醒停车处理的情况下，仍不采取停车措施，盲目运行，违反“运行中接收到紧急停车信号或指令时，以及遇其他危及行车和人身安全等情况时必须采取紧急停车措施”的规定，导致扩大事故影响。

处置流程图

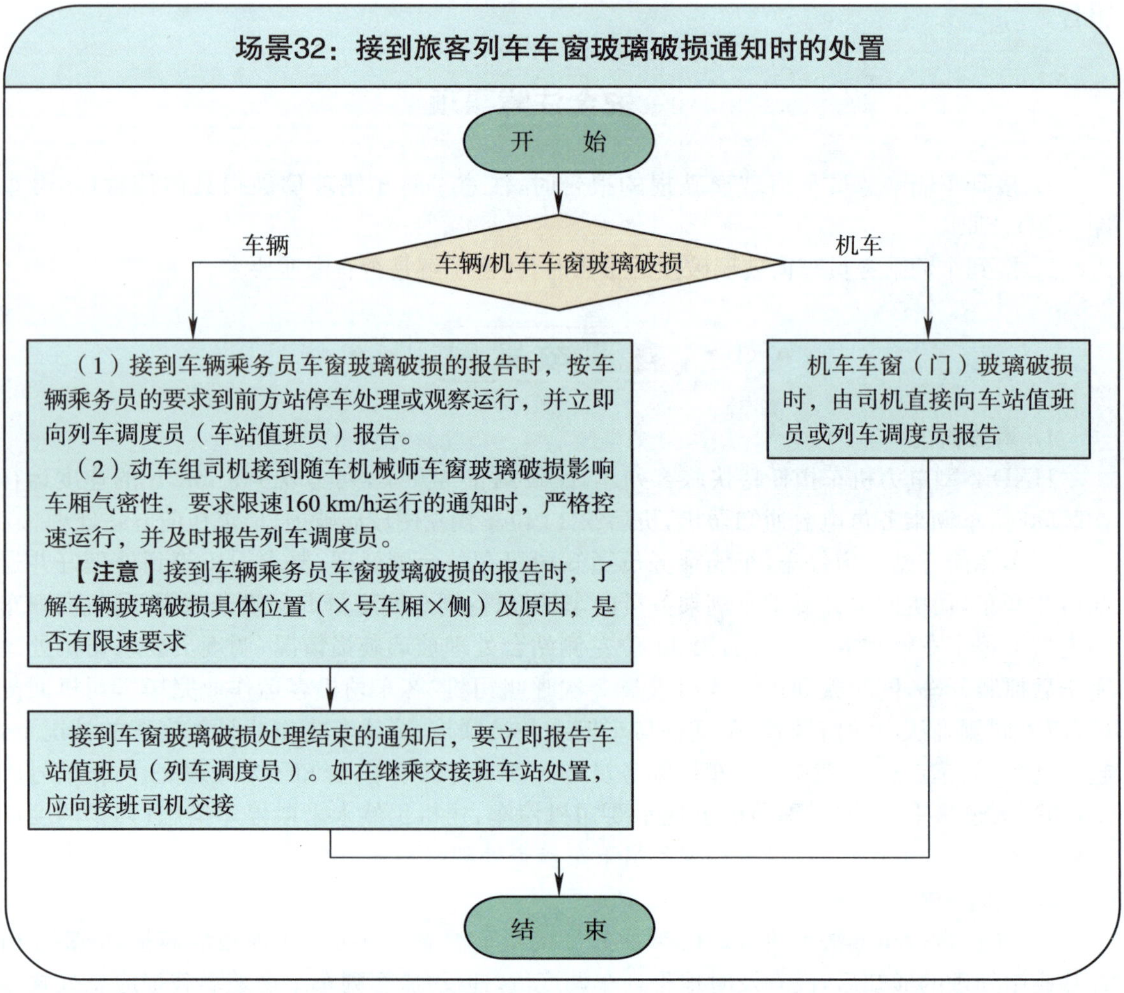

场景 33　运行中接到通知车辆热轴的处置

处置程序

1. 根据车站通知采取常用制动停车。

2. 有车辆乘务员时，应按其要求处理。

3. 列车在区间停车时，无车辆乘务员的由机车乘务员按车站通知查找激热货车编组位置和轴位，对轴承进行外观检查。当确认轴承外观无异状可以继续运行时，应及时报告车站值班员并转报列车调度员，列车以不超过 25 km/h 运行到前方站(电力机车过分相困难时可适当提高列车速度)或不超过 15 km/h 退行至后方站停车。

当检查发现轴承变色(变蓝或变红)、冒烟、外圈破损或变形、前盖丢失或变形、外圈存在新圆周磨痕、密封罩脱出等异状时，列车不得移动，并及时报告车站值班员转报列车调度员，按其指示办理。

4. 列车在站内停车时，停车站有列检作业场的，由列检人员处理；无列检作业场的进行甩车。

知识点解读

1. 热轴：铁路车辆运行途中，因为制造公差、自然环境恶劣、轴承缺油、滚珠滚子碎裂等多种原因造成的滑动摩擦急剧增大，发生车轴高温现象就是热轴。热轴分为微热、强热、激热三种，如不及时处理会发生车轴彻底损坏断裂。铁路货车轴承外观结构如图 3-11 所示。

图 3-11　铁路货车轴承外观结构

2. 车辆轴温智能探测系统 THDS(图 3-12)：利用轨边红外线探头，对通过车辆每个轴承温度进行实时检测，并将检测信息实时上传到铁路局车辆运行安全监测站，进行实时报警。

(a) THDS探测站

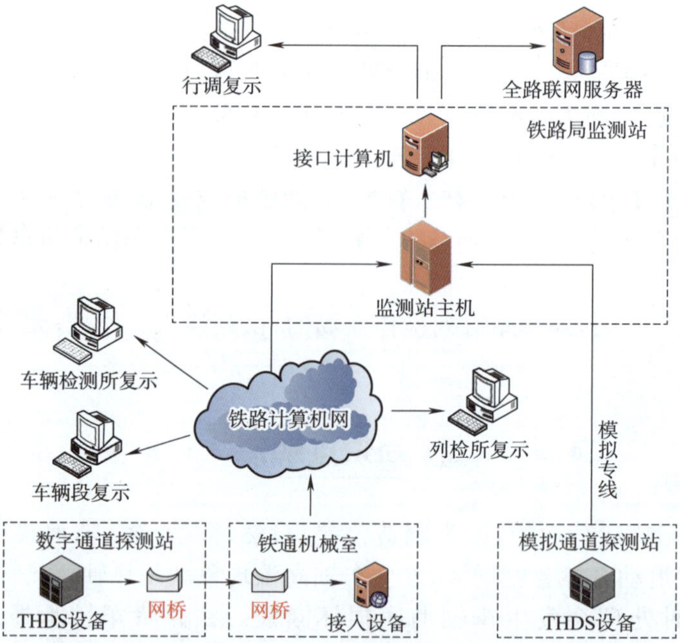

(b) THDS网络结构

图 3-12　车辆轴温智能探测系统 THDS

3. 手摸轴温检查方法：见场景 25 知识点。

4. 轴承变色(变蓝或变红)、冒烟、外圈破损或变形、前盖丢失或变形、外圈存在新圆周磨痕、密封罩脱出等异状如图 3-13 所示。

(a) 轴承冒烟、变色

(b) 轴承轴端螺栓丢失

图 3-13　轴承故障现象

安全注意事项

1. 接到通知车辆热轴时，应采取常用制动停车。

2. 遇限速时，列车以不超过 25 km/h 运行到前方站（电力机车过分相困难时可适当提高列车速度）或不超过 15 km/h 退行至后方站停车。

事故案例

和谐型电力机车担当行包快运列车，运行途中（编组 47 辆）通过 THDS 探测站，红外线分别预报机后 36 位右 2 轴微热，车辆运行安全监测中心红外线调度员通过对 THDS 探测站数据进行比对、分析，判断为热轴故障，迅速报告行车调度员将行包快运列车拦停在前方站。车辆段三位职工接到通知后，按照规定立即赶赴现场进行检查、判断，发现滚动轴承有故障并按要求进行了扣修。经分解、鉴定，发现该滚动轴承内列滚子有不同程度剥离，保持架破碎，内圈外滚道面大面积剥离等。防止了一起可能发生的货物列车热切轴事故。

处置流程图

场景33：运行中接到通知车辆热轴的处置

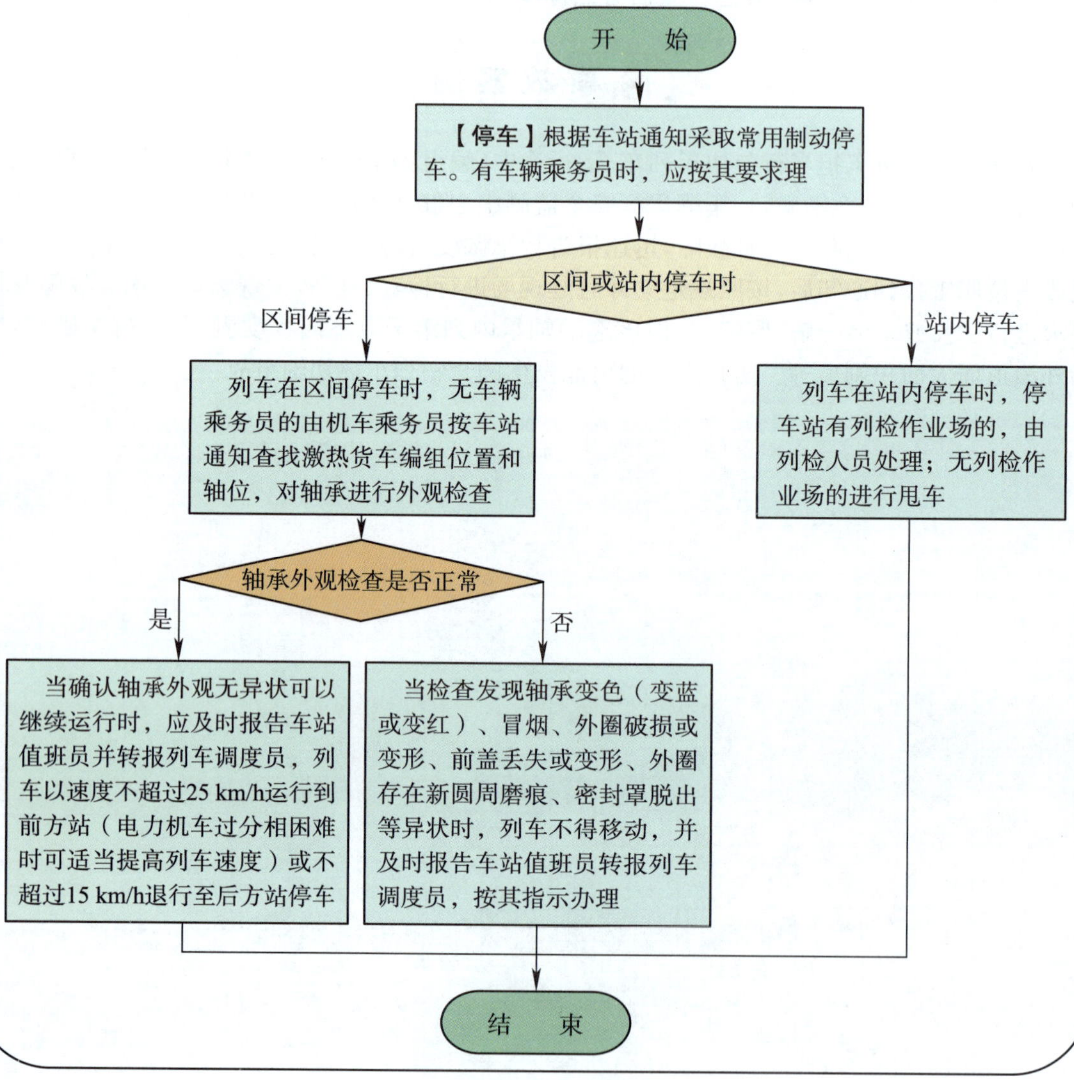

场景 34　旅客列车换挂机车后发生制动不保压时的处置

处置程序

1. 立即报告车站值班员，并通知列检人员(无列检人员的为车辆乘务员)。

2. 按规定充风后，由列检人员(无列检人员的为车辆乘务员)关闭机后一位车辆折角塞门，机车乘务员和列检人员(无列检人员的为车辆乘务员)分别对机车、车辆进行保压试验。

3. 如为机车故障，处理不好时应通知车站值班员，更换机车。

4. 如机车、车辆均未能发现漏泄位置时，应由车站会同机务、列检人员(无列检人员的为车辆乘务员)共同检查，查明原因处理完毕后，按规定试风发车。

视频

旅客列车换挂机车后发生制动不保压时的处置

知识点解读

1. 机车保压试验

执行“五步闸”检查方法(以 CCBⅡ型制动机为例)中保压试验方法进行试验：列车管充满风后，自动制动阀由“运转”位至“全制”位，均衡风缸在 5～7 s 减压到 360 kPa，制动主管减压到均衡风缸压力±10 kPa，保压 1 min，制动主管压力漏泄不大于 10 kPa。

2. 旅客列车制动机试验

(1)全部试验

a. 感度试验。列车管压力达到定压后，大闸(自动制动阀、电空制动控制器等统称大闸，下同)减压(“减压”均指列车管减压，下同)50 kPa 并保压 1 min，全列车必须发生制动作用，并不得发生自然缓解，检查列车管漏泄量，不得超过 20 kPa；大闸缓解后，全列车须在 1 min 内缓解完毕。

b. 安定试验。列车管压力达到定压后，大闸减压 170 kPa 并保压 1 min，列车不得发生紧急制动作用，检查列车管漏泄量，不得超过 20 kPa。

(2)持续一定时间保压试验

列车管压力达到定压后，大闸减压 100 kPa 并保压 5 min，全列不得发生自然缓解；检查列车管漏泄量，1 min 内不得超过 20 kPa。

(3)持续一定时间全部试验

包括全部试验和持续一定时间保压试验。

(4)站折试验

与全部试验方法相同。

(5)简略试验

列车管达到定压后，大闸减压 100 kPa 并保压 1 min，司机检查列车管贯通状态，检查列车管漏泄量，不得超过 20 kPa；大闸缓解后，司机确认列车尾部列车管压力正常。

无列尾装置或列尾装置故障时，按有关规定执行。

安全注意事项

1. 旅客列车换挂机车后制动试验前必须确保列车管充满风，防止充风不足判断不准确。

2. 旅客列车换挂机车后发生制动不保压时，要及时判断是否机车故障，如为机车故障及时汇报处理或请求救援，否则极易造成耽误列车事故。

事故案例

1. 事故概况

和谐型电力机车担当旅客列车牵引任务，在车站换挂机车后发生制动不保压，列车管每分钟漏泄 35 kPa，机班向车站汇报要求更换机车后，换挂机车司机发现仍存在制动不保压现象，经列检处理后，列车从车站正常开出（晚开约 74 min），构成铁路交通事故。

2. 原因分析

（1）信息反馈不及时。司机未及时向车站、调度员汇报，自行盲目处理，耽误发车时间。

（2）司机业务不熟。按规定充风后，未关闭机后一位车辆折角塞门，分别对机车、车辆进行保压试验，就判断为机车故障并要求更换机车。

处置流程图

场景34：旅客列车换挂机车后发生制动不保压时的处置

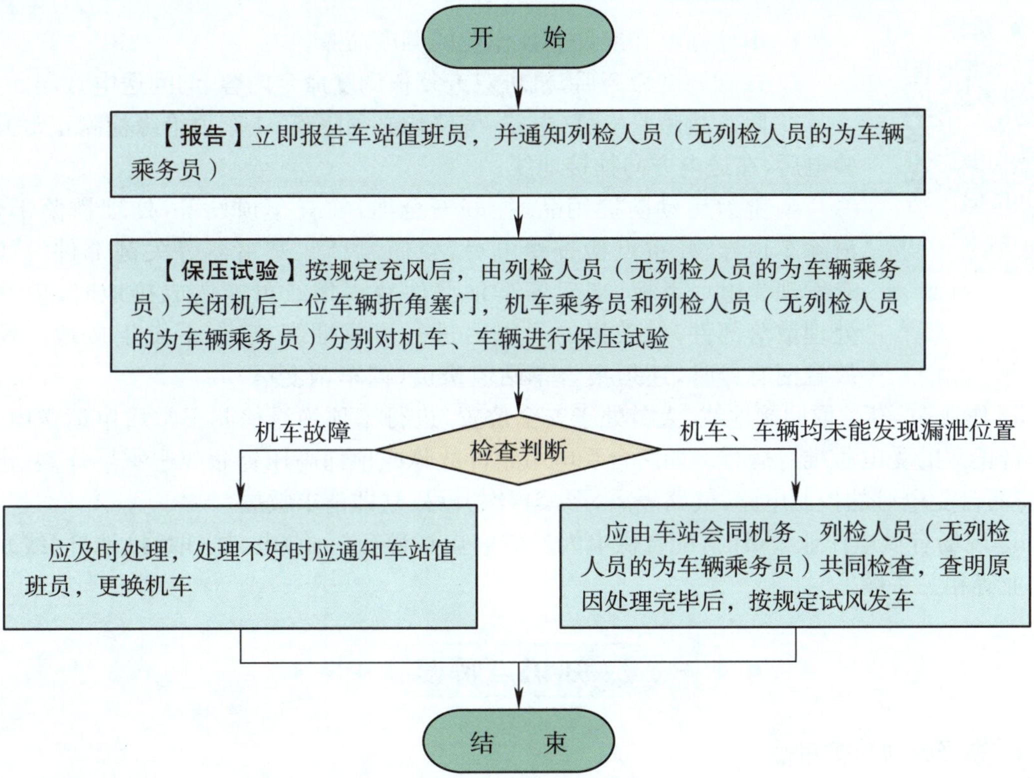

场景 35 申请停电登顶处理机车故障的处置

处置程序

视频

申请停电登顶处理机车故障的处置

1. 申请停电和准许登顶作业的调度命令。

2. 接到调度命令后，机班双人复核调度命令内容，询问送电方向。

3. 隔离故障受电弓(电路、气路均必须隔离)。车顶绝缘检测正常升弓验电后，在送电方向挂接地线。

4. 穿好劳动防护用品，挂好安全绳，检查车顶设备，处理散落部件，清除车顶异物[重点检查受电弓、瓷瓶、风管、避雷器等关键部件。如检查发现受电弓滑板、支架等车顶部件有损伤或可能造成接地时，应立即处理散落部件，对破损的受电弓进行可靠捆绑，确保不发生接地。发现接触网有异常，还须报告车站值班员(列车调度员)]。

5. 作业完毕后、取回接地线、人员处于安全位置，进行车顶绝缘检测正常后申请送电，升另一台正常的受电弓维持运行。如两台受电弓组件故障或顶部高压瓷瓶或避雷器炸裂、击穿时，将两台受电弓的控制电路、气路隔离，严禁再次升弓，立即请求救援。

6. 现场有供电作业人员时，配合供电人员做好申请停(送、验)电、挂(取)接地杆(线)、登顶作业等相关手续。

知识点解读

1. 穿好劳动防护用品

劳动防护用品，是指保护劳动者在生产过程中的人身安全与健康所必备的一种防御性装备，对于减少职业危害起着相当重要的作用。主要有穿好绝缘鞋、带好绝缘手套等。

2. 挂接地线(图 3-14)

在电气化区段接触网停电施工作业中，挂接地线是为了当作业两端来电时，接地线流经短路电流或感应电流，从而保证作业人员的人身安全。挂接地线的步骤：

(1)需要上车顶时，申请停车和顶的调度命令、升弓验电。

(2)取出接地线，组装接地杆。

(3)接地线的一端和机车第一轴头端盖螺丝连接。(大孔)

(4)接地线的一端和接地杆连接。(小孔)

(5)接地杆相连的另一端挂于接触线上，完成接地。

3. 避 雷 器(图 3-15)

避雷器安装于机车顶部，是一种保护电器，用来限制电气绝缘设备上的过电压，包括雷击过电压和操作过电压(部分和谐型电力机车避雷器装设在机械间高压柜内)。

图 3-14　挂接地线

图 3-15　避雷器

4. 可靠捆绑破损的受电弓(图 3-16)

(1)受电弓总体检查及确认。对受电弓的整体外观状态进行检查,对受损状态拍照存档。

(2)确认选择受电弓的整体绑扎方案,将铁丝从受电弓对侧通过受电弓支架环绕一周,对受损部位捆绑 2 处以上;拆除故障受电弓端导电杆软连线。

(3)确认捆扎部件牢固,无部件脱落,受电弓满足机车运行要求,并拍照留存。

(a)

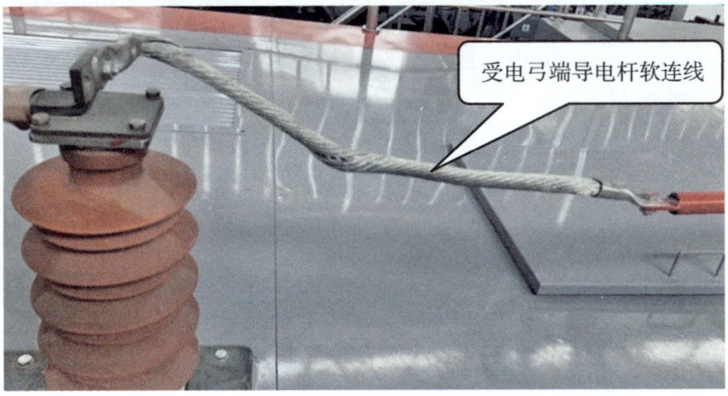

(b)

图 3-16　可靠捆绑破损的受电弓

安全注意事项

1. 高空作业，必须严格落实作业标准，防止坠落。

2. 车顶作业过程中拆卸的配件、使用的工具不要散乱放置在车顶，应放置工具包内，避免物品遗留。否则极易造成短路，再次发生弓网事故。

3. 机车受电弓散架、车顶缠绕异物等情况影响列车运行时，未经处理彻底，不得带病继续运行。

事故案例

1. 事故概况

SS_3 型电力机车牵引货物列车运行在区间，机车后端受电弓与接触网定位器碰撞后变形，机车主断路器跳闸后停车，司机检查处理后升前弓维持运行，到前方站 4 道拉至 6 道无网区，将故障受电弓捆绑后返回 4 道，升前弓挂车时，将接触网导线烧断，经供电处理恢复正常，构成铁路交通事故。

2. 原因分析

司机在绑扎故障受电弓时，违反《机车乘务员处理弓网故障作业程序标准》相关规定，未拆除导电杆软连线将故障受电弓从机车高压电路中甩掉，捆绑的铁丝与机车顶部搭接，导致高压电路接地，升前弓时将接触网导线烧断。

处置流程图

场景35：申请停电登顶处理机车故障的处置

开　始

【申请停电+调度命令】申请停电和准许登顶作业的调度命令

【注意】现场有供电作业人员时，配合供电人员做好申请停（送、验）电、挂（取）接地杆（线）、登顶作业等相关手续

【复核调度命令】接到调度命令后，双人复核调度命令内容，询问送电方向

隔离故障受电弓（电路、气路均必须隔离）

车顶绝缘检测正常升弓验电后

在送电方向挂接地线

穿好劳动防护用品，挂好安全绳，检查车顶设备，处理散落部件，清除车顶异物[重点检查受电弓、瓷瓶、风管、避雷器等关键部件。如检查发现受电弓滑板、支架等车顶部件有损伤或可能造成接地时，应立即处理散落部件，对破损的受电弓进行可靠捆绑，确保不发生接地。发现接触网有异常，还须报告车站值班员（列车调度员）]

作业完毕后、取回接地线、人员处于安全位置，进行车顶绝缘检测正常后申请送电

受电弓故障情况

- 一台受电弓故障：升另一台正常的受电弓维持运行
- 两台受电弓故障：如两台受电弓组件故障或顶部高压瓷瓶或避雷器炸裂、击穿时，将两台受电弓的控制电路、气路隔离，严禁再次升弓，立即请求救援

结　束

场景 36 运行中机车信号故障的处置

处置程序

1. 立即停车(机车信号瞬间掉码立即恢复正常显示时可不停车)。

2. 报告车站值班员(列车调度员)。

3. 在自动闭塞区间,按地面信号机的显示要求,控制列车以不超过 20 km/h(电力机车过分相困难时可适当提高速度)的速度运行至前方站停车(仅机车信号故障而 LKJ 作用良好时,应将 LKJ 转入“20 km/h 限速模式”),请求更换机车。

4. 在半自动闭塞区间,确认进站信号机显示的允许运行的信号后,将速度控制在 20 km/h 以下按压[解锁]键进站停车,请求更换机车。

5. 站内电码化股道发车,发现机车信号与地面信号机的显示含义不符时,应立即报告车站值班员,得到车站值班员按地面信号显示运行的通知后,按规定开车。

知识点解读

1. 机车信号故障的判断方法

运行中发生下列情况之一可视为机车信号故障:

(1)机车信号机灭灯。

(2)车站值班员接到司机报告机车信号与出站(发车进路)信号显示含义不符时,应通知电务部门;当电务部门在《行车设备检查登记簿》上签认因地面设备故障造成、地面信号联锁关系正常时,车站值班员通知司机按地面信号显示运行;若电务部门指导司机处理确定为机车信号故障,通知司机按机车信号故障处置。

(3)在区间,机车信号显示与地面信号显示含义不符,且运行到下一闭塞分区仍不能恢复正常时,由电务部门指导司机处理确定为机车信号故障。

(4)机车信号显示与进站(接车进路)信号机显示含义不符时,按地面信号机显示运行,如越过该信号机后机车信号显示仍与地面信号显示含义不符,司机报告车站值班员,车站值班员应通知电务部门。当电务部门在《行车设备检查登记簿》上签认因地面设备故障造成、地面信号联锁关系正常时,车站值班员通知司机按地面信号显示运行;若电务部门指导司机处理确定为机车信号故障,通知司机按机车信号故障处置。

2. 机车信号故障的检查处理

按以下方法检查处理后,机车信号显示与地面信号显示含义相符时,可视为机车信号正常。

(1)经过下一个地面信号机,机车信号显示与地面信号显示含义相符。

(2)确认移频行别开关方向是否正确,并来回切换一次开关位置。

(3)经以上检查处理后故障现象仍未消除时,停车状态下进行一次机车信号关机、开机操作(关机后间隔 5～10 s 开机)。

3. 确认机车信号故障后的 LKJ 操作

应急处置后故障无法消除，经电务部门指导司机处理确定为机车信号故障，若列车停在站内，请求更换机车；若停在区间，报告车站值班员或列车调度员后，按以下操作：

(1)LKJ2000 型列车运行监控装置：在自动闭塞区间，若停于通过信号机前，持续按压[↑]2 s，弹出“非正常行车确认”窗口，选择“4. 转入 20 km/h 限速模式”(或直接按压[4]键)，将 LKJ 转入随时停车工作状态(20 km/h 限速工作状态)，显示屏中间显示“20 km/h 限速模式”窗口，等待 2 min 后，LKJ 自动开启 20 km/h 限速模式；若停于线路所通过信号机前，重新设定前方站车站号，使 LKJ 进入降级工作状态；若停于进站(接车进路)信号机前，确认进站(接车进路)信号机显示允许运行的信号后，按压[解锁]键。发生机车信号故障须严格按地面信号机的显示要求运行，以不超过 20 km/h 的速度运行到前方站停车，请求更换机车，如图 3-17 所示。

(a)

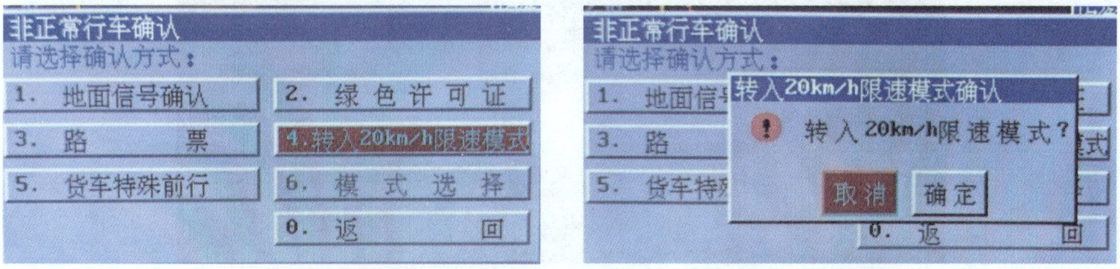

(b)

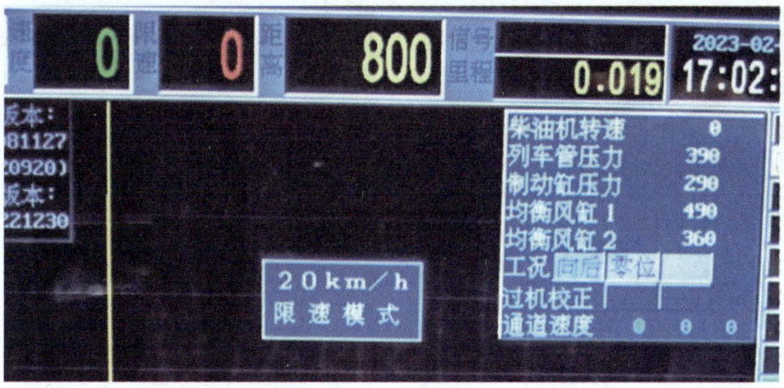

(c)

图 3-17　确认机车信号故障后的操作(LKJ2000 型)

在半自动闭塞区间，确认进站信号机显示允许运行的信号后，将速度控制在 20 km/h 以下，按压[解锁]键进站停车。

(2)LKJ-15 型列车运行监控装置：停车状态下按[模式]键，弹出侧边菜单栏，选择[随时停车模式]→[F4]键，弹出确认栏，选择[确认]→[F6]键，进入随时停车模式等待2 min 后，监控开口限速 20 km/h，如图 3-18 所示。

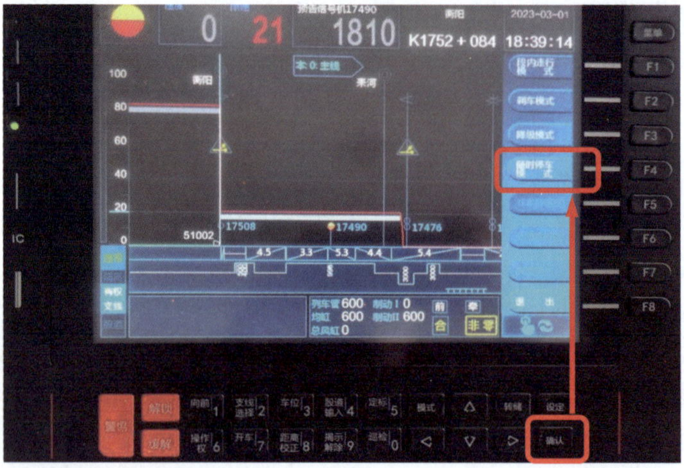

(a)

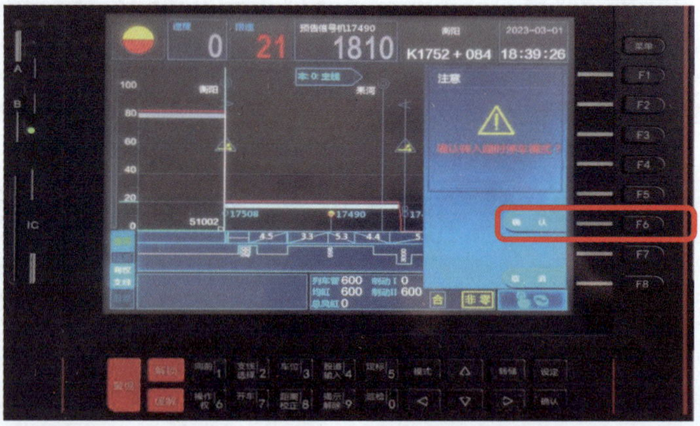

(b)

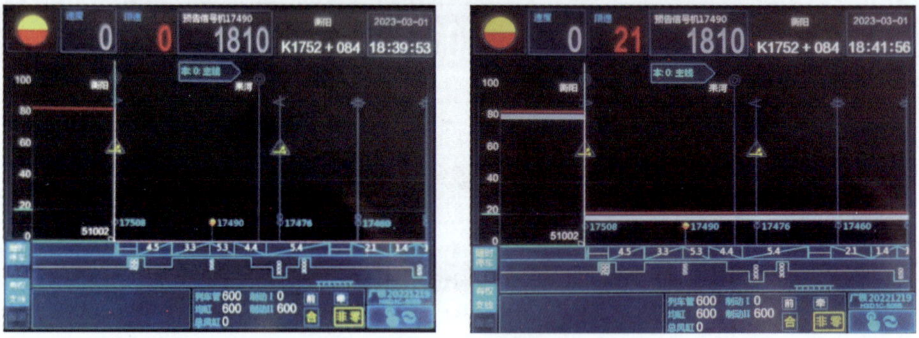

(c)

图 3-18　确认机车信号故障后的操作(LKJ-15 型)

4. 机车信号恢复正常转出随时停车工作状态的操作

(1)LKJ2000 型列车运行监控装置:LKJ 已处于随车停车工作状态时,若确认机车信号恢复正常,运行至前方站停车,持续按压[↑]键 2 s,弹出"非正常行车确认"窗口,选择"4. 转出 20 km/h 限速模式"(或直接按压[F4]键),退出随时停车工作状态,转入降级工作状态,重新设定车站号,按规定进行开车对标操作,如图 3-19 所示。

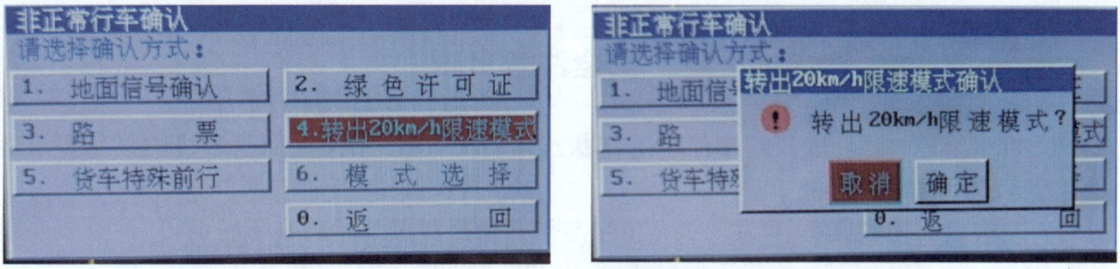

图 3-19　机车信号恢复正常转出随时停车工作状态的操作(LKJ2000 型)

(2)LKJ-15 型列车运行监控装置：LKJ 已处于随车停车工作状态时，若确认机车信号恢复正常，运行至前方站停车，按压[模式]键，弹出侧边菜单栏，选择[降级模式]→[F3]键，弹出确认栏，选择[确认]→[F6]键，退出随时停车工作状态，转入降级工作状态，重新设定数据，按规定进行开车对标操作，如图 3-20 所示。

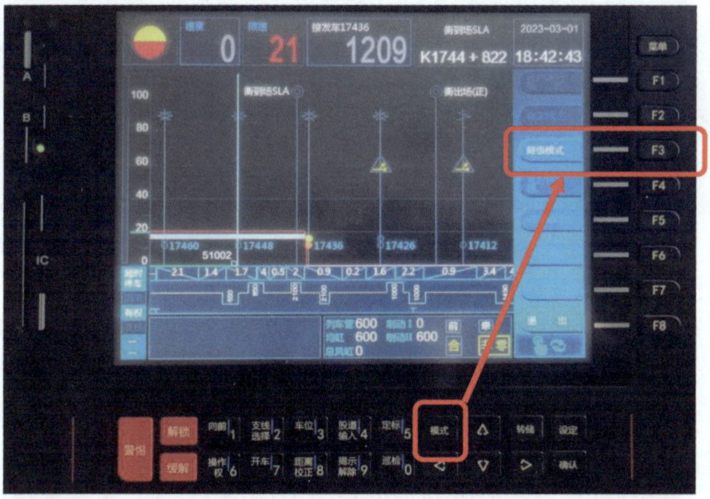

(a)

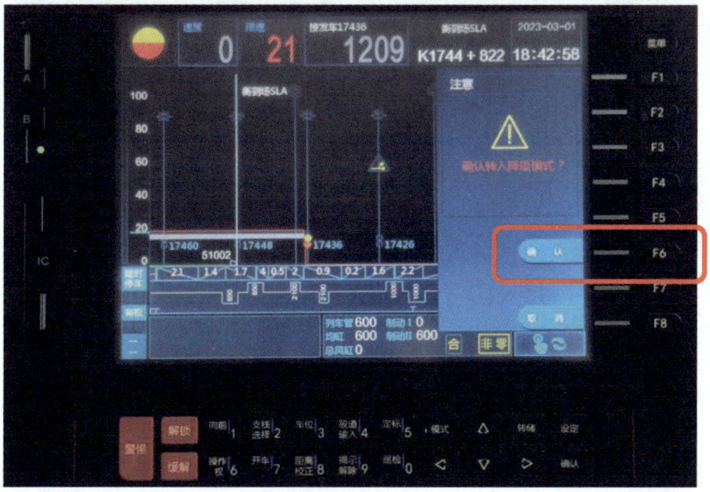

(b)

图 3-20　机车信号恢复正常转出随时停车工作状态的操作(LKJ-15 型)

安全注意事项

1. 机车信号故障后进入随车停车工作状态运行时，应严格按地面信号机的显示要求运行，防止冒进信号造成事故。

2. 站内电码化股道发车，发现机车信号与地面信号机的显示含义不符时，应注意机车是否在中岔区段，防止误判断为机车信号故障，中岔区段如图 3-21 所示。

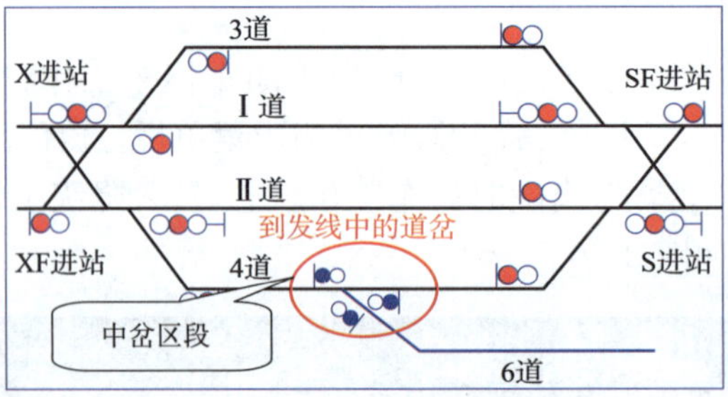

图 3-21　中岔区段

事故案例

1. 事故概况

某旅客列车在区间连续通过两架通过信号机，机车信号均未能上码，机车信号显示白灯，司机在前方闭塞分区 7 架通过信号机前，均采取停车等候 2 min“走停走”的模式继续运行，耽误列车运行，构成铁路交通事故。

2. 原因分析

司机业务水平低，将机车信号故障与地面信号故障混为一谈，错误选择行车方式。

处置流程图

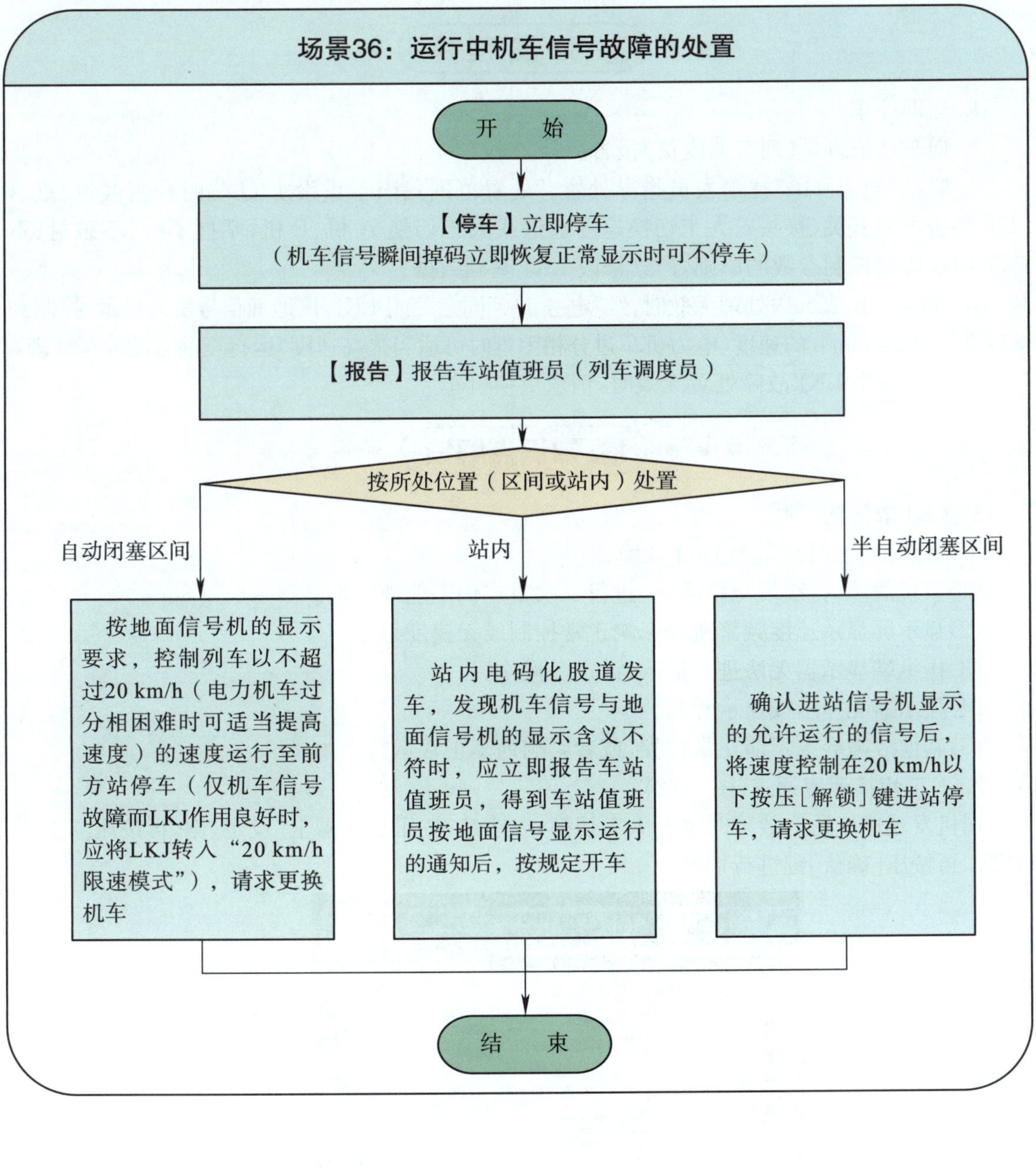
场景36：运行中机车信号故障的处置
开　始
【停车】立即停车
（机车信号瞬间掉码立即恢复正常显示时可不停车）
【报告】报告车站值班员（列车调度员）
按所处位置（区间或站内）处置
自动闭塞区间
站内
半自动闭塞区间
按地面信号机的显示要求，控制列车以不超过20 km/h（电力机车过分相困难时可适当提高速度）的速度运行至前方站停车（仅机车信号故障而LKJ作用良好时，应将LKJ转入“20 km/h限速模式”），请求更换机车
站内电码化股道发车，发现机车信号与地面信号机的显示含义不符时，应立即报告车站值班员，得到车站值班员按地面信号显示运行的通知后，按规定开车
确认进站信号机显示的允许运行的信号后，将速度控制在20 km/h以下按压[解锁]键进站停车，请求更换机车
结　束

场景 37 运行中 LKJ 发生故障时的处置

处置程序

1. 立即停车。

2. 向车站值班员(列车调度员)报告。

3. 联系“电务 110”技术人员指导处置。处置范围只限于重设 LKJ 临时控制参数、重启 LKJ、检查电源开关(接头)、人工切换速度通道或人工切换 A 机、B 机,掌握不拆、不破封、不修改 LKJ 固定控制参数的原则,严禁修改 LKJ 基础数据。

4. 在区间 10 min 内处理无效时,经“电务 110”同意关闭 LKJ,按地面信号机的显示,控制列车以不超过 20 km/h 的速度(电力机车过分相困难时可适当提高速度)运行至前方站停车处理。

5. 站内发生 LKJ 故障处置无效时,请求更换机车。

知识点解读

1. LKJ 故障的判断

下列情况之一时判定为 LKJ 故障:

(1)系统故障,持续发出报警声,进行二次重启仍不能消除的。

(2)显示屏显示速度频繁跳动影响正常控制或无速度显示。

(3)操纵端显示器无法进行输入、设定等操作。

(4)显示器无显示或显示异常。

(5)其他故障导致不能正常监控,或者影响列车正常运行。

2. 人工切换速度通道(图 3-22)

司机发现速度通道故障时进行人工切换,方法是:按压显示器上[设定]键,再按压[4 主速度]键,再按压[确认]键进行切换。

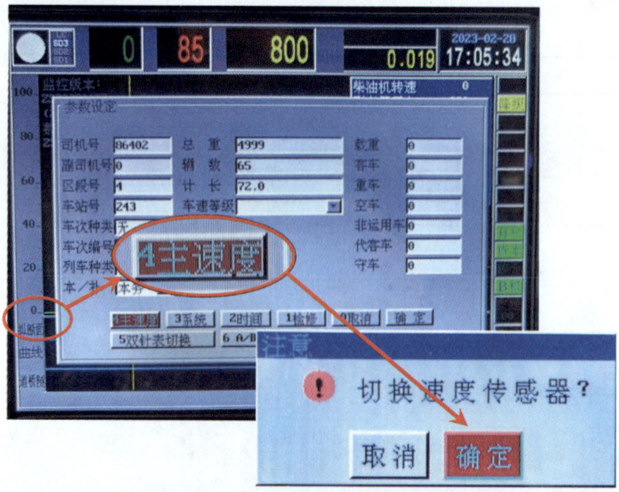

图 3-22 人工切换速度通道

3. LKJ2000 型列车运行监控装置人工切换 A 机、B 机(图 3-23)

按压显示器上[设定]键,再按压[6 A/B 机主备切换]键,再按压[确认]键进行切换。

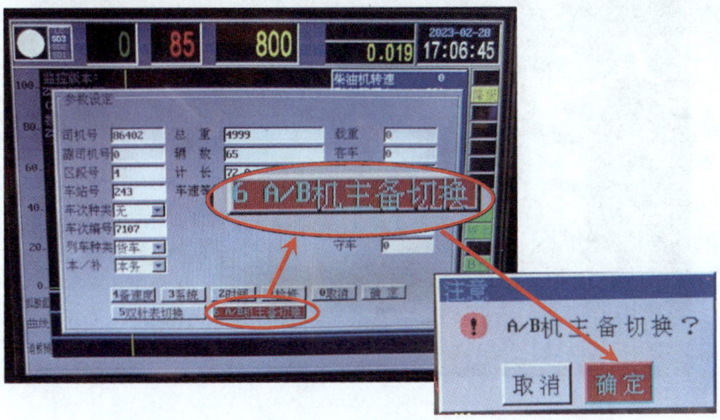

图 3-23　人工切换 A 机、B 机(LKJ2000 型)

4. LKJ-15 型列车运行监控装置人工切换 A 机、B 机(图 3-24)

显示器语音提示"显示器故障,请切换 AB 机"时,按压显示器左上侧[A/B]键,按[A]键切换到 A 机工作,按[B]键切换到 B 机工作。(注意:显示器语音提示"显示器故障,请切换 AB 机"时,请进行 AB 机切换,否则 45 s 后输出制动。屏幕上 A/B 按钮只能切换显示屏)

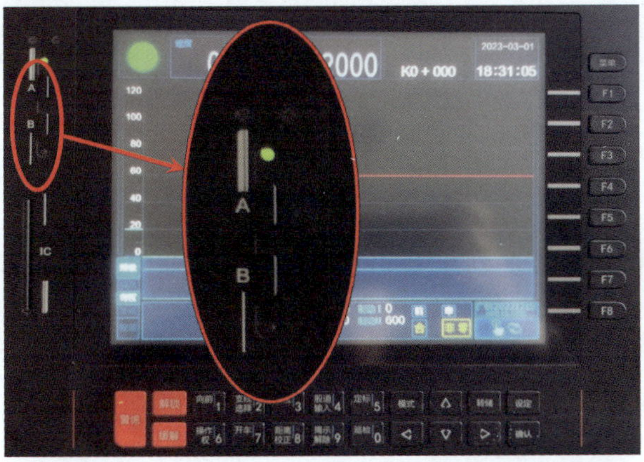

(a)

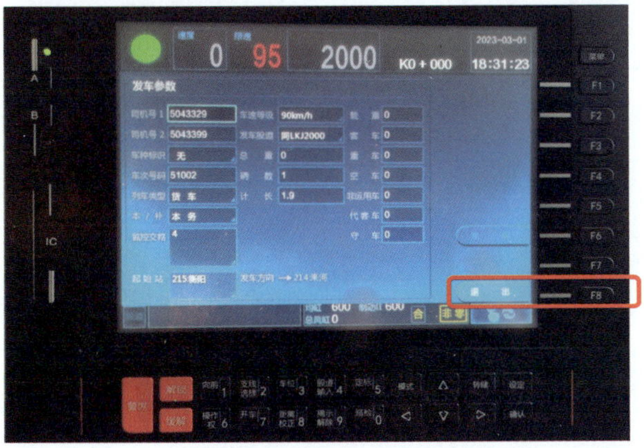

(b)

图　3-24

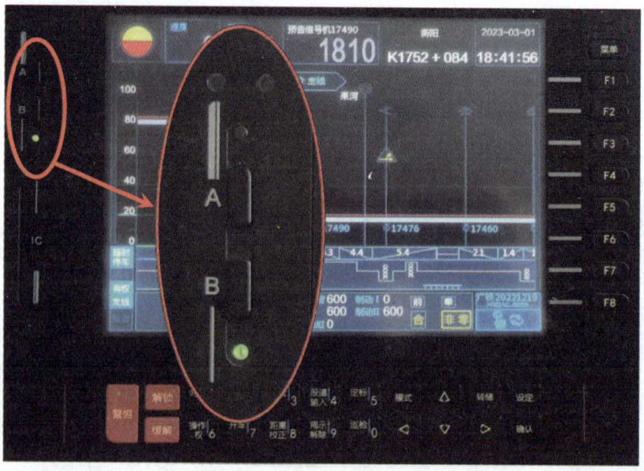

(c)

图 3-24　人工切换 A 机、B 机(LKJ-15 型)

安全注意事项

经“电务 110”同意关闭 LKJ 运行时,应加强瞭望,严格按地面信号机的显示运行,同时严格控制运行速度,否则极易造成行车事故。

事 故 案 例

1. 事故概况

HXD_{3C} 型电力机车担当旅客列车牵引任务,运行至某中间站进站停车前司机发现 LKJ 显示屏突然白屏,维持进站停车,停车后机班准备将非操纵端显示屏更换至操纵端,因站停时间短站内未完成更换,开车后,机班继续拆装操纵端显示屏,其间最高运行速度达 108 km/h。司机在车间远程指导下控制速度 20 km/h 以下运行,更换显示屏完毕,显示屏显示正常,列车恢复正常运行。

2. 原因分析

机班业务技能低,安全意识不强,违反 LKJ 发生故障后相关限速要求。

处置流程图

场景37：运行中LKJ发生故障时的处置

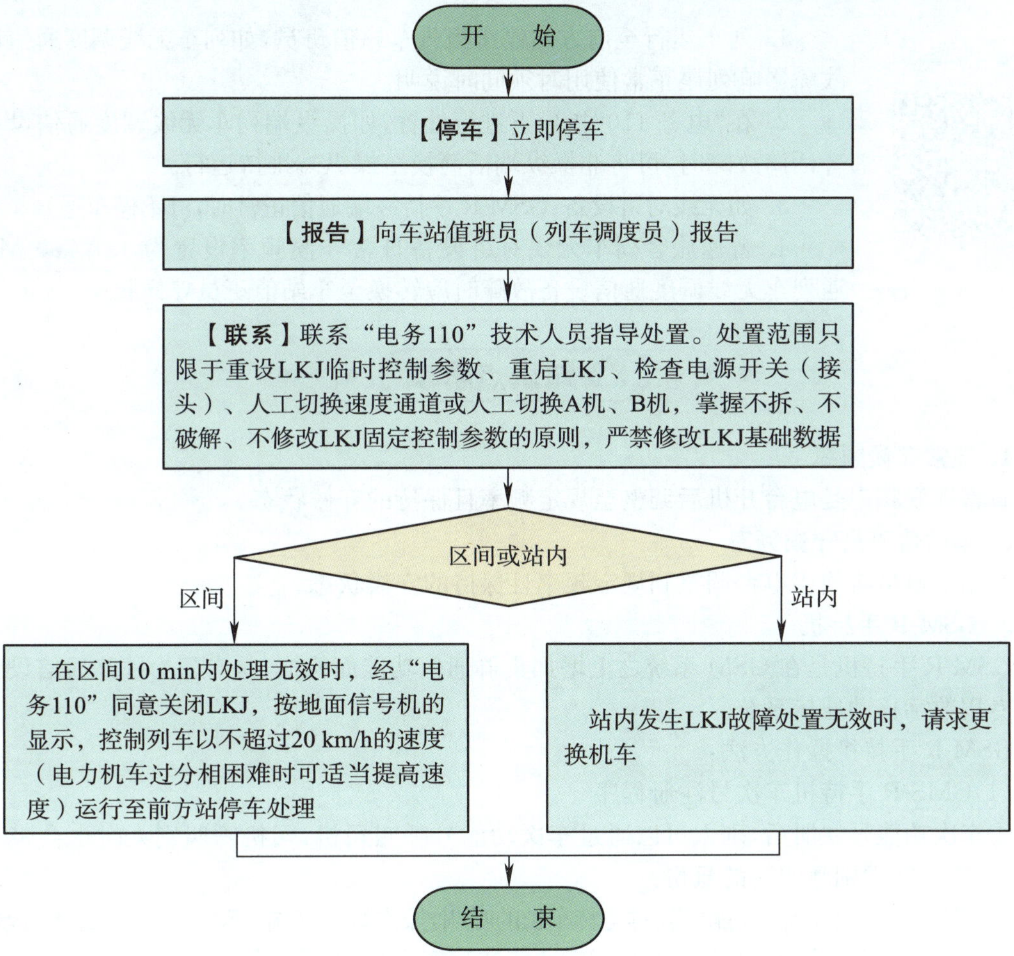

场景 38 列车无线调度通信设备故障时的处置

处置程序

视频

列车无线调度通信设备故障时的处置

1. 列车运行至前方站停车报告车站值班员，如列车无线调度通信设备故障影响列尾正常使用时须同时说明。

2. 在“电务 110”指导下进行处置，如操纵端列车无线调度通信设备语音话筒故障时，可将非操纵端话筒换至操纵端维持运行。

3. 如无线对讲设备、GSM-R 手持终端通信正常时，可不停车通知车站。

4. 普速旅客列车无线对讲设备日常守候频率设置为 457.700 MHz，遇列车无线调度通信设备故障时应转换至车站值班员守候频率。

知识点解读

1. 日常守候频率

日常守候频率是电台开机后调整至规定频率且保持的守候状态。

2. 车站值班员守候频率

车站值班员将使用电台调整到规定频率且保持的守候状态。

3. GSM-R 手持机

GSM-R 手持机是在 GSM 系统之上增加集群通信功能而构成，是专门为铁路通信设计的综合专用数字移动通信系统。

GSM-R 手持机操作方法：

(1)GMS-R 手持机车次号注册程序

①车次功能号注册后，别人可以通过车次功能号呼叫司机；司机呼叫别人时也会带上功能号，被叫方能识别呼叫者的身份。

②车次功能号注册后，才能发起对运转车长的呼叫，操作显示终端 MMI[车长]按键才有效。

③有了车次号，地面 CTC/TDCS 系统才能通过车次号向列车传送调度命令。

④有了车次号，列车才能向地面传送车次号信息，列车起动和停稳信息。

⑤有了车次号，地面的列控监测系统才能监测到本次列车的 ATP 状态信息。

(2)GSM-R 手持终端注册、注销时机

①GSM-R 手持终端注册时机：

正线司机整备作业 CIR 注册后，进行 GSM-R 手持终端注册，注意车号功能号为 81，本务机司机(手持终端)呼唤用语：“手持机注册，车次号：××次，功能号：81，确定；××次本务司机手持台了”。

确认 CIR 车次、GSM-R 手持终端车次与司机手账车次三者一致。

②GSM-R 手持终端注销时机：

正线司机整备作业 CIR 注册后，先注销原 GSM-R 手持终端车号功能号，再注册新车次

号。终到入库交班前，正线司机应注销 GSM-R 手持终端注册，再交班。

(3)手持 GSM-R 终端注册、拨打、注销功能号使用说明(以 GPH 为例，OPH 使用方法相同)

按压[OK]键→GSM-R 功能→[OK]键→功能号管理→[OK]键→注册→[OK]键→功能号注册向导→[OK]键→车次功能号→[OK]键→输入车次号→输入功能码(81)→[OK]键。

如注册时显示“功能号非法”时，在[注册]菜单中选择[注册导向添加 086]，选择“开”状态。调出 GSM-R 功能菜单。

功能号注册和注销：您可选择[功能号管理]进入车次功能号、机车功能号、维修及调车组功能号、调度功能号的注册、注销、强制注销、查询界面。以注册车次功能号为例进行操作说明：该注册界面为用户提供一个针对车次功能号注册的输入界面，您可以在这里直接输入或者选择您要注册的车次号，然后按确认注册，手机将向网络发送注册申请，注册结果将在弹出框中提示，如图 3-25 所示。

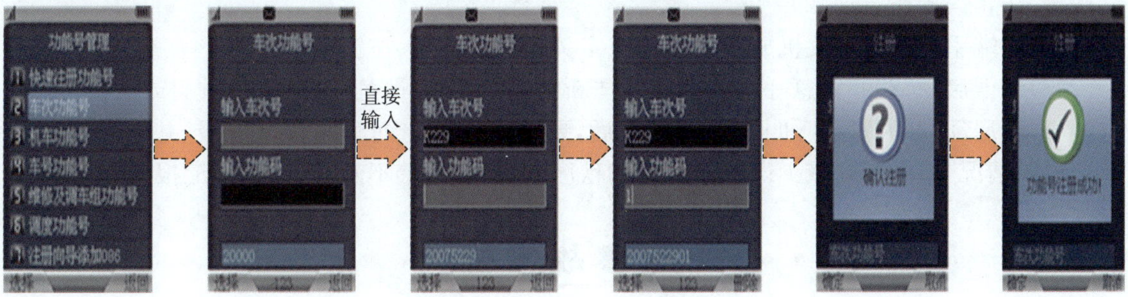

图 3-25　功能号注册

(4)GSM-R 手持终端注册后的使用方法

打注册车次号的 CIR：按压[OK]键→GSM-R 功能→[OK]键→铁路通讯拨号→[OK]键→车次功能号→[OK]键→输入车次号→输入功能码(01)→[OK]键→呼叫→[OK]键。打注册车次号的手持机：按压[OK]键→GSM-R 功能→[OK]键→铁路通讯拨号→车次功能号→[OK]键→输入车次号→输入功能码(81)→[OK]键→呼叫→[OK]键。

以拨打车次功能号为例：如果需要呼叫某车次上的工作人员，则选择此项菜单。可以在“输入车次号”下面的窗口中输入车次号，在“输入功能码”下面窗口中输入代表职位的功能码。最终呼出的号码将会在屏幕下端进行提示，进行呼叫，如图 3-26 所示。

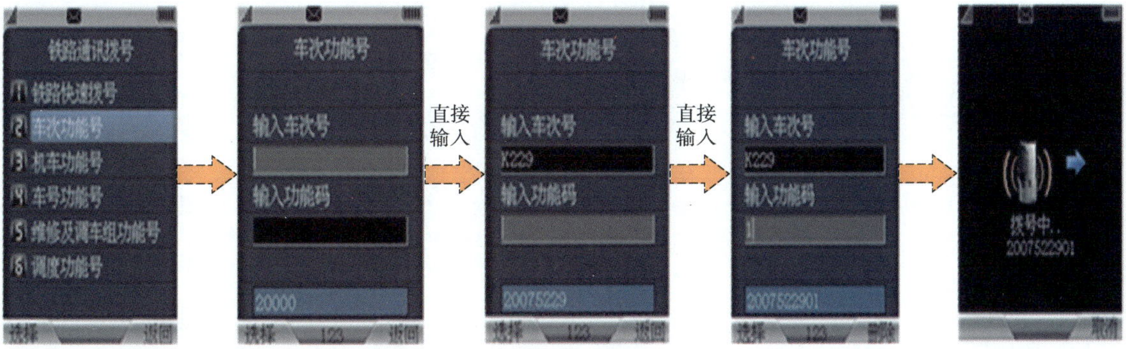

图 3-26　拨打车次功能号

安全注意事项

1. 机车列车无线调度通信设备故障时，遇结合部门发现险情不能及时通知到乘务员，错过防止事故时机而发生事故。

车机联控是将列车运行中最容易发生问题的结合部，由机务部门（司机）、调度员、车务部门（车站值班员）、车辆部门（车辆乘务员）利用列车无线调度通信系统、采取自控、互控、他控手段，保证列车运行安全。因而列车无线调度通信设备必须全程开机并调整至规定的守候频率，确保通信畅通。

2. 严格按规定操作 GSM-R 手持机，防止误按组呼“299”。

（1）操作手持机必须逐个键操作，严格落实确认—操作—确认作业标准逐项操作，严禁连续按键，防止误操作启动“299”。

（2）换端手持机必须关机放置工具盒或工具箱固定位置、按键朝下。

（3）遇误启动“299”紧急呼叫后应立即挂断或夺权挂断，严禁选择退出、重启或关机。

（4）误启动“299”紧急呼叫在夺权挂断后，要立即主动向列车调度员汇报，并向段应急指导台说明情况，最大程度减少误操作对运输秩序的影响，严禁不及时、不如实汇报，扩大影响。

事故案例

1. 事故概况

某旅客列车运行至某车站Ⅱ道时，因车机联控联系不到司机被车站拦停，构成铁路交通事故。

2. 原因分析

机车乘务员在继承站接车后，将 GSM-R 手持终端功能号“81”错误注册成本务司机（车载台）功能号“01”，致使本次车次功能号被 CIR 和 GSM-R 同时注册，造成 CIR 仅能主动呼叫及接收列车进路预告信息，而不能接收车站值班员的呼叫通话，车站联控不到司机。

处置流程图

场景38：列车无线调度通信设备故障时的处置

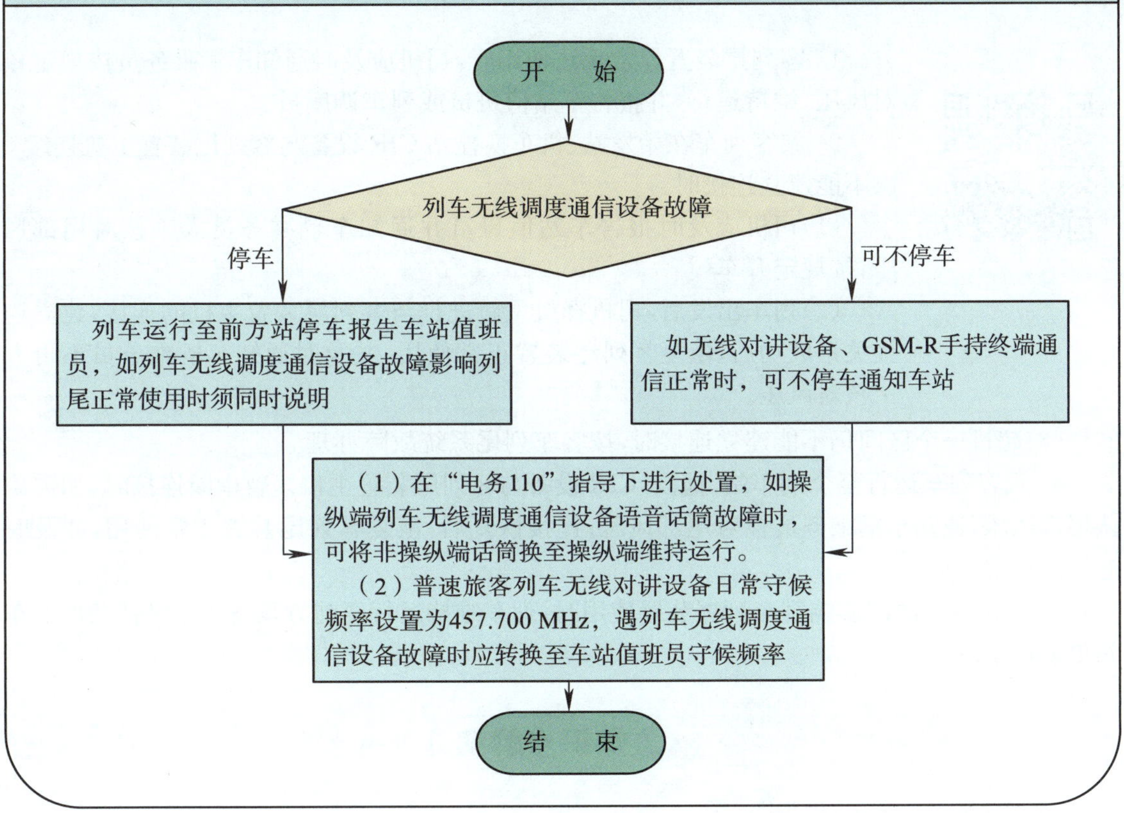

场景 39 客列尾装置故障时的处置

处置程序

视频

客列尾装置故障时的处置

1. 客列尾装置异常无法使用时，司机应及时通知车辆乘务员按规定核对风压，维持运行，并报告车站值班员或列车调度员。

2. 旅客列车在始发站、机车换挂站 CIR 设备与客列尾装置主机连续 3 次不能建立连接时：

(1)司机应及时报告车站值班员并通知车辆乘务员人工核对尾部风压，按规定开车。

(2)列车出发后，司机择机重新进行与客列尾装置主机的连接，建立连接关系成功后，恢复客列尾装置正常使用，并及时通知车辆乘务员不再人工核对风压。

(3)超过一个区间仍不能建立连接时，按客车列尾系统故障办理。

3. 旅客列车运行至个别车站、地段，CIR 设备与客列尾装置主机短暂中断连接时，如需确认尾部风压，通知车辆乘务员核对尾部风压；连接恢复后，恢复客列尾装置正常使用，并及时通知车辆乘务员。

4. CIR 设备故障影响客车列尾装置使用时，列车维持运行至前方具备机车换挂条件的车站更换机车。

知识点解读

客列尾装置与主机建立连接方法、操作程序：

(1)司机在 MMI 上输入客列尾的 ID 号后(图 3-27)，按下[确认]键。列车防护报警装置(LBJ)与客列尾建立连接关系，并通过 MMI 发出语音提示；同时操作显示终端 MMI 显示列尾风压值。

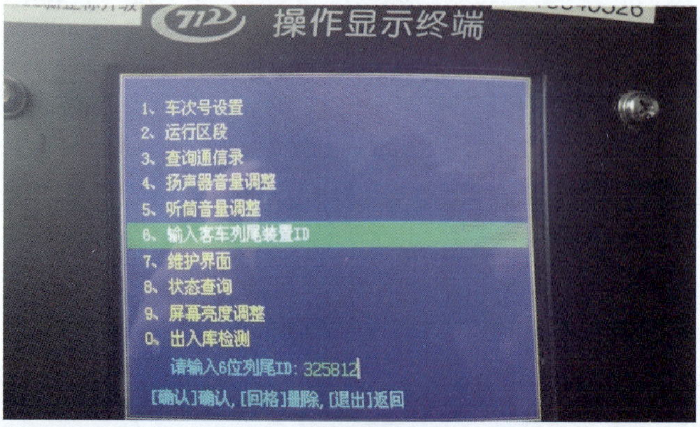

图 3-27 输入客列尾的 ID 号

(2)呼叫车辆乘务员核对客列尾显示的机车号。

(3)司机按下操作显示终端 MMI[风压查询]键查询列车尾部风压,确认客列尾主机风压值显示正常,连接作业完毕,如图 3-28 所示。

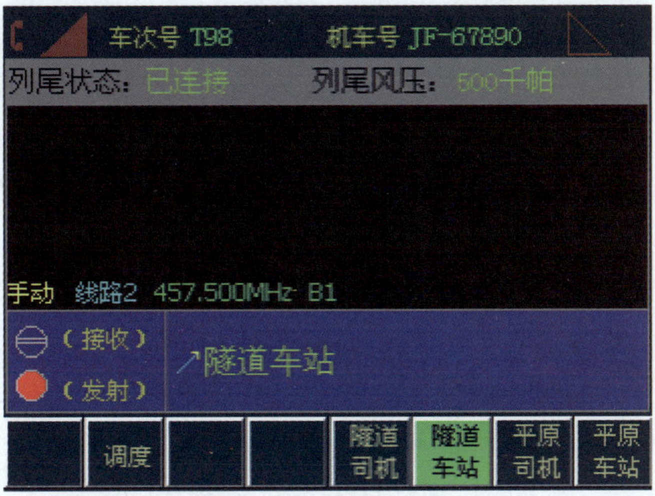

图 3-28 列尾连接界面

安全注意事项

1. 遇车辆乘务员报告客列尾显示的机车号与实际担当本务的机车号不一致时,司机应在 MMI 上进行销号操作,并重新输入客列尾的 ID 号与客列尾建立连接。

2. 换挂列车,遇下班司机未销号,导致接班司机无法连接客列尾时,需对客列尾主机重新启动后再由接班司机重新连接。

处置流程图

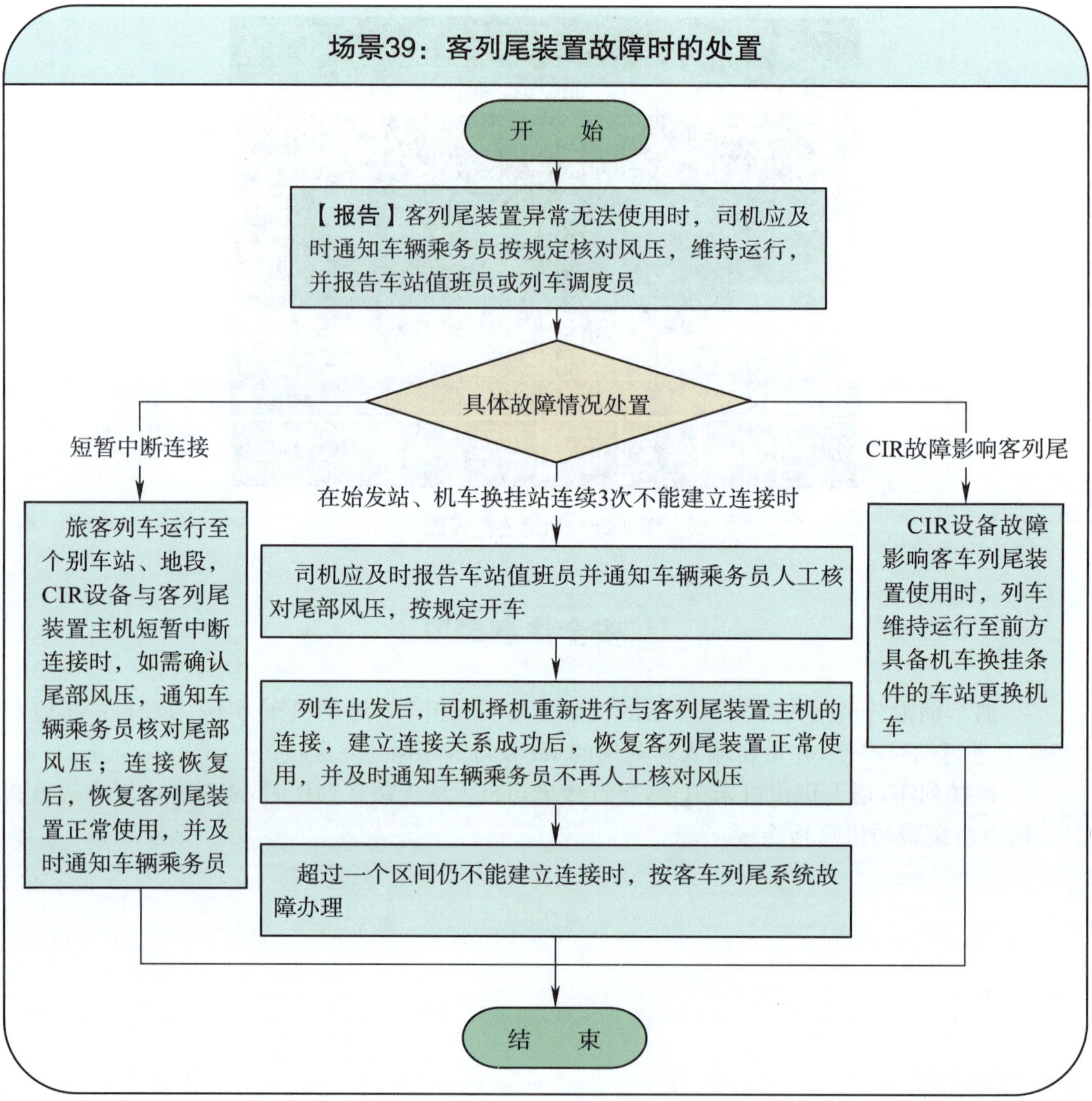
场景39：客列尾装置故障时的处置
开　始
【报告】客列尾装置异常无法使用时，司机应及时通知车辆乘务员按规定核对风压，维持运行，并报告车站值班员或列车调度员
具体故障情况处置
短暂中断连接
旅客列车运行至个别车站、地段，CIR设备与客列尾装置主机短暂中断连接时，如需确认尾部风压，通知车辆乘务员核对尾部风压；连接恢复后，恢复客列尾装置正常使用，并及时通知车辆乘务员
在始发站、机车换挂站连续3次不能建立连接时
司机应及时报告车站值班员并通知车辆乘务员人工核对尾部风压，按规定开车
列车出发后，司机择机重新进行与客列尾装置主机的连接，建立连接关系成功后，恢复客列尾装置正常使用，并及时通知车辆乘务员不再人工核对风压
超过一个区间仍不能建立连接时，按客车列尾系统故障办理
CIR故障影响客列尾
CIR设备故障影响客车列尾装置使用时，列车维持运行至前方具备机车换挂条件的车站更换机车
结　束

场景 40　货车列尾装置故障时的处置

处置程序

1. 下列情况可判断为货车列尾装置故障：

（1）列车始发站、列尾主机摘挂作业站，列尾主机与机车间无法建立“一对一”关系。

（2）机车乘务员连续 3 次按下列尾控制盒[查询]键后（每次查询间隔不少于 30 s），列尾主机没有信息反馈。进行列尾装置风压查询时，列尾控制盒接收到列尾主机风压反馈信息后，无论是接收到语音提示风压或者是列尾控制盒显示风压值数字均表示列尾装置风压查询通道正常。

视频

货车列尾装置故障时的处置

（3）列车在运行中，发现列尾主机风管漏风或电池欠压，造成货列尾无法正常使用。

（4）发车前进行排风试验时货列尾不排风或制动试验时列尾发生紧急制动。

2. 处置：

（1）在车站发生列尾故障时通知车站值班员。

（2）列尾装置途中风压异常报警、查询不到列尾风压时，应在最近前方站停车处理，处理不好时凭列尾故障的调度命令运行，开车前确认列车管贯通状态，按规定开车。

（3）按列尾故障运行后应及时进行列车管贯通状态检查，并继续进行列尾查询，一个站间区间连续 2 次查询列尾信息正常，可视为货列尾已经恢复正常工作，及时申请恢复列尾使用命令。

知识点解读

货列尾装置操作程序：

1. HBLT-ⅡF 型列尾操作方法（图 3-29）

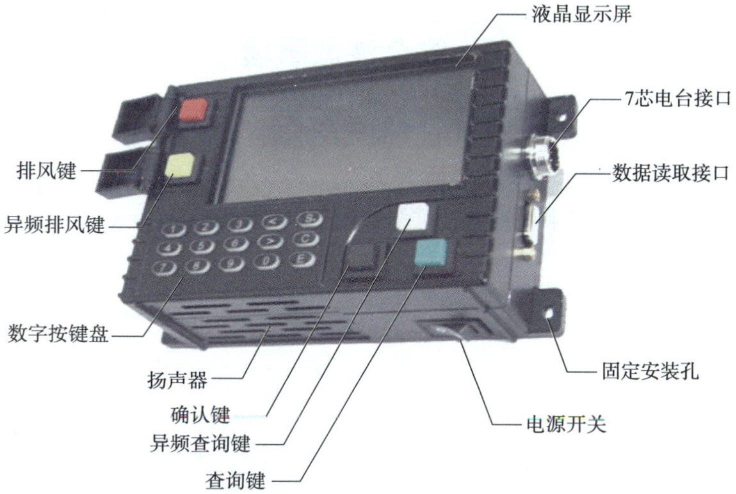

图 3-29　HBLT-ⅡF 型列尾操作盒

(1)输号:在“等待连接”状态下,按下[黑]键 2 s 松开,输号成功后液晶“列尾栏”显示“列尾主机 ID”。若列尾显示单元处于“连接完毕”状态(图 3-30),司机须先同时按压[白]+[绿]键进行断连(或关闭列尾控制盒电源再开机),然后再进行输号。

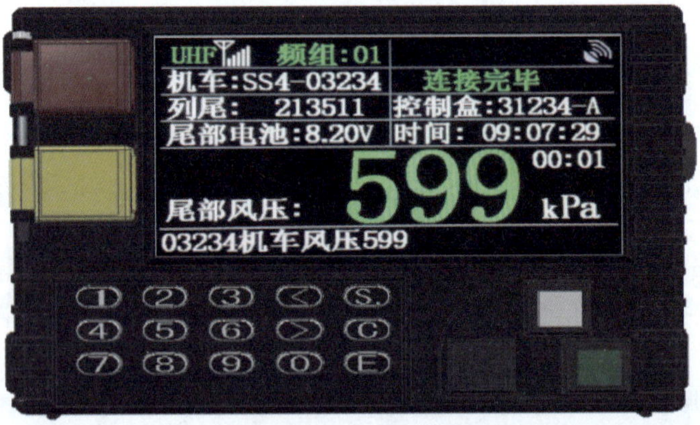

图 3-30 列尾显示单元处于“连接完毕”状态

(2)风压查询:按压[绿]键,列尾控制盒显示尾部风压,并进行语音播报。

(3)列尾排风:按压[排风]键 3 s,列尾控制盒向主机发送排风指令,列尾排风。

(4)销号:在“连接”状态下,同时按下[黑]+[绿]键 2 s 松开,销号成功后列尾显示单元液晶显示“等待连接”。

2. 列尾操作有关要求

(1)列车制动管压必须在风压低于 460 kPa(500 kPa 定压)或 560 kPa(600 kPa 定压)方能进行列尾输号或销号。

(2)HBLT-ⅡF 型列尾出库前乘务员必须确认列尾控制盒显示“等待连接”状态,否则按压[白]+[绿]键进行断连(或关闭列尾控制盒电源再开机),确保列尾控制盒显示“等待连接”状态。

(3)如库内发现Ⅰ、Ⅱ端机车号码不一致,及时向通信段进行报告处理。

安全注意事项

1. 货物列车在始发站、中间站遇列尾查询无反馈时,在未得到车站允许的情况下,严禁乘务员擅自进行列尾销号、输号操作(救援除外)。

2. 遇制动失效时,司机应果断采取列尾排风停车,以确保列车安全。

处置流程图

场景40：货车列尾装置故障时的处置

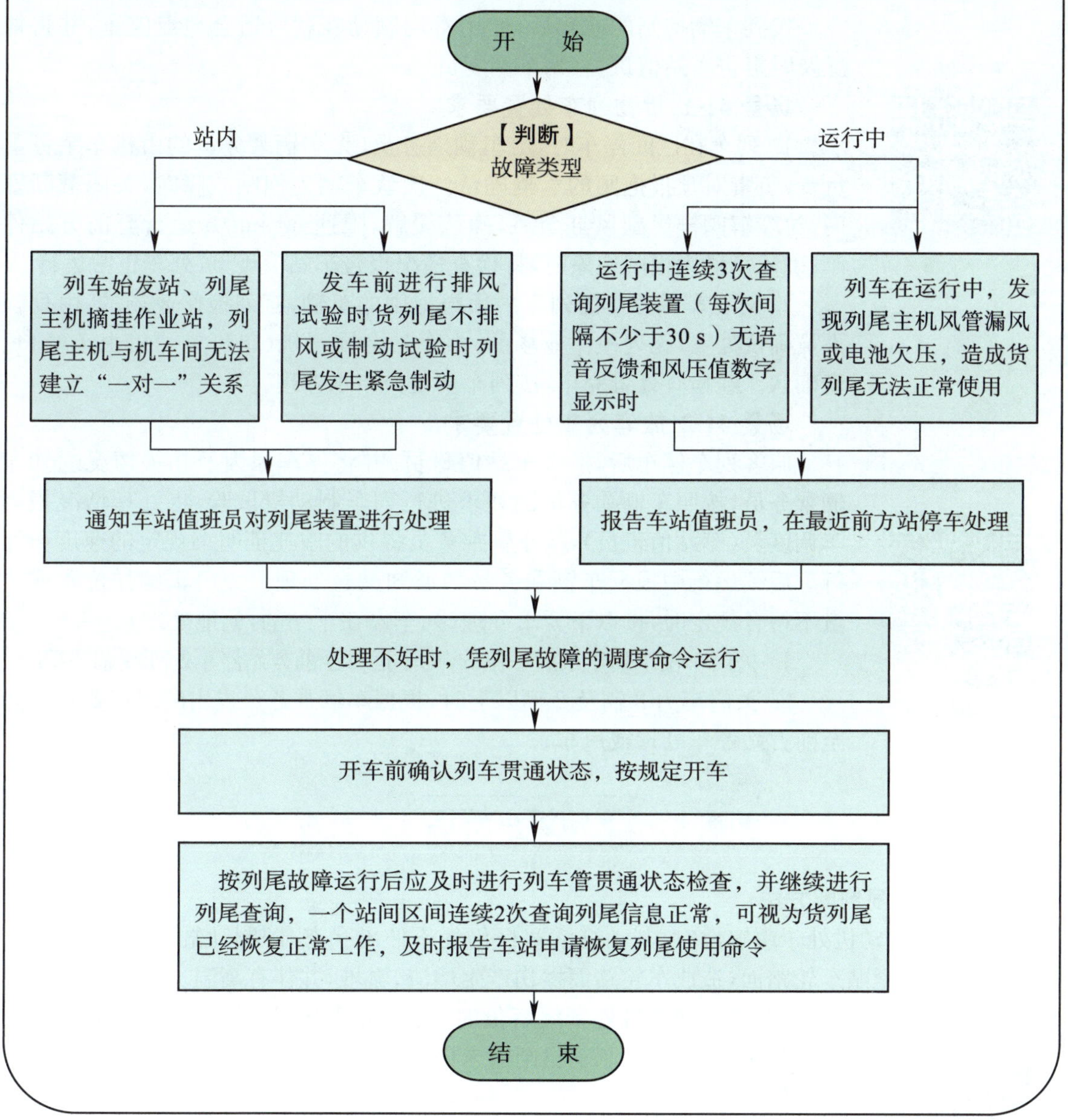

场景 41 列车车辆抱闸时的处置

处置程序

接到车辆抱闸的通知后，使用常用制动在就近适合地点停车，并将情况及时报告车站值班员（列车调度员）。

视频

列车车辆抱闸时的处置（货物列车）

场景 41-1：货物列车处置要求

1. 列车在区间停车时，由车辆乘务员（无车辆乘务员的由机车乘务员负责）负责对预报抱闸的车辆确认。确认车辆为抱闸故障时，关闭截断塞门，拉缓解阀排尽副风缸余风，确认缓解，限速 60 km/h 运行至前方站停车；确认车辆无抱闸迹象时，将检查情况报告车站值班员，列车正常运行。

2. 对在车站停车的列车中预报抱闸的车辆，有列检作业场的，由列检人员确认处置；无列检作业场的，由车站会同司机（单班单司机由车站）负责确认。经检查处置完毕，按列车调度员指示办理。

场景 41-2：旅客列车处置要求

视频

列车车辆抱闸时的处置（旅客列车）

旅客列车停车后，报告车站值班员，并将停车原因及相关情况通知车辆乘务员，按照车辆乘务员的要求进行列车制动机试验，将处理情况报列车调度员（车站值班员），按车辆乘务员提供的限速证明书规定的速度值运行。后续运行中根据车辆乘务员的通知配合处理。关门车编挂位置或数量不符合规定时，按以下要求办理（列车停在车站的，就地处理）：

1. 关门车位于列车最后一位的，列车运行至前方站停车处理或调整编组。

2. 关门车为 2 辆及 2 辆以上时，根据车辆乘务员提出的限速要求运行至前方站停车处理或甩车。

知识点解读

1. 车辆抱闸判断方法

（1）车辆制动机处于缓解位时，制动缸活塞杆仍处于伸出状态，即制动缸未缓解，导致车辆所有闸瓦均紧贴车轮踏面，造成车轮踏面擦伤产生熔渣、辗堆，并伴有高温。

视频

关门车的处置

（2）车辆制动机处于缓解位时，制动缸活塞杆缩回。但人力制动装置仍处于制动位，即手制动机闸链未松开，仍然拉紧前制动杆，致使基础制动装置仍处于制动状态。导致车辆所有闸瓦均紧贴车轮踏面，造成车轮踏面擦伤产生熔渣、辗堆，并伴有高温。

2. 关门车的处置程序

（1）关闭截断塞门：截断塞门与制动支管方向一致为开放状态（图 3-31），截断塞门与制动支管方向垂直为关闭状态（图 3-32）。

图 3-31　截断塞门开放位

图 3-32　截断塞门关闭位

(2)拉缓解阀排尽副风缸余风:拉住缓解阀拉杆(图 3-33),应有排风声。排完风后确认制动缸活塞杆缓解位(图 3-34)。

图 3-33　缓解阀拉杆

图 3-34　制动缸活塞制动位、缓解位

(3)使用撬棍等工具撬开闸瓦(图 3-35),确认闸瓦与车轮踏面有间隙(图 3-36)。

图 3-35 撬开闸瓦

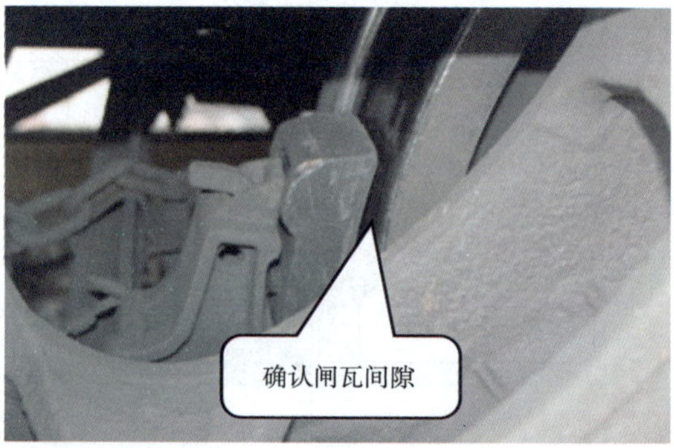

图 3-36 确认闸瓦间隙

安全注意事项

双线及多线区段沿邻线一侧进行检查处理时，注意邻线来车，确保人身安全。

事 故 案 例

1. 事故概况

DF4B 型内燃机车担任货物列车牵引任务，通过车站时，工务人员反映列车中部车辆走行部冒烟，前方站呼叫列车停于区间，司机会同车站和公安现场检查发现机后第 4 位车辆人力制动机没有松开，导致车辆抱闸运行。松开人力制动机后，列车开车，限速 60 km/h 运行，到达前方站作甩车处理，构成铁路交通事故。

2. 原因分析

车务段站连结员违反铁路调车作业相关标准，“取送车辆作业挂妥后，撤除防溜措施”的规定，在进行取送车作业时，动车前没有确认连挂车辆人力制动机已经松开，没有撤除该车辆防溜措施，导致车辆抱闸运行。

处置流程图

场景41：列车车辆抱闸时的处置

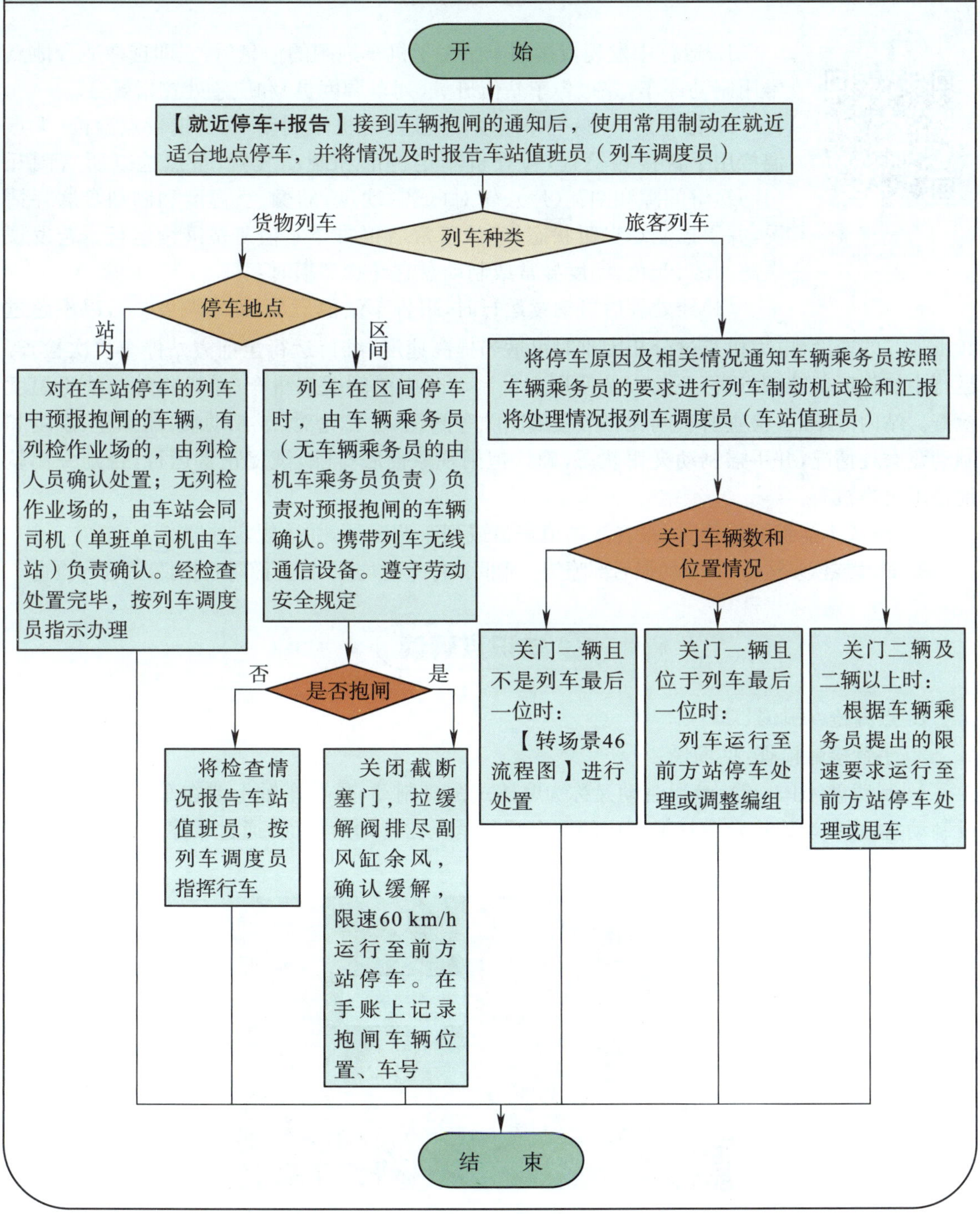

场景 42 运行中发现或接到机车抱闸信息时的处置

处置程序

视频

运行中发现或接到机车抱闸信息时的处置

1. 运行中发现或接到车站关于机车抱闸的信息后，立即选择适合地点常用制动停车，并报告车站值班员(列车调度员)和应急处置指导台。

2. 停车后，保持列车制动，单独缓解机车制动，司机携带点温枪(无点温枪用手背接触检查)检查机车走行部和制动装置，重点检查所有闸瓦(片)缓解间隙和闸瓦(片)、轮对(或制动盘)的颜色、温度和制动盘磨耗情况，并手摇制动夹钳状态，确认正常后报告车站值班员继续运行。若发现缓解间隙、颜色、温度异常或制动盘有环状磨损时：

(1)经处理后可继续运行时，报告车站值班员(列车调度员)，以不超过 40 km/h 的速度(电力机车过分相困难时可适当提高速度)维持运行至前方站停车再次检查。运行中加强后部瞭望，运行至前方站使用空气制动时应单阀缓解机车(单机除外)，便于温度检查。站内停车后，检查所有闸瓦(片)缓解间隙和闸瓦(片)、轮对(或制动盘)的颜色、温度和制动盘磨耗情况，并手摇制动夹钳状态，确认抱闸现象彻底排除，恢复正常运行，否则一律就地请求更换机车。

(2)确认不能继续运行时，报告车站值班员或列车调度员，并按规定处置。

3. 继续或恢复运行后，要加强后部瞭望。中间站停车时均须对走行部和制动装置进行检查。

知识点解读

1. 点温枪：见场景 25。

2. 手背接触检查：见场景 25。

3. 制动盘(图 3-37)：盘形制动又称为摩擦式圆盘制动，是在车轴上或在车轮辐板侧面装设制动盘，用制动钳将合成材料制成的两个闸片紧压在制动盘侧面，通过摩擦产生制动力，把列车动能转变成热能，耗散于大气之中。

图 3-37 制动盘

安全注意事项

发现单机抱闸，停车处置时，应先对机车设置铁鞋防溜措施，再进行相应处置，防止溜逸。

事故案例

1. 事故概况

某旅客列车以 114 km/h 的速度通过车站Ⅱ道时，附挂机车司机在进站道岔处听到异声，采取紧急制动措施，列车于停于站内Ⅱ道某处，附挂机车司机下车检查发现附挂机车第 3 轮对脱轨。经救援抢修，脱轨机车起复完毕。中断行车约 9 h，构成铁路交通事故。

2. 原因分析

附挂机车司机在站内进行机车“无火回送”操作时程序混乱，未手动缓解机车停放制动，造成始发站抱闸开车。

处置流程图

场景42：运行中发现或接到机车抱闸信息时的处置

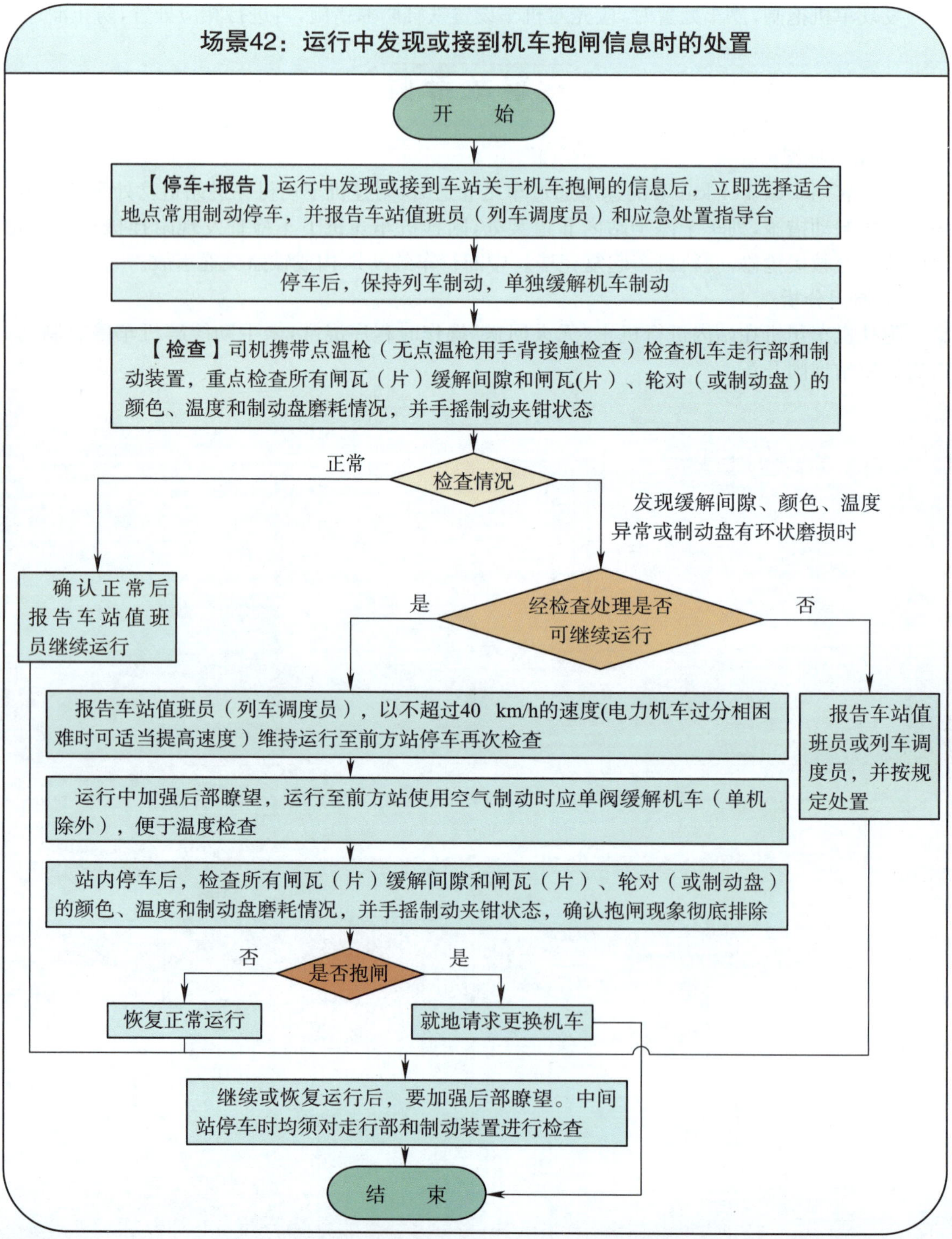

场景 43　直供电旅客列车发生供电故障的处置

处置程序

视频

直供电旅客列车发生供电故障的处置

1. 站内判明为机车故障，15 min 内处置无效时请求更换机车。

2. 区间 10 min 内处置无效时，应立即报告车站值班员，按列车调度员指示办理。

知识点解读

1. 和谐型电力机车无 DC 600 V 输出的检查处理

(1)两路同时不能供电

①确认列车供电钥匙是否闭合(图 3-38)，检查自动开关(HXD$_{1D}$ 型电力机车为＝37-F127，HXD$_{3C}$/HXD$_{3D}$ 型电力机车为 QA48、QA49)是否跳闸，如跳闸将其恢复，如图 3-39 所示。

图 3-38　电力机车列供开关(HXD$_{1D}$ 型)

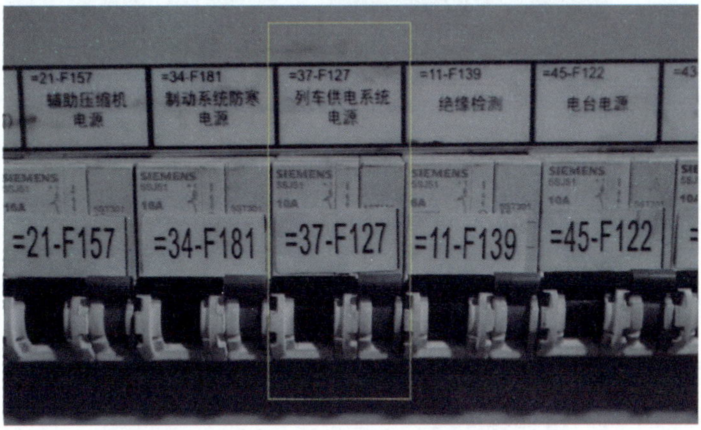

(a) 列车供电系统电源自动开关=37-F127（HXD$_{1D}$型）

图　3-39

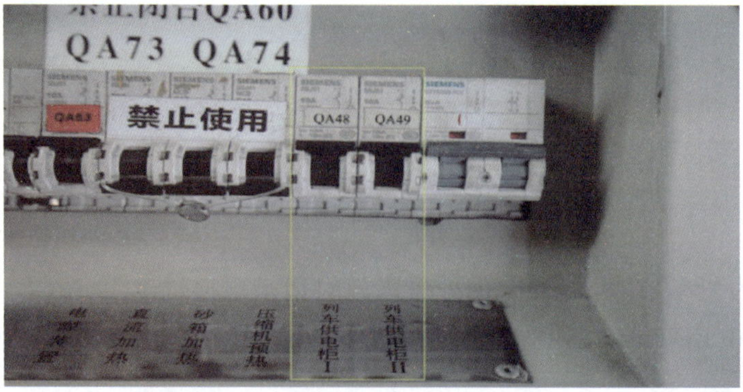

(b) 列车供电柜自动开QA48、QA49（HXD3C型）

图 3-39　电力机车列车供电系统自动开关

②关闭供电钥匙后将供电控制转换开关转换到另一组，再重新供电，如图 3-40 所示。

(a) HXD3C型

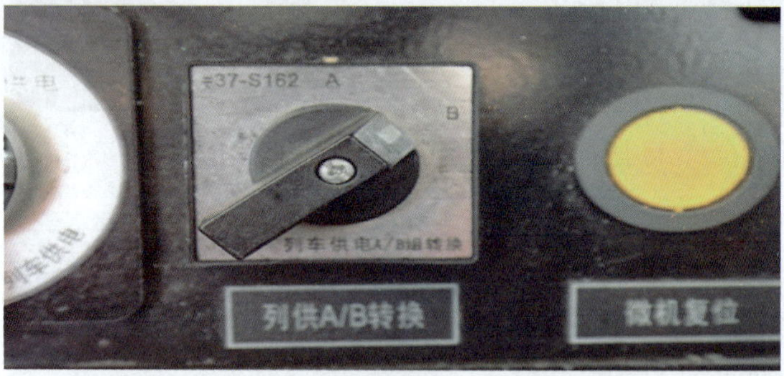

(b) HXD1D型

图 3-40　电力机车列供 A/B 转换开关

（2）一路不能供电

①关闭供电钥匙后将供电控制转换开关转换到另一组，再重新供电。

②故障无法消除，隔离故障路，改单路供电，并通知车辆乘务员减载维持运行。

2. 和谐型电力机车列供接地故障处理

（1）断供电钥匙 10 s 后，再重新闭合。关闭供电钥匙后将供电控制转换开关转换到另一组，再重新供电。

(2)再接地,隔离故障路,改单路供电,并通知车辆乘务员切换,减载维持运行,运行中须注意观察供电电流不得超过 667 A,如超过 667 A,须通知车辆减载。

(3)若另一路也出现接地,则为车辆负载接地,通知车辆乘务员查找接地点并隔离接地点。

(4)若仍接地,应断直供电维持运行,申请在前方站停车,进行空载试验检查。

安全注意事项

1. 严禁在机车升弓状态下进行机车供电插头的摘、接作业。

2. 夏季牵引空调旅客列车发生列供电故障,无法提供列车供电时,比照机车故障处置、汇报。

事故案例

1. 事故概况

SS_9 型电力机车连挂旅客列车后发现只能Ⅰ路供电,且Ⅰ路电压在 480～715 V 间波动。乘务员立即对Ⅱ路绝缘进行了复查,确认Ⅱ路绝缘良好;反馈信息并请求司机重新供电:机车两路能供电,当Ⅰ路逐步加载到 3 辆车后电压在 480～715 V 间波动;Ⅱ路只加载 2 辆车电压则在 440～750 V 间波动,随即Ⅱ路断电,因此客车电器设备无法正常使用。列车还是正点始发,运行途中因全列空调无法使用,致使车厢温度过高,列车被迫在前方站临时停车,经相关人员检查并决定更换机车。更换机车后全列带载供电正常,造成列车晚点约 3 h。

2. 原因分析

因机车供电系统功率不足、带载能力差,当车辆加载后,造成供电电压波动大,导致列车供电电压波动大所引发的供电故障。

处置流程图

场景43：直供电旅客列车发生供电故障的处置

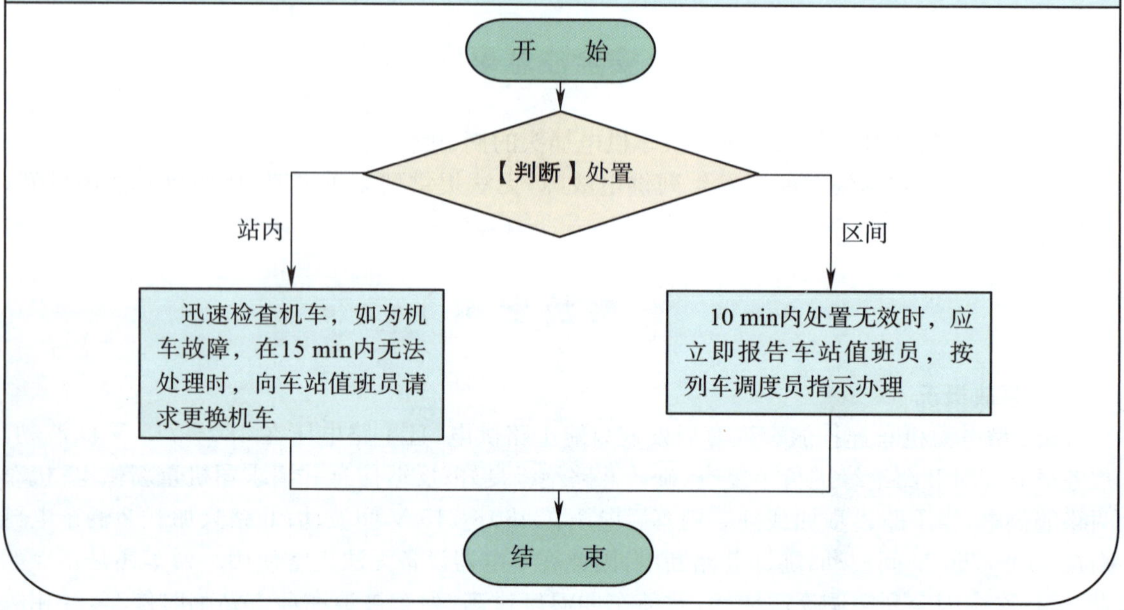

场景 44　总风系统漏风的处置

处置程序

1. 运行途中发现列车管压力显示正常、列车总风管压力出现波动、机车总风缸压力低于 750 kPa 时，应迅速检查机车空气压缩机工作状态。

视频

总风系统漏风的处置

（1）当确认机车空气压缩机作用不良，应立即停车处置，并报告列车调度员（或车站值班员），当无法处置时，立即请求救援，更换机车。

（2）确认机车空气压缩机作用良好，且长时间工作不止，司机对机车总风管路检查无异常后，立即通知车辆乘务员对车辆进行检查。

（3）接到车辆乘务员故障已排除的通知后，确认机车总风缸压力能保持在 750～900 kPa，且空气压缩机工作正常时，列车继续运行。

（4）接到车辆乘务员采取锁闭全列三分之一厕所措施的通知后，确认机车总风缸压力能保持在 750～900 kPa，且空气压缩机工作正常时，通知车辆乘务员逐一打开锁闭的厕所，打开过程中，若出现机车总风缸压力下降且不能保持在 750～900 kPa 时，通知车辆乘务员重新关闭厕所，维持列车运行。

（5）锁闭全列三分之一厕所后，若机车总风缸压力依然无法保持在 750～900 kPa 时，通知车辆乘务员继续处置，报告列车调度员（或车站值班员）请求前方站停车处理。接到列车调度员（或车站值班员）的安排后，及时转告车辆乘务员。

2. 车站停车处理：关闭机车列车管和列车总风管折角塞门，观察空气压缩机工作状态及列车管、总风缸压力值，机车情况正常时，及时将情况向车站值班员、车辆乘务员报告并配合车辆乘务员对故障车辆进行处置；发现空气压缩机工作状态异常或总风缸压力值达不到定值时，立即组织检查处置或按规定请求救援。对列车进行检查、处理时，加强与车辆乘务员沟通，及时相互通报情况。

知识点解读

1. HXD$_1$C 型电力机车主风源管路系统（图 3-41）

HXD$_1$C 型电力机车主风源管路系统由主空气压缩机、主空气干燥器、主风缸、压力开关、安全阀等组成。

2. 运行中 HXD$_1$C 型电力机车空气干燥器（图 3-42）**故障处理**

关闭空气干燥器控制盒上总电源开关及下部空气干燥器排污阀截断塞门，同时确认微油过滤器排污阀塞门应在关闭位，维持运行。

3. 机车车辆用风设备

用风设备主要包括制动装置、受电弓气动控制设备、风笛、撒砂器、雨刷、空气悬挂装置、塞拉门、集便器等。

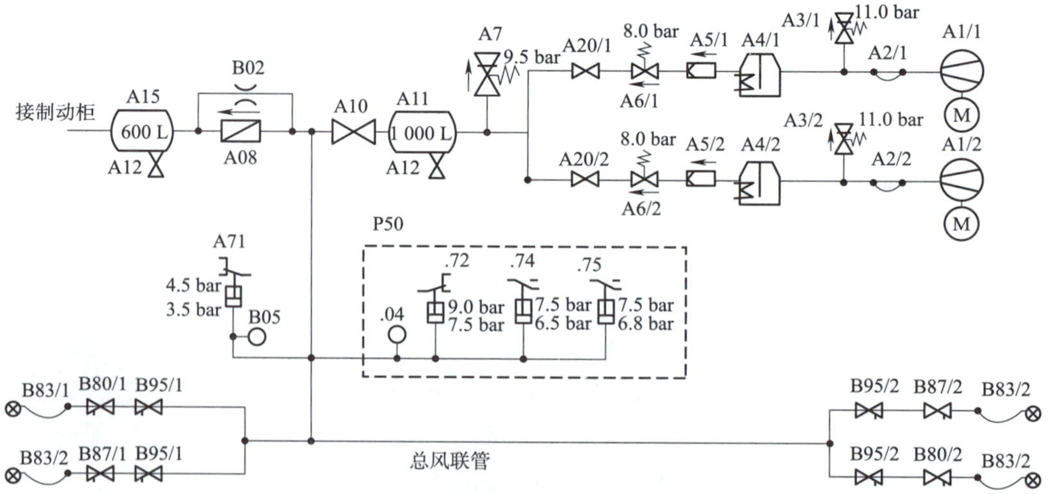

图 3-41　HXD$_1$C 型电力机车主风源管路系统(1 bar=100 kPa)

A1—主空气压缩机;A4—干燥器;A11—车下总风缸;A15—车上总风缸

图 3-42　HXD$_1$C 型电力机车空气干燥器

安全注意事项

1. 总风压力低于制动主管定压时,司机采取立即停车措施。
2. 压缩机长时间泵风时,空压机温度上升快,需加强机车机械间防火巡视检查。

事故案例

1. 事故概况

HXD$_3$C 型电力机车担任旅客列车牵引任务,在区间运行时总风压漏泄降至 630 kPa,乘务员被迫紧急制动停车,按规定处置好维持运行,区间停车 8 min。

2. 原因分析

空气干燥器排气阀偶发卡滞,关闭两端干燥器排污塞门后维持运行。

处置流程图

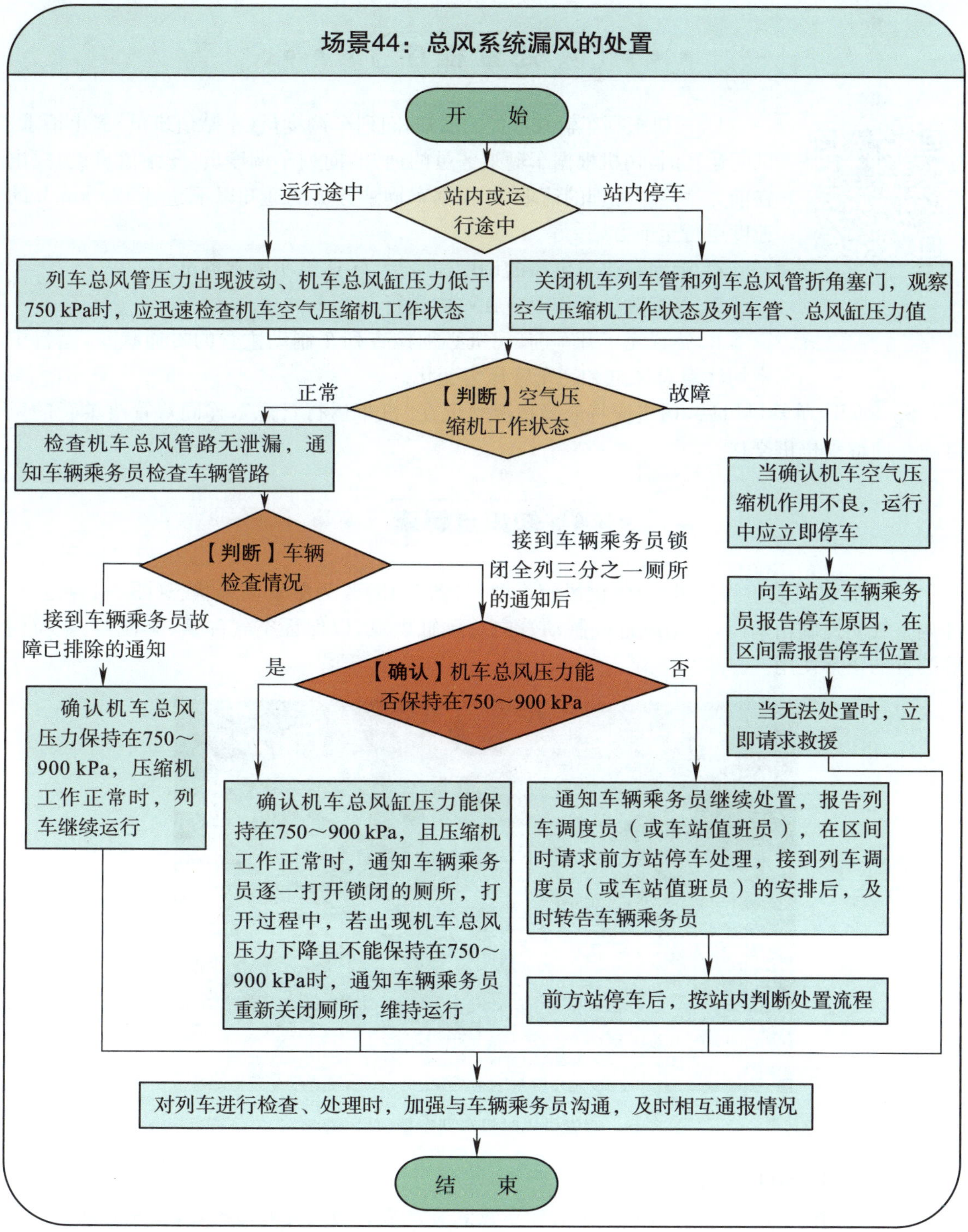
场景44：总风系统漏风的处置
开　始
站内或运行途中
运行途中
站内停车
列车总风管压力出现波动、机车总风缸压力低于750 kPa时，应迅速检查机车空气压缩机工作状态
关闭机车列车管和列车总风管折角塞门，观察空气压缩机工作状态及列车管、总风缸压力值
【判断】空气压缩机工作状态
正常
故障
检查机车总风管路无泄漏，通知车辆乘务员检查车辆管路
当确认机车空气压缩机作用不良，运行中应立即停车
【判断】车辆检查情况
接到车辆乘务员锁闭全列三分之一厕所的通知后
向车站及车辆乘务员报告停车原因，在区间需报告停车位置
接到车辆乘务员故障已排除的通知
是
【确认】机车总风压力能否保持在750～900 kPa
否
当无法处置时，立即请求救援
确认机车总风压力保持在750～900 kPa，压缩机工作正常时，列车继续运行
确认机车总风缸压力能保持在750～900 kPa，且压缩机工作正常时，通知车辆乘务员逐一打开锁闭的厕所，打开过程中，若出现机车总风压力下降且不能保持在750～900 kPa时，通知车辆乘务员重新关闭厕所，维持运行
通知车辆乘务员继续处置，报告列车调度员（或车站值班员），在区间时请求前方站停车处理，接到列车调度员（或车站值班员）的安排后，及时转告车辆乘务员
前方站停车后，按站内判断处置流程
对列车进行检查、处理时，加强与车辆乘务员沟通，及时相互通报情况
结　束

场景45 双管供风旅客列车需改单管供风的处置

处置程序

视频

双管供风旅客列车需改单管供风的处置

1. 司机根据车辆乘务员的通知，向列车调度员（车站值班员）提出请求。区间运行时，司机根据车辆乘务员的通知，向列车调度员（车站值班员）提出在前方站停车处理的请求，并根据车辆乘务员的通知以不超过120 km/h的速度运行至前方站。

2. 接到双改单供风的调度命令后，转达给车辆乘务员。

3. 双管改单管作业应在站内进行。

4. 处置完毕开车前，司机必须检查列车制动主管的贯通状态，运行中密切注意总风缸和列车管压力变化。

5. 双管改单管供风后，司机应将故障情况填记在“机车运行日志”，连同双管改单管的调度命令向继乘机班交接。

知识点解读

1. 双管供风改单管供风：双管供风旅客列车（图3-43）改为单管供风状态（图3-44）运行，即调整气动控制箱塞门，由副风缸或制动管向总风缸供风，以保证空气弹簧、集便器、塞拉门等装置的正常使用。

图3-43 双管供风时机车列车管、总风管状态

2. 相关规章制度解读：

“最高运行速度120 km/h及以上的客车应装有盘形制动装置和防滑器，空气制动系统用风应与空气弹簧和集便装置等其他装置用风分离”。

图 3-44　单管供风时机车列车管、总风管状态

解析：最高运行速度在 120km/h 及以上的旅客列车且有空气弹簧和集便装置等用风设备时，需与制动系统用风分离。

“其他旅客列车运行途中遇车辆空气弹簧故障时，运行速度不得超过 120 km/h”。

解析：因供风系统无法使空气弹簧正常工作时，均视为空气弹簧故障。需限速 120 km/h 及以下运行。

安全注意事项

1. 双管供风旅客列车改单管供风之后，列车最高限速 120 km/h。
2. 继乘时，双管供风旅客列车改单管供风的调度命令向继乘机班交接。
3. 采用双管供风的旅客列车途中因故改为单管供风后，不再恢复双管供风，直至终到站。
4. 双改单后，由列车管来提供总风管系统所需压力空气，整车充风时间有延长，需加强预想，合理使用制动机。

事故案例

1. 事故概况

HXD$_{1D}$ 型电力机车担任旅客列车牵引任务，在车站时机车二端双管供风装置故障，造成不能向车辆正常供风，超停 60 min。

2. 原因分析

机车二端双管供风装置减压阀卡滞，导致调整弹簧失去调整作用，供风阀口不能开启，造成不能向车辆正常供风。列车停于站内，按相应程序处置。

处置流程图

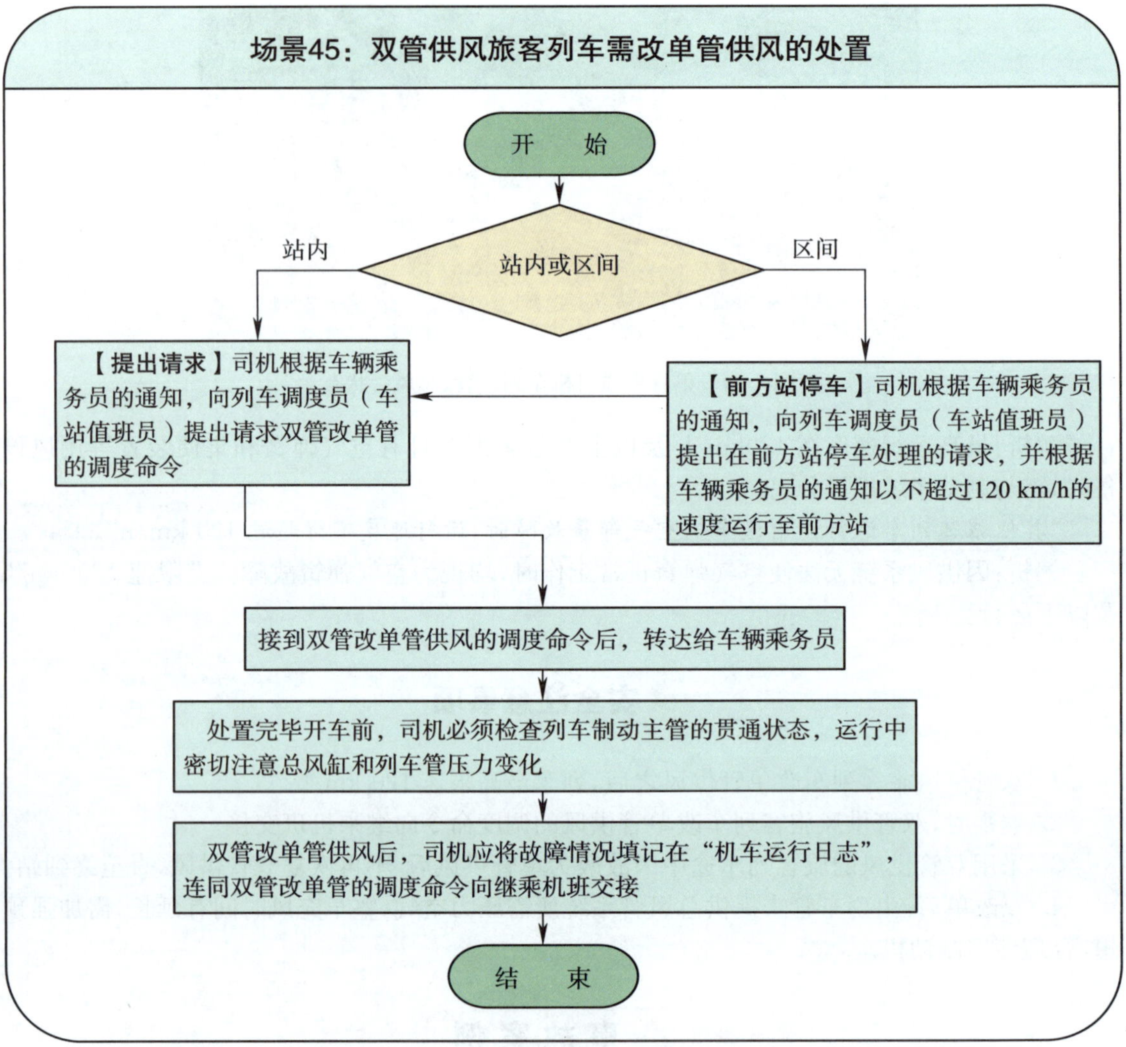
场景45：双管供风旅客列车需改单管供风的处置
开　始
站内或区间
站内
区间
【提出请求】司机根据车辆乘务员的通知，向列车调度员（车站值班员）提出请求双管改单管的调度命令
【前方站停车】司机根据车辆乘务员的通知，向列车调度员（车站值班员）提出在前方站停车处理的请求，并根据车辆乘务员的通知以不超过120 km/h的速度运行至前方站
接到双管改单管供风的调度命令后，转达给车辆乘务员
处置完毕开车前，司机必须检查列车制动主管的贯通状态，运行中密切注意总风缸和列车管压力变化
双管改单管供风后，司机应将故障情况填记在“机车运行日志”，连同双管改单管的调度命令向继乘机班交接
结　束

场景 46　旅客列车制动故障需关门限速的处置

处置程序

1. 当 120 km/h 速度等级及编组小于 8 辆的 140 km/h、160 km/h 速度等级旅客列车在运行途中(包括在站折返)遇自动制动机故障而关门 1 辆时，在≤20‰的下坡道区段，按 100 km/h 限速。

2. 旅客列车发生制动关门限速时，车辆乘务员须向机车司机递交“旅客列车制动关门限速证明书”；列车中途更换机车时，车辆乘务员重新填写并向司机递交；更换机车乘务组时，机车乘务组双方交接。

3. 机车司机接到“旅客列车制动关门限速证明书”后，向列车调度员汇报，并在列车运行监控装置(LKJ)中选择 100 km/h 速度值，由 LKJ 监控运行至终点站。

知识点解读

1. 关门车：列车中因装载的货物按规定必须停止制动机作用的车辆，制动机临时发生故障的车辆，准许将截断塞门关闭，停止该车辆制动机作用，并须同时拉动缓解阀，排出副风缸内的风，以免因支管漏风而再次制动，这种停止制动机作用的车辆称为“关门车”。

2.“旅客列车制动关门限速证明书”如图 3-45 所示。

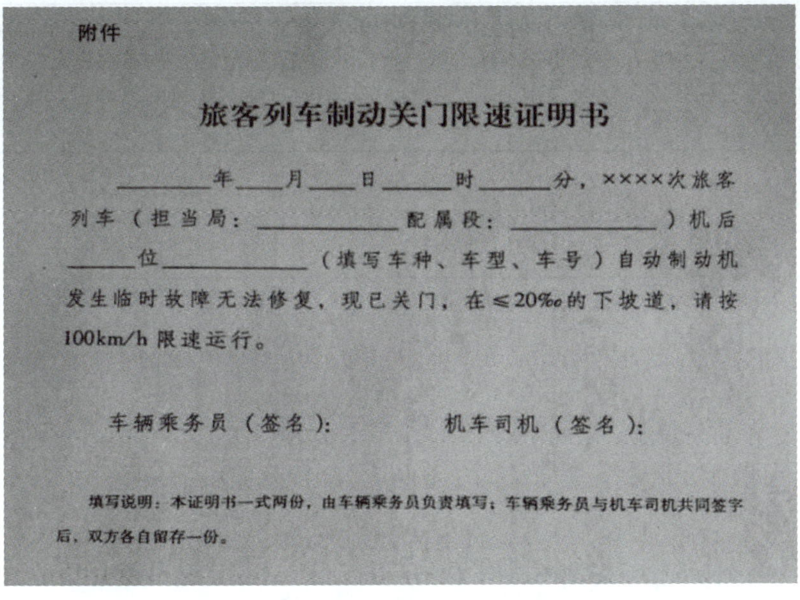
附件

旅客列车制动关门限速证明书

______年____月____日_____时_____分，××××次旅客列车（担当局：________ 配属段：________）机后____位________（填写车种、车型、车号）自动制动机发生临时故障无法修复，现已关门，在≤20‰的下坡道，请按100km/h限速运行。

车辆乘务员（签名）：　　　　机车司机（签名）：

填写说明：本证明书一式两份，由车辆乘务员负责填写；车辆乘务员与机车司机共同签字后，双方各自留存一份。

图 3-45　旅客列车制动关门限速证明书

安全注意事项

1. 旅客列车、特快货物班列不准编挂关门车。在运行途中(包括在站折返)如遇自动制动机临时故障,在停车时间内不能修复时,准许关闭一辆,但列车最后一辆不得为关门车。

2. 当旅客列车、特快货物班列最后一辆为关门车时,运行至前方站停车处理或调整编组。

3. 关门车为 2 辆及 2 辆以上时,根据车辆乘务员提出的限速要求运行至前方站停车处理或甩车。

处置流程图

场景46:旅客列车制动故障需关门限速的处置

开　始

↓

车辆乘务员须向机车司机递交“旅客列车制动关门限速证明书”;列车中途更换机车时,车辆乘务员重新填写并向司机递交更换机车乘务组时,机车乘务组双方交接

↓

司机接到“旅客列车制动关门限速证明书”后,向列车调度员汇报

↓

设置LKJ速度等级100 km/h速度值,由LKJ监控运行至终点站【当120 km/h速度等级及编组小于8辆的140 km/h、160 km/h速度等级旅客列车在运行途中(包括在站折返)遇自动制动机故障而关门1辆时,在≤20‰的下坡道区段,按100 km/h限速】

↓

结　束

场景 47 旅客列车客车热轴的处置

处置程序

1. 接到客车热轴须限速运行的通知时，司机立即按照车辆乘务员通知的限速值(60 km/h 或 30 km/h)运行至前方站停车，报告车站值班员(列车调度员)。运行前方存在困难分相，当前限速无法越过分相时，报告车站值班员(列车调度员)、车辆乘务员，按其指示办理。

2. 接到客车热轴须常用制动停车的通知，司机立即选择适合地点使用常用制动停车，根据车辆乘务员的通知配合处理，报告车站值班员(列车调度员)。

知识点解读

1. 客车热轴现象

随着客车运行速度的不断提高，客车车辆轴承的工作条件逐步变得十分恶劣，轴承不但要承受巨大的轴重和一定的轴向力，还要承受通过钢轨接头道岔时的冲击力，而且经常遭受风沙、雨雪侵袭，所以客车轴承经过一定时期的使用后不可避免会出现各种形式的损伤，如剥离、麻点、裂纹等缺陷，从而引起客车热轴现象的发生。

2. "热轴"散热情况

所谓"热轴"是那些温度异常高的轴承轴箱，轴承工作过程中由于各种原因使温度升高，有的是正常的运转热，有的则是由于非正常工作或者轴承发生故障。车辆在运行过程中，轴瓦与轴相互摩擦产生热量，热量通过传导、对流和辐射传到轴箱散入大气。在正常情况下，车辆起始运行时，轴承温度常要上升，运行一段时间后，摩擦产生的热量和散入大气的热量达到了动平衡，温度就保持基本不变。影响这个热平衡的因素很多，如环境温度的变化，自然条件的变化，轴承类型的不同，车速的快慢等。

安全注意事项

1. 接到客车热轴的通知后，机车乘务员应按车辆乘务员通知的限速值控速，并报告前方站车站值班员(列车调度员)，维持运行至前方站停车。如前方有分相，根据线路纵断面提前预想，提前告知车站值班员(列车调度员)和车辆乘务员，按其指示办理，须确保运行速度能够通过分相区。

2. 客车热轴须停车时，机车乘务员选择适合地点(便于车辆乘务员检车地点)采取常用制动停车，并报告车站值班员(列车调度员)停车地点及停车原因，根据车辆乘务员的通知配合处理。

处置流程图

场景47：旅客列车客车热轴的处置

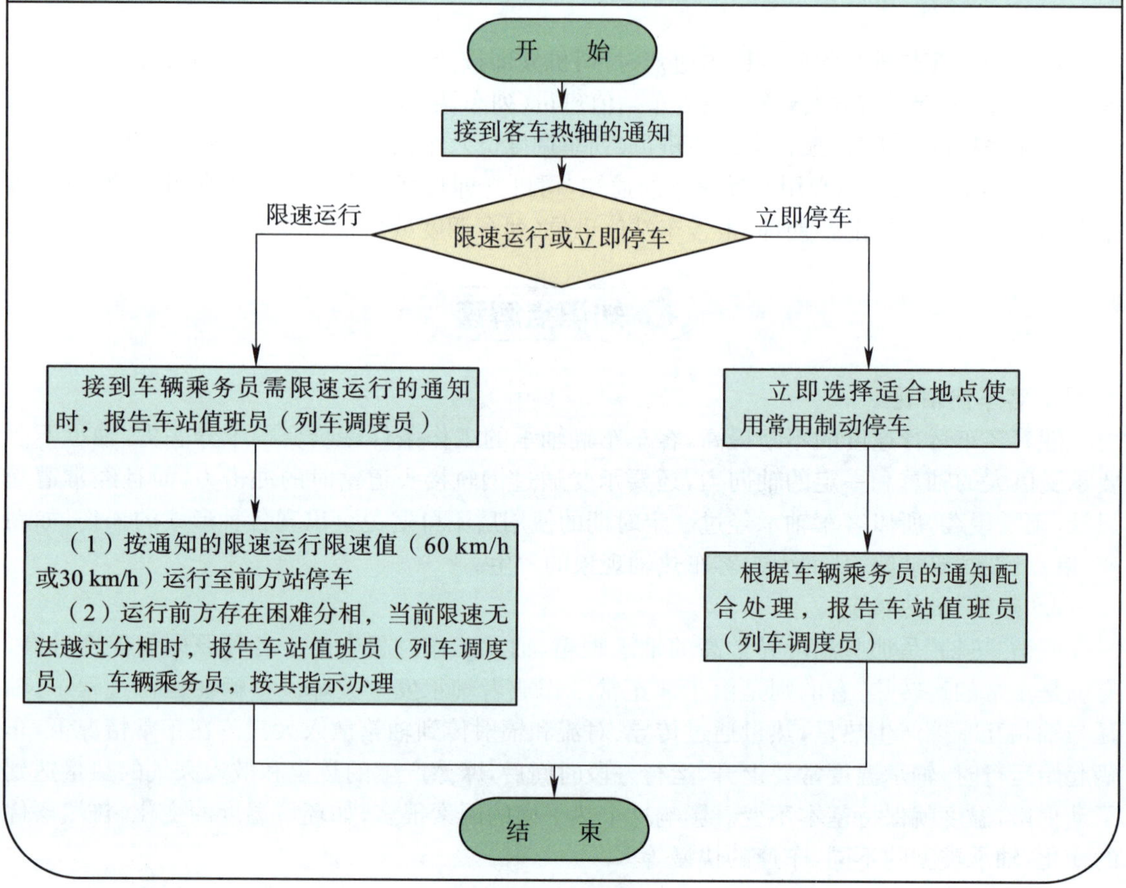

第四章

行车组织变化的处置

场景48 使用电话闭塞法行车时的处置

处置程序

1. 行车凭证：路票（按施工特定行车办法行车时，路票可由进入关系区间的车站电话交付）。

2. LKJ 操作：按监控类型进行路票操作。

3. 运行要求：

（1）须有停基改电的调度命令，停车确认行车凭证正确（有计划路票行车时可不停车）。

（2）对 LKJ 进行路票解锁操作后，出站必须控制好速度，防止侧线出站道岔超速。

（3）接近前方站凭进站信号机或引导信号的显示要求运行。

知识点解读

1. 路　　票

使用电话闭塞法行车时，列车占用区间的行车凭证为路票。路票是指铁路专用的预先印好区间（即站名）和编号的硬卡片（规格 75 mm×88 mm）（图 2-10）。注意确认路票电话号码、车次、站间方向、车站站印、值班员签名五要素。

2. 路票操作（LKJ2000 型）

（1）有计划的停基改电以路票作为行车凭证的操作

列车在已载入停基改电行车临时数据对应车站的出站（或发车进路）信号机前，显示屏右上方显示揭示窗口。当速度低于 60 km/h 时自动弹出“路票输入”窗口后，输入电话记录号。确认具备开车条件后，在 5 s 内依次按压[解锁]+[确认]键，显示屏左上角显示“路票行车”提示窗口，LKJ 解除针对出站信号机（或发车进路）及至下一车站进站信号机（线路所通过信号机）前所有信号机的停车控制。

若在始发站 LKJ 处于降级模式，显示屏右上方显示揭示窗口，同时弹出“路票确认”窗口。确认具备开车条件后，持续按压[↑]键 2 s，输入电话记录号，在 5 s 内依次按压[解锁]+[确认]键，在规定地点进行开车对标操作，如图 4-1 所示。

（2）临时的停基改电以路票作为行车凭证的操作

运行中接到停基改电行车的调度命令，在停基改电起始站的出站信号机（或发车进路）信号机前，确认具备开车条件后，在停车状态下持续按压[↑]键 2 s，弹出“非正常行车确认”窗口，选择“3. 路票”，弹出“路票输入”窗口，输入调度命令号码和电话记录号。确认车站发车后，在 5 s 内依次按压[解锁]+[确认]键，LKJ 解除针对该信号机及至下一车站进站信号机（线路所通过信号机）前所有信号机的停车控制。

若在始发站 LKJ 处于降级模式，确认具备开车条件后，持续按压[↑]键 2 s，弹出“非正常行车确认”窗口，选择“3. 路票”，弹出“路票输入”窗口，输入调度命令号和电话记录号。确认具备开车条件后，在 5 s 内依次按压[解锁]+[确认]键，在规定地点进行开车对标操作。

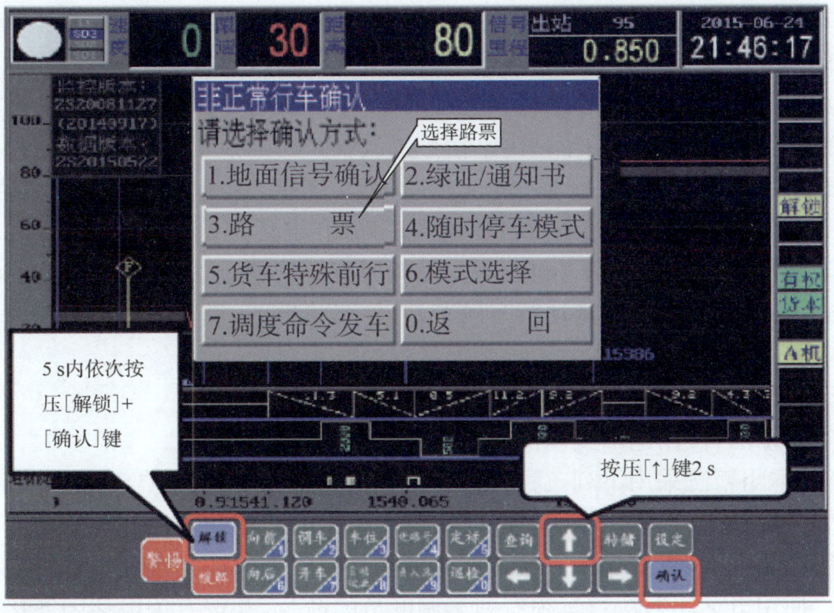

图 4-1　路票行车操作(LKJ2000 型)

3. 路票操作(LKJ-15C 型)

(1)有计划的停基改电以路票作为行车凭证的操作

列车运行至有计划路票行车的车站出站信号机或线路所通过信号机前,运行速度低于 60 km/h,LKJ 按停车信号控制,机车乘务员按压[菜单]键→[F2](特殊行车)键→[F1](行车闭塞)键→[F1](路票/调度命令)键→[F1](路票)键,弹出“办理计划路票”窗口,输入正确的“电话记录号”后,按压[F6](完成)键,LKJ 解除列车所在线路的出站信号机至下一站间所有分区通过信号机的停车控制,如图 4-2 所示。

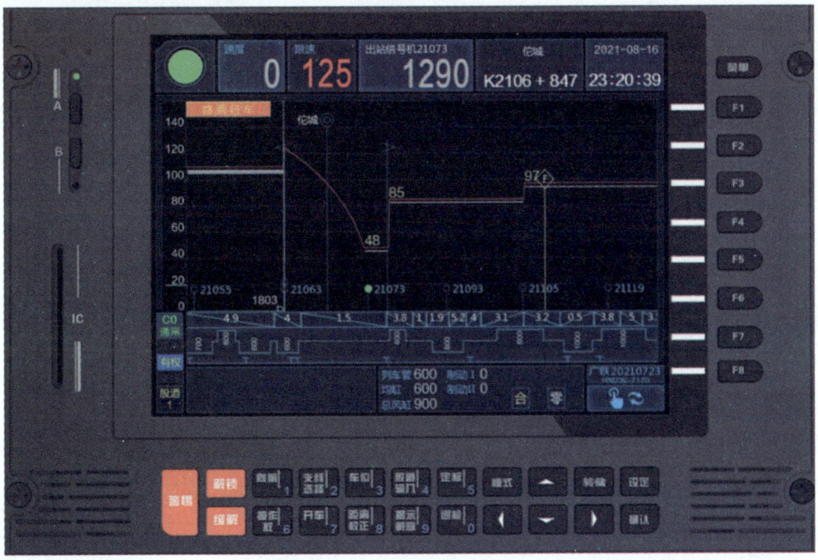

图 4-2　路票行车操作(LKJ-15C 型)

降级模式，有计划改用电话闭塞法行车的车站，速度低于 60 km/h 时，机车乘务员按有计划路票的操作方法操作，办理完成后，运行至本股道出站信号机处开车对标。

(2)临时的停基改电以路票作为行车凭证的操作

列车运行至临时路票行车的车站出站信号机或线路所通过信号机前，必须停车。机车乘务员按压[菜单]键→[F2](特殊行车)键→[F1](行车闭塞)键→[F1](路票/调度命令)键→[F1](路票)键，弹出“办理计划路票”窗口，输入正确的“电话记录号”后，按压[F6](完成)键，LKJ 解除列车所在线路的出站信号机至下一站间所有分区通过信号机的停车控制。

降级模式，临时改用电话闭塞法行车的车站，停车状态下，机车乘务员按临时路票的操作方法操作，办理完成后，运行至本股道出站信号机处开车对标。

4. 停基改电

停止基本闭塞法，使用电话闭塞法组织行车。

(1)行车基本闭塞法采用下列三种：自动闭塞、自动站间闭塞、半自动闭塞。

(2)电话闭塞法是当基本闭塞法不能使用时所采用的代用闭塞法。电话闭塞是在基本闭塞法不能使用的条件下，主要靠人工检查确认和联系制度来保证实现列车运行空间间隔的代用闭塞方法。使用电话闭塞法行车须有列车调度员的命令，并按有关电话闭塞接发列车规定的程序、制度办理行车作业。

5. 引导信号

见场景 15。

安全注意事项

1. 电话闭塞法行车时，对客货列车，LKJ 按固定模式限速值监控列车运行。始发车站开车对标后固定按股道道岔侧向发车控制。

2. 列车越过出站(或发车进路)信号机后，不具备输入临时路票的功能。在始发站进入降级模式开车，如果不先按压[解锁]+[确认]键，而是直接按压[开车]键，揭示信息将被自动清除，LKJ 不进入路票行车状态。

3. 对于有计划的路票行车，只允许在对应的信号机前输入电话记录号，不允许提前一个分区输入。

4. 对于连续出站信号机，对其中一架出站信号机进行了改用电话闭塞操作，其后的出站信号机前不需进行改用电话闭塞操作。

事故案例

1. 事故概况

A 机务段运行揭示台值班员根据运行揭示调度命令编制 LKJ 临时数据时，“A 站～B 站～C 站停止基本闭塞法，改用电话闭塞法行车”的起始时间实际应为 8 时 30 分，但错误编辑为 6 时 30 分(施工开始时间)，将施工特定行车开始时间提前了 2 h。B 机务段机车乘务员担当旅客列车值乘任务，在 A 机务段派班室出勤，A 机务段在其 IC 卡内写入该条揭示。6 时 58 分，旅客运行至 A 站进站前 LKJ 调出“路票行车”模式，司机立即与交付揭示进行核对，确认模式提前起控后向车站询问施工是否提前。得到车站施工未提前的通知后，司机解除“路票行车”模式。7 时 09 分运行至 B 进站前 LKJ 调出“进站特定引导”模式、7 时 12 分调出“路票行车”模式，司机均人工解除控制模式后正常运行，构成铁路交通事故。

2. 原因分析

（1）数据编制源头错误。运行揭示台值班员根据运行揭示调度命令编辑 LKJ 临时数据时，将数据中 A 站～B 站～C 站站间电话闭塞行车办法的起始时间错误编辑为施工起始时间。

（2）编制数据核对流于形式。运行揭示台审核人员在对根据命令编辑的 LKJ 临时数据审核时，没有发现 LKJ 临时数据中电话闭塞行车办法起始时间错误的问题。

（3）编制数据审核把关不严。运用科科长对 LKJ 临时数据审核时，也未发现该问题。

（4）数据未进行模拟运行验证。A 机务段负责跨局跨段出勤机班写卡。但 A 机务段运行揭示模拟机没有该区段 LKJ 基础数据，对该区段的 LKJ 临时数据不具备模拟运行验证条件。违反“使用模拟运行测试设备对 LKJ 临时数据文件进行模拟运行验证”的规定。

（5）出勤核验环节作业失控。B 机务段当日在 A 机务段派班室出勤共计 11 班，均没有认真落实“四核对四反馈”要求，没有对照交付揭示勾划的运行揭示逐条核对 IC 卡内 LKJ 临时数据，均未发现 LKJ 临时数据错误。

处置流程图

场景48：使用电话闭塞法行车的处置

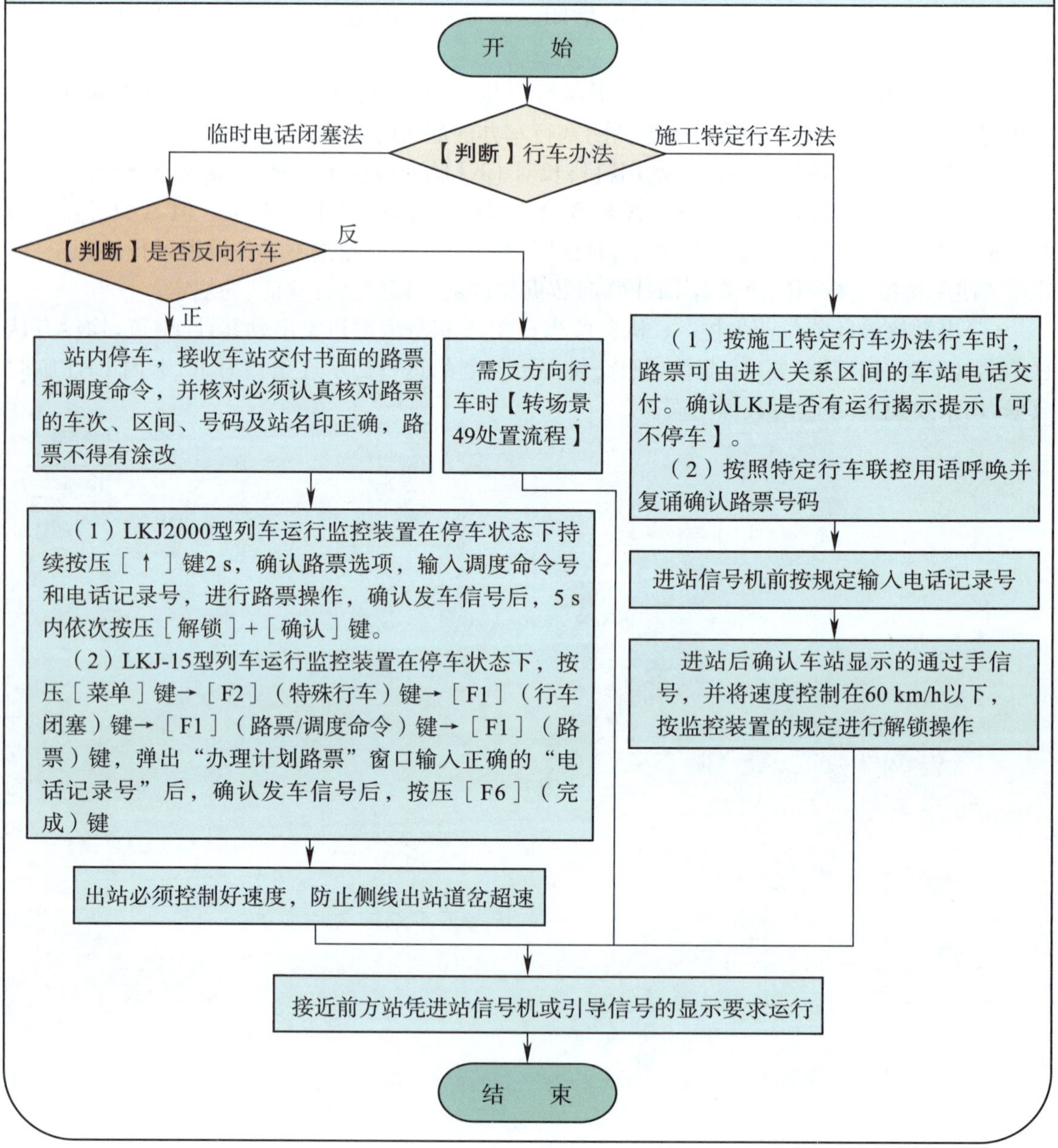

场景 49　双线区间反方向行车时的处置

处置程序

场景 49-1：设有双向闭塞设备的双线区间反方向行车时

1. 行车凭证

出站信号机的绿色灯光。

2. LKJ 操作

停车状态下输入反方向行车相应的交路号和车站代码，对标开车。运行到前方站如需恢复正方向行车，在停车状态下重新输入相应的交路号和车站代码，对标开车；LKJ 不具备反方向数据时，报告列车调度员，根据转为随时停车模式（或降级模式）的调度命令，按指定模式以不超过 20 km/h 的速度运行到前方站（区间有分相时报告调度员，按其指示办理）。

3. 运行要求

（1）须取得准许列车反方向运行的调度命令，确认进路表示器显示一个白色灯光，按规定发车，凭出站信号机显示的绿色灯光出站。

未装设进路表示器或进路表示器故障时，得到车站通知后，凭调度命令和出站信号机的显示出发。

（2）列车运行中注意分相位置、临时限速地段、升降弓信号等，及时转换机车信号方向开关，接近前方站凭反向进站信号机或引导信号的显示要求运行。

场景 49-2：无双向闭塞设备的双线区间反方向或改按单线行车时

视频

无双向闭塞设备的双线区间反方向或改按单线行车时的处置

1. 行车凭证

路票（双线反方向行车时，加盖“反方向行车”章；双线改单线行车时，不加盖“反方向行车”章）。

2. LKJ 操作

停车状态下输入反方向行车相应的交路号和车站代码，按监控类型进行路票操作。

运行到前方站如需恢复正方向行车，在停车状态下重新输入相应的交路号和车站代码，对标开车；LKJ 不具备反方向数据时，向列车调度员汇报，根据转为随时停车模式（或降级模式）的调度命令，按指定模式以不超过 20 km/h 的速度运行到前方站（区间有分相时报告调度员，按其指示办理）。

3. 运行要求

（1）站内停车，取得准许列车反方向运行及停基改电的调度命令，按规定发车。

（2）列车运行中注意分相位置、临时限速地段、升降弓信号等，及时转换机车信号方向开关，接近前方站凭反向进站信号机或引导信号的显示要求运行。

知识点解读

1. 双向闭塞设备

基本闭塞设备是控制一个区间(或闭塞分区)同一时间内,只准许一个列车运行的设备。单线双向自动闭塞就是单线铁路,上行、下行都是自动闭塞,双线单向自动闭塞就是双线铁路一条为上行自动闭塞,一条为下行自动闭塞,反方向不是自动闭塞(站间自动闭塞等其他闭塞)。

2. 随时停车模式

见场景 36 知识点解读。

3. 升降弓信号

升弓是指电力机车在停车或减速时升起机车的受电弓使受电弓和接触网接触的动作。降弓是指电力机车在停车或减速时降下机车的受电弓使受电弓和接触网脱机接触的动作。升降弓信号可以分为手信号和听觉信号。

(1)升弓手信号(图 4-3)

昼间——左臂垂直高举,右臂前伸并上下重复摇动;夜间——白色灯光作圆形转动。

(a) 昼间 (b) 夜间

图 4-3 升弓手信号

(2)降弓手信号(图 4-4)

昼间——左臂垂直高举,右臂前伸并左右水平重复摇动;夜间——白色灯光上下左右重复摇动。

(3)升降弓鸣笛方式

途中降弓信号:一短一长声。电力机车双机牵引中,本务机车司机要求补机降下受电弓时(补机须以同样信号回答);电力机车司机在途中发现降弓手信号时,应鸣此信号回示。

途中升弓信号:一短二长声。电力机车双机牵引中,本务机车司机要求补机升起受电弓时(补机须以同样信号回答);电力机车司机在途中发现升弓手信号时,应鸣此信号回示。

(a) 昼间　　　　(b) 夜间

图 4-4　降弓手信号

4. 反方向行车

反方向行车输入监控参数后，需确认监控屏幕左上方显示“反向运行”，如图 4-5 所示。

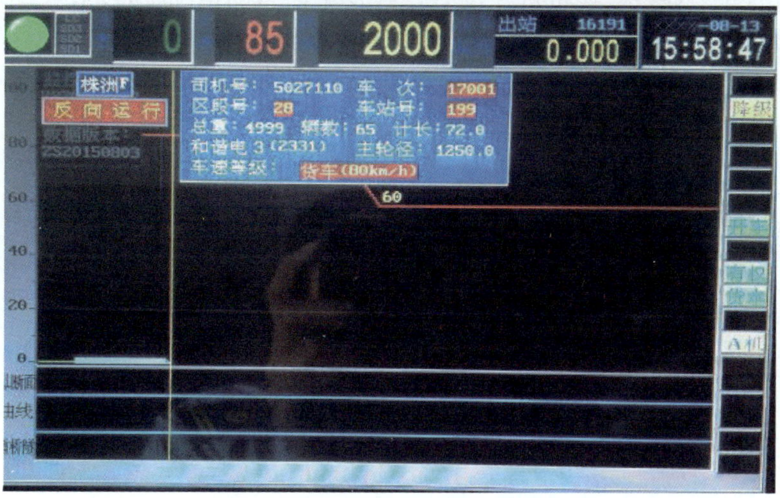

图 4-5　反向运行监控界面

安全注意事项

1. 反方向运行时，进入相应线路后及时转换机车信号方向开关。
2. 列车运行中注意分相位置、临时限速地段、升降弓信号等。
3. 接近前方站凭反向进站信号机或引导信号的显示要求运行。

事故案例

1. 事故概况

双班单司机值乘旅客列车，当列车运行至A站机外时，车站告知司机A站2道停车，在列车进站停车过程中，A站使用列车无线调度通信设备向司机转达调度命令："准许动车组旅客列车××次A站至B站间利用下行线反方向运行"，列车在A站2道停车。司机对LKJ进行"虚拟路票"操作，并对监控装置进行了解锁列车启动。A站发现不对后呼叫司机停车。列车停在区间，越过A站2道出站信号机251 m，构成铁路交通事故。

2. 原因分析

(1)错误将调度命令当作反方向行车凭证。根据规定："双线反方向行车及由双线改为单线或恢复双线行车须发布调度命令"，但调度命令不能作为反方向行车凭证。根据规定："双线双向闭塞设备的车站，反方向发出列车，行车凭证为出站信号机的绿色灯光""司机必须确认占用区间行车凭证及发车信号或发车表示器显示正确后，方可启动列车"。但该机班错误将调度命令当作反方向行车凭证，不确认发车信号显示，盲目启动列车，是导致此次事故的直接原因。

(2)没有进行车机联控。该机班在没有得到发车信号的情况下，没有主动联控车站确认发车进路，直接启动列车，也是导致此次事故的主要原因。

处置流程图

场景49：双线区间反方向行车时的处置

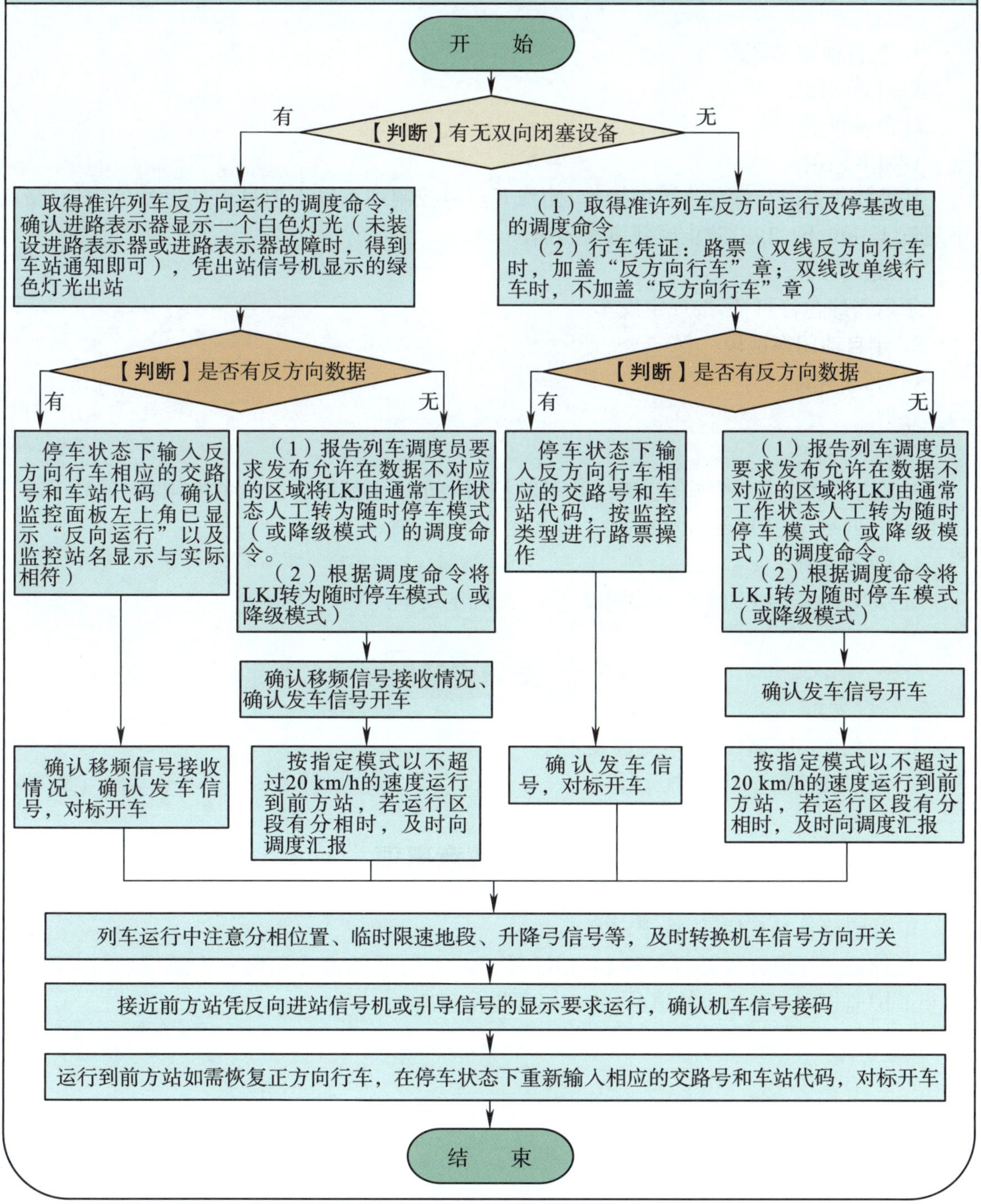

场景 50 在车站未设出站信号机的非到发线上发车时的处置

处置程序

1. 在自动闭塞区段

(1)行车凭证

绿色许可证。

(2)LKJ 操作

按监控类型进行绿色许可证操作，侧线开车时控制列车以不超过出站道岔的限速(最高不超过 45 km/h)出站，防止尾部道岔超速。

(3)运行要求

须取得绿色许可证，按规定发车。

2. 半自动闭塞区段

(1)行车凭证

路票。

(2)LKJ 操作

按监控类型进行路票操作，侧线开车时控制列车以不超过出站道岔的限速(最高不超过 45 km/h)出站，防止尾部道岔超速。

(3)运行要求

还须收到在非到发线开车的调度命令，按规定发车。

知识点解读

1. 绿色许可证监控操作：见场景 16。
2. 路票监控操作：见场景 16。

安全注意事项

1. 注意确认行车凭证，按规定发车。
2. 路票或绿色许可证行车控制，LKJ 按出站方向最低道岔侧向允许速度(最高不超过 45 km/h)监控列车通过出站道岔，防止尾部道岔超速。

处置流程图

场景50：在车站未设出站信号机的非到发线上发车时的处置

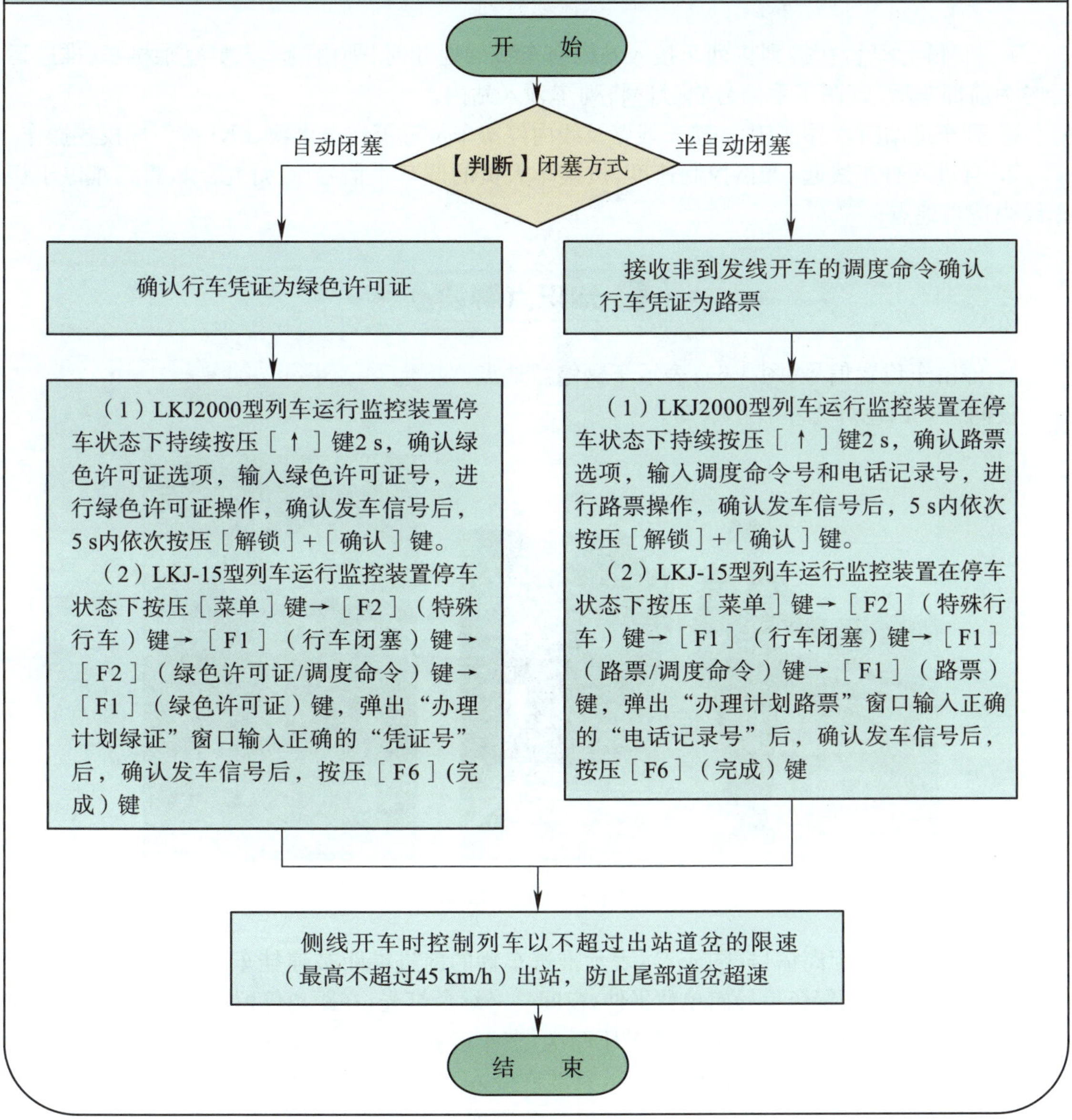

场景 51　在车站无空闲线路的情况下接车的处置

处置程序

1. 机外停车后，在接到将列车接入站内有车线的通知时，须由接车人员登乘机车(推进运行时为前部车辆)以调车手信号旗(灯)将列车领入站内。

2. 列车进站前，司机应确知接车线路及线内停留车位置等注意事项，LKJ 按引导模式操作。

3. 自进入有车线起，严格控制速度，按接车人员的调车手信号旗(灯)要求，将列车停于接车线内适当地点。

知识点解读

1. 停留车位置信号(图 4-6)：表示车辆停留地点。

夜间——白色灯光左右小摇动。

图 4-6　停留车信号

2. 十、五、三车距离信号(图 4-7)：表示推进车辆的前进端距被连挂车辆的距离。

昼间——展开的绿色信号旗单臂平伸，夜间——绿色灯光，在距离停留车十车(约 110 m)时连续下压三次，五车(约 55 m)时连续下压两次，三车(约 33 m)时下压一次。

3. 在站内无空闲线路的特殊情况下，只准许接入为排除故障、事故救援、疏解车辆等所需要的救援列车、不挂车的单机及重型轨道车。上述列车均应在进站信号外停车，由接车人员向司机通知事由后，以调车手信号旗(灯)将列车领入站内。

4. LKJ 引导模式操作：见场景 15 知识点解读。

图 4-7　十、五、三车距离信号

安全注意事项

自进入有车线起，须严格控制速度，确保安全。

处置流程图

场景51：在车站无空闲线路的情况下接车的处置

开　　始

↓

机外停车后，接到将列车接入站内有车线的通知

↓

由接车人员登乘机车（推进运行时为前部车辆）以调车手信号旗（灯）将列车领入站内

↓

列车进站前，司机应确知接车线路及线内停留车位置等注意事项，LKJ按引导模式操作

↓

自进入有车线起，严格控制速度，按接车人员的调车手信号旗（灯）要求，将列车停于接车线内适当地点

↓

结　　束

场景 52 列车不得已情况下必须需要退行的处置

处置程序

视频

列车不得已情况下必须需要退行的处置

1. 下列情况不准退行：

(1)按自动闭塞法运行时(列车调度员或后方站车站值班员确认该列车至后方站间无列车,并准许时除外)。

(2)在降雾、暴风雨雪及其他不良条件下,难以辨认信号时。

(3)一切电话中断后发出的列车(持有红色许可证通知书 1 的列车除外)。

(4)列车尾部尚未越过发车站最外方预告标或接近信号机、预告信号机被迫停车时(双线区间为邻线预告标或特设的预告标),在未得到车站值班员(列车调度员)的同意之前。

2. 在不得已情况下,列车必须退行时,车辆乘务员或随车机械师(无车辆乘务员或随车机械师时为指派的胜任人员)应站在列车尾部注视运行前方。司机将 LKJ 转入调车模式,严格控制退行速度,不得超过 15 km/h,并随时做好随时停车准备。

(1)未得到后方站(线路所)车站值班员准许,不得退行到车站的最外方预告标或预告标信号机(双线区间为邻线预告标或特设的预告标)的内方。

(2)自动闭塞区间,列车调度员同意列车退行时,按车站值班员准许退行的通知,列车可退行一个或多个闭塞分区。停车后仍凭通过信号机显示的允许运行的信号继续向前运行。

(3)列车尾部已进入进站信号机,需要后退冲坡时,司机应通知车站值班员转报列车调度员。收到停止基本闭塞法改用电话闭塞法的调度命令,凭车站值班员发给司机的出站调车通知书(写明原车次)后,即可退行。

(4)列车尾部尚未进入进站信号机,需要后退冲坡时,司机应通知车站值班员转报列车调度员,接到准许退行的通知后方可退行。

(5)列车出发尚未出清站内轨道电路须退行时,由车站按调车方式将列车接入站内。

知识点解读

1. 预告标:设在进站信号机及线路所通过信号机外方 900 m、1 000 m 及 1 100 m 处(图 4-8),但在设有预告或接近信号机及自动闭塞的区段,均不设预告标。

在双线区间,退行的列车看不见邻线的预告标时,在距站界外 1 100 m 处特设一个预告标,如图 4-9 所示。

图 4-8 预告标(单位:m)

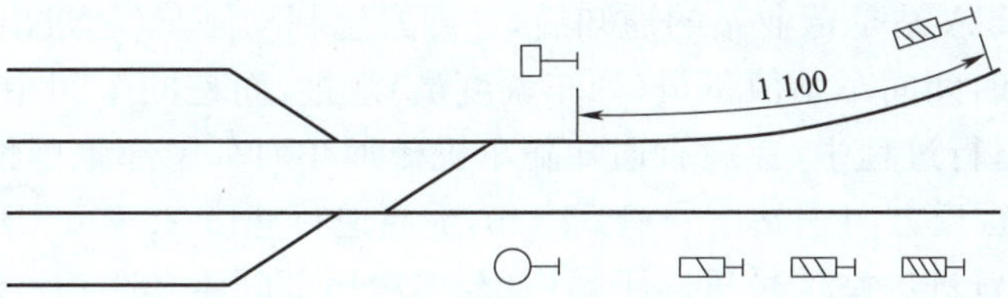

图 4-9　预告标位置(单位:m)

2. 红色许可证通知书 1 如图 4-10 所示。

许　可　证　　　　第…………号

现在一切电话中断,准许第…………次列车自…………站至…………站,本列车前于…………时…………分发出的第…………次列车,邻站到达通知已/未收到。

通　知　书

1. 第…………次列车到达你站后,准接你站发出的列车。

2. 于…………时…………分发出第…………次列车,并于…………时…………分再发出第…………次列车。

站(站名印)车站值班员(签名)

年　　月　　日填发

注:1. 红色纸,复写一式两份,司机一份,存根一份;　　(规格 90 mm×130 mm)

2. 不用的字句抹消。

图 4-10　红色许可证通知书 1

安全注意事项

1. 自动闭塞法运行时,盲目后退极易与追踪列车发生冲突。

2. 退行速度不得超过 15 km/h,电力机车退行过分相有困难时提前向列车调度员汇报按其指示办理。

事故案例

1. 事故概况

列车运行中,司机核对时刻表时,错看了非本次运行时刻,误把 A 站当成非营业站。列车进入车站Ⅰ道 66 s 后,出站信号自动触发由红灯变绿灯,司机错误判断为非营业站出站信号显示通过,导致未按规定停车,错误通过。

司机接到列车长A站是营业站的通知后，立即紧急制动停车(越过出站信号812 m)。停车后，司机没有第一时间向车站值班员(列车调度员)汇报，而是向车间主任进行汇报，并在其指示下擅自退行。退行过程中，在没有通知随车机械师在列车尾部瞭望情况下臆测超速退行708 m停车(越过上行反方向进站信号机545 m，最高退行速度25 km/h)，造成下行进站信号关闭，导致后续列车冒进进站信号机停于站内(与本次尾部间距961 m)，构成铁路交通事故。

2. 原因分析

(1)值乘指导司机违反"遵守列车运行图规定的运行时刻和各项允许及限制速度"的规定，核对时刻表时发生错误，将A站停车营业误认为通过。

(2)值乘指导司机违反"将列车运行中发生的问题及使用紧急制动装置的情况，及时报告列车调度员"的规定，出站后，被列车长喊停在区间，没有第一时间向列车调度员汇报，而是给车间主任汇报。

(3)值乘指导司机违反"在不得已情况下，列车必须退行时，车辆乘务员或随车机械师应站在列车尾部注视运行前方""下列情况列车不准退行：按自动闭塞法运行时(列车调度员或后方车站值班员确认，该列车至后方站间无列车、并准许时除外)""列车退行速度不得超过15 km/h""未得到车站值班员准许，不得退行到车站最外方预告标或预告信号机的内方"的规定。在没有得到列车调度员准许、没有通知随车机械师在列车尾部进行瞭望的情况下擅自退行且退行至站内，退行速度最高达到25 km/h。

处置流程图

场景52：列车不得已情况下必须需要退行的处置

开　始

【报告】向车站值班员汇报退行原因、并通知车辆乘务员或随车机械师；

【确认】确认停车地点、线路坡度、分相或禁停区；未得到车站准许，不得退行

下列情况下不准退行：

（1）按自动闭塞法运行时（列车调度员或后方站车站值班员确认该列车至后方站间无列车，并准许时除外）。

（2）在降雾、暴风雨雪及其他不良条件下，难以辨认信号时。

（3）一切电话中断后发出的列车（持有红色许可证通知书1的列车除外）。

（4）列车尾部尚未越过发车站最外方预告标或接近信号机、预告信号机被迫停车时（双线区间为邻线预告标或特设的预告标），在未得到车站值班员（列车调度员）的同意之前

处置情况

- 列车尾部已进入进站信号机，需要后退冲坡 → 司机应通知车站值班员转报列车调度员。收到停止基本闭塞法改用电话闭塞法的调度命令，凭车站值班员发给司机的出站调车通知书（写明原车次）后，即可退行
- 列车尾部尚未进入进站信号机，需要后退冲坡时 → 司机应通知车站值班员转报列车调度员，接到准许退行的通知后方可退行
- 自动闭塞区间停车需退行时 → 列车调度员同意列车退行时，按车站值班员准许退行的通知，列车可退行一个或多个闭塞分区。停车后仍凭通过信号机显示的允许运行信号继续向前运行
- 列车刚出发，尚未出清站内轨道电路，需退行时 → 由车站按调车方式将列车接入站内

将LKJ转入调车工作状态

车辆乘务员或随车机械师（无车辆乘务员或随车机械师时为指派的胜任人员）应站在列车尾部注视运行前方

严格控制退行速度，不得超过15 km/h，并做好随时停车准备。

未得到后方站（线路所）的车站值班员准许，不得退行到车站的最外方预告标或预告标信号机（双线区间为邻线预告标或特设的预告标）的内方

结　束

场景 53 列车在区间不得已必须分部运行时的处置

处置程序

视频

列车在区间不得已必须分部运行时的处置

1. 应报告前方站(列车调度员)。

2. 在司机手账内记明遗留车辆辆数和停留车辆位置,并填记牵引车组最末一辆车的车号。

3. 做好遗留车辆的防溜和防护工作,由副司机(无副司机时由列车调度员根据具体情况指派车站、机务、工电、车辆等铁路工作人员)在遗留车辆处按规定进行防护。

4. 防溜时,打开遗留车辆前端或后端折角塞门,在下坡方向一端车辆轮对下使用铁鞋防溜(不明时两端车轮下均使用铁鞋防溜)。挂取遗留车辆时副司机确认挂好车辆并可靠制动后,方可取出铁鞋。

5. 牵引前部车辆运行至前方站,在运行中仍按信号机的显示进行,但在半自动闭塞区间或按电话闭塞法行车时,该列车必须在进站信号机外停车(司机已报告前方站或列车调度员列车为分部运行时除外),将情况通知车站值班员后再进站。

6. 列车在所间区间分部运行时,司机应报告前方线路所的车站值班员。该列车必须在线路所通过(进站)信号机外停车(在区间内已与线路所车站值班员联系时除外),将情况通知线路所车站值班员后,再凭线路所通过(进站、出站、进路)信号机显示的允许运行的信号继续运行至前方站。

知识点解读

1. 线 路 所

线路所为无配线的分界点,一般没有到发线只设立预告和通过信号机,只办理接发列车工作(可分为有人值守和无人值守线路所)。在半自动闭塞区段,为了分隔区间提高通过能力,在比较大的站间区间,或者有去往不同方向的车站,设立线路所。在自动闭塞区段,由于区间设有通过信号机,不再设置提高通过能力的线路所,但在区间内有分歧道岔的地点,亦应设置线路所,办理列车经分歧道岔运行的作业。

2. 防溜防护

图示见场景 7 知识点解读。

3. 下列情况列车不准分部运行:

(1)采取措施后可整列运行时;

(2)对遗留车辆未采取防护、防溜措施时;

(3)遗留车辆无人看守时;

(4)司机与车站值班员及列车调度员均联系不上时;

(5)遗留车辆停留在超过 6‰坡度的线路上时。

安全注意事项

遇车辆制动主管破裂分部运行时第一次应将故障车辆带走，避免返回取挂遗留车辆时因制动主管漏泄无法运行影响救援。

事故案例

1. 事故概况

HXD_1 型电力机车担当货物列车值乘任务，列车运行至区间时，机班发现列车管压力异常，列车异常降速，查询列尾风压（430 kPa）达不到定压，司机采取常用制动停车措施，停于区间（11.9‰的大上坡道），停车后查询风压语音提示列车管压力为 0，机班立即向车站和指导台汇报，随后司机下车检查后部车辆是否有分离和其他异常情况；经检查列车完整，向车站请求救援。在等待救援的过程中检查机车制动系统无异常后又向车站取消救援，试做一次起车无效后，停车再次向车站请求救援。后机班分部关闭列车管折角塞门检查车辆，发现第 23 位车辆列车主管裂开漏风严重，再次将情况向车站汇报情况，同时故障车辆进行关门车处置。调度所要求列车后部救援分部运行。

2. 原因分析

车辆制动主管因材质问题运行中发生破裂大漏，列车停于 11.9‰的大上坡道检查排查故障点困难，且超过 6‰坡度的线路上遗留车辆不能无动力停留，调度安排尾部救援分部运行，因自闭区间有后续列车造成救援时间过长。

处置流程图

场景53：列车在区间不得已必须分部运行时的处置

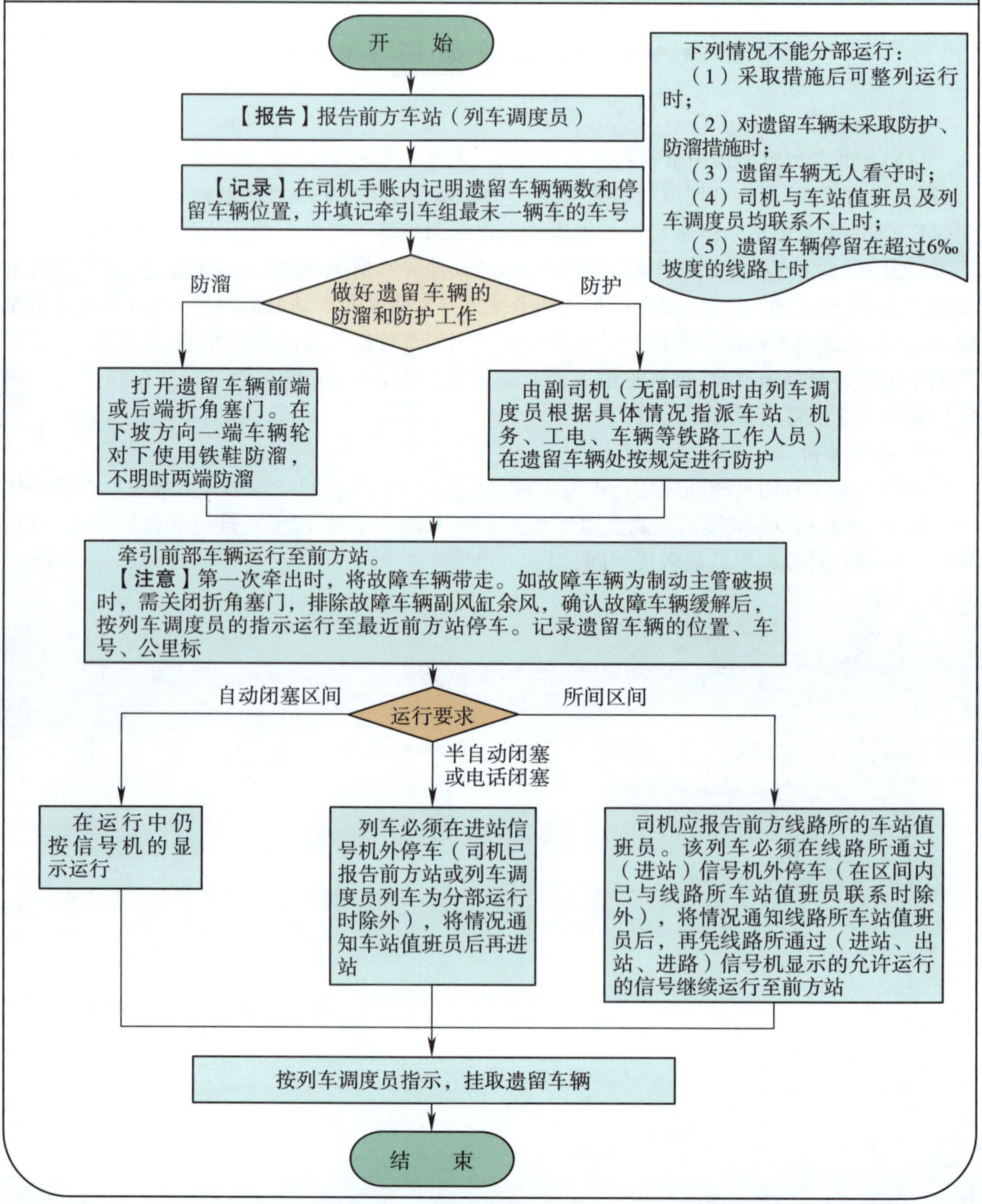

场景 54　列车在站内停车后需移动的处置

处置程序

1. 旅客、军用列车进站停车后，不得移动。必须移动时，凭助理值班员通知司机或显示向前移动的手信号，使列车向前移动。

2. 办理客运业务的动车组列车因故未完全停靠站台后，司机要立即向列车调度员（车站值班员）报告停车情况，并不得打开车门（对车门集控开关未设置在司机室的动车组列车，司机应首先通知随车机械师不得打开车门，机械师在未得到司机准许打开车门的通知前不得打开车门）。在停车原因消除后，司机应起动列车，将列车停靠至规定位置。如需退行时，列车调度员发布列控车载设备转入隔离模式的调度命令（LKJ 控车区段除外）。

3. 动车组以外的旅客列车停靠办客站未完全停靠站台时，立即向车站值班员报告停车原因及机车状态，未得到车站值班员的允许不得动车。

4. 货物列车未整列进入接车线停车时，凭车站值班员列车无线调度通信设备通知向前移动列车。

知识点解读

1. 指挥机车移动的手信号

（1）指挥机车向显示人方向来的信号（图 4-11）：昼间——展开的绿色信号旗在下部左右摇动；夜间——绿色灯光在下部左右摇动。

图 4-11　指挥机车向显示人方向来

（2）指挥机车向显示人方向稍行移动的信号（图 4-12）：昼间——拢起的红色信号旗直立平举，再用展开的绿色信号旗左右小动；夜间——绿色灯光下压数次后，再左右小动。

（3）指挥机车向显示人反方向去的信号（图 4-13）：昼间——展开的绿色信号旗上下摇动；夜间——绿色灯光上下摇动。

图 4-12　指挥机车向显示人方向稍行移动

图 4-13　指挥机车向显示人反方向去

(4)指挥机车向显示人反方向稍行移动的信号(图 4-14):昼间——拢起的红色信号旗直立平举,再用展开的绿色信号旗上下小动;夜间——绿色灯光上下小动。

图 4-14　指挥机车向显示人反方向稍行移动

2. 列控车载设备转入隔离模式

隔离模式是列控车载设备控制功能停用的模式。列车停车后,根据列车调度员的许可,司机操作隔离装置使列控车载设备转入隔离模式。

安全注意事项

动车组以外的旅客列车停靠办客站未完全停靠站台时,立即向车站值班员报告停车原因及机车状态,未得到车站值班员的允许不得动车,防止发生旅客伤亡。

事故案例

1. 事故概况

某旅客列车在机外停车转进站停车，进站后机班第三次才呼叫到车站，车站回答：列车 7 道停车，此时司机忘记输入股道号码，学习司机也未做好呼唤互控，距出站信号机还有 185 m 时，监控装置动作停车，导致列车尾部压标，构成铁路交通事故。

2. 事故原因

(1)机班主观控制意识不强，在两次呼叫车站未应答，第 3 次才应答的情况下，没有牢记当前的主要工作是输入股道号，以致忘记输入。

(2)应变能力差，在列车进入 7 道北向站台后发现距离数据不对，只有 500 m，列车不可能一次停到位的情况下，未及时检查确认可能存在的问题：股道号码是否输入或输入是否正确？而是忙于问指导司机"数据怎么不对"和联系运转车长确认尾部过标(其实尾部不可能过标)，直至自停动作压标停车。

处置流程图

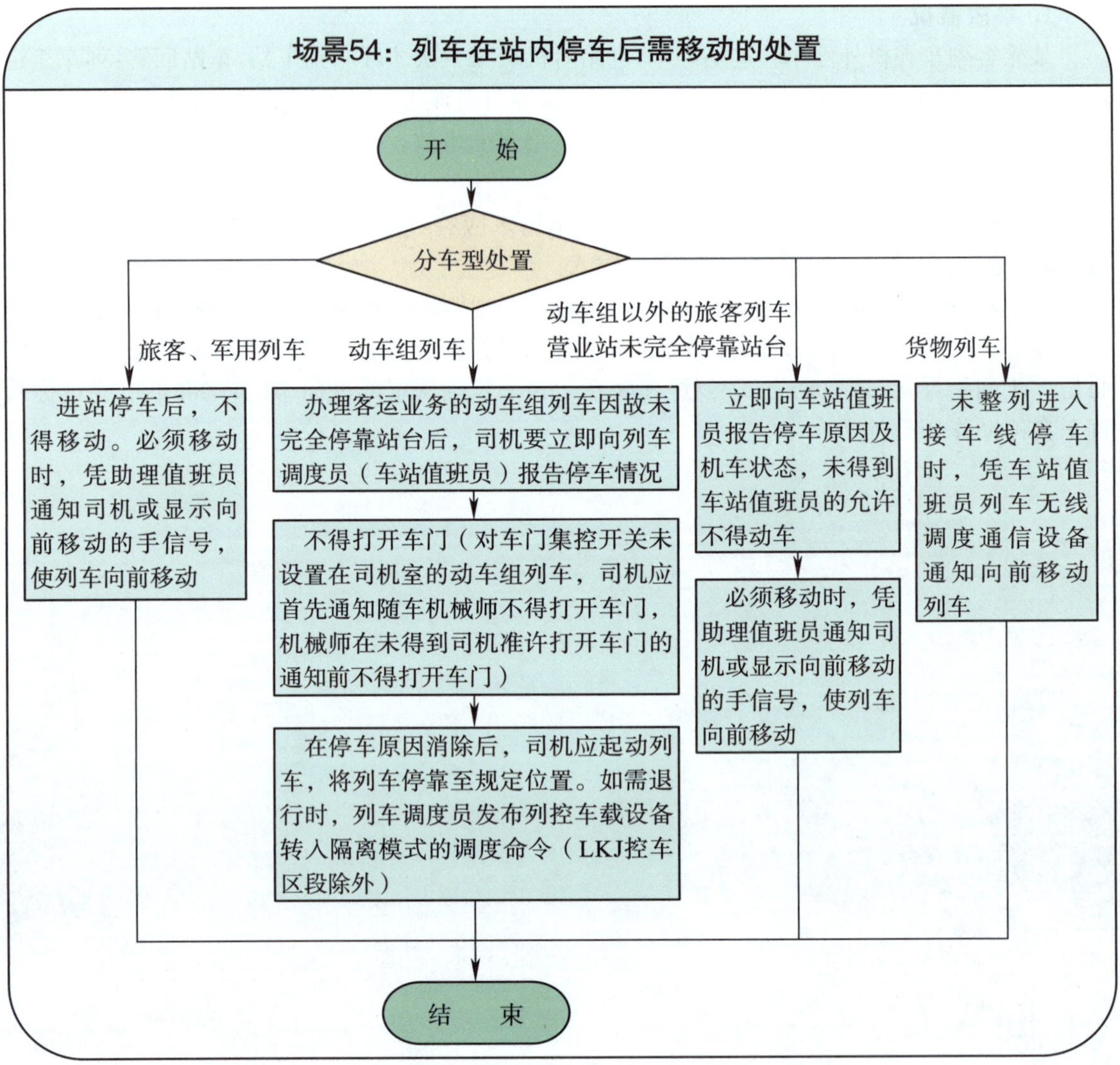
场景54：列车在站内停车后需移动的处置
开 始
分车型处置
旅客、军用列车
动车组列车
动车组以外的旅客列车
营业站未完全停靠站台
货物列车
进站停车后，不得移动。必须移动时，凭助理值班员通知司机或显示向前移动的手信号，使列车向前移动
办理客运业务的动车组列车因故未完全停靠站台后，司机要立即向列车调度员（车站值班员）报告停车情况
不得打开车门（对车门集控开关未设置在司机室的动车组列车，司机应首先通知随车机械师不得打开车门，机械师在未得到司机准许打开车门的通知前不得打开车门）
在停车原因消除后，司机应起动列车，将列车停靠至规定位置。如需退行时，列车调度员发布列控车载设备转入隔离模式的调度命令（LKJ控车区段除外）
立即向车站值班员报告停车原因及机车状态，未得到车站值班员的允许不得动车
必须移动时，凭助理值班员通知司机或显示向前移动的手信号，使列车向前移动
未整列进入接车线停车时，凭车站值班员列车无线调度通信设备通知向前移动列车
结 束

场景 55　单机进入区间担当救援作业的处置

处置程序

1. 行车凭证

向封锁区间发出救援列车时，以列车调度员的命令，作为进入封锁区间的许可。当列车调度电话不通时，以车站值班员的命令作为进入封锁区间的许可。

2. LKJ 操作

视频

单机进入区间担当救援作业的处置(反方向进正方向出)

(1)自动闭塞区间反方向救援，正方向返回车站时

①输入救援车次号码、反方向行车相应的监控交路和车站号，“列车类型”选择“货车”，“车速等级”选择“其他”，输入“40”的限速值(机车在高速铁路担当救援动车组时选择“80 km/h”)，在对标开车后停车进入调车(无反方向数据时直接进入调车模式)，再以调车模式进入封锁区间，距救援地点 2 km 时严格控制速度，以瞭望距离内能够随时停车的速度，最高不超过 20 km/h 继续运行。电力机车过分相困难时可适当提高速度。

②正方向返回时，输入返回的救援车次号码、列车编组，将移频行别开关转换至与线别相同方向，使 LKJ 处于调车模式。

视频

单机进入区间担当救援作业的处置(正方向进反方向出)

(2)自动闭塞区间正方向救援，反方向返回车站时

①输入救援车次号码、监控交路和车站号，“列车类型”选择“普通货车”，“车速等级”选择“其他”，输入“40”的限速值(机车在高速铁路救援动车组时选择“80 km/h”)，以通常模式进入封锁区间，距救援地点 2 km 时停车，将 LKJ 转入调车模式，以瞭望距离内能够随时停车的速度，最高不超过 20 km/h 继续运行。遇担当救援始发站设有进路信号机和总出发信号机时，在开车对标操作后，运行至前方进路信号机和总出站信号机前停车，逐一进行 LKJ 绿色许可证操作，输入虚拟绿色许可证“99”，按 LKJ 监控类型进行相应“解锁”操作。

视频

单机进入区间担当救援作业的处置(半自动及自动站间闭塞间救援时)

②反方向返回时，输入返回的救援车次号码、列车编组，将移频行别开关转换至与线别相同方向，使 LKJ 处于调车模式。

(3)半自动闭塞区间及自动站间闭塞区间救援时

输入救援车次号码、监控交路和车站号，以调车模式进入封锁区间。返回时，输入返回的救援车次号码、列车编组，将移频行别开关转换至与运行方向一致位置，使 LKJ 处于调车模式。

视频

单机进入区间担当救援作业的处置(救援被救援列车不足2 km)

(4)救援机车距被救援列车或车列距离不足 2 km 时

输入救援车次号码、监控交路和本站车站号，以调车模式连挂被救援的列车。返回时，输入返回车次号码、列车编组，将移频行别开关转换至与线别相同方向，使 LKJ 处于调车模式。

3. 运行要求

(1)机车担当救援任务，进入封锁区间及牵引列车返回车站，最高运行速度不得超过 40 km/h，通过临时限速地段注意控速。

(2)接到救援命令后,核对区间"长短链"情况,计算与被救援列车的距离,记录在司机手账上。

(3)在接近救援命令注明的被救援列车或车列地面距离 2 km 时,要严格控制速度,同时,使用列车无线调度通信设备与请求救援的机车司机进行联系,或以在瞭望距离内能够随时停车的速度运行,最高不得超过 20 km/h,在防护人员处或压上响墩后停车,联系确认,并按要求进行作业。

(4)连挂被救援列车或停留车列后,应按被救援列车种类调整好列车制动管压力,连挂后进行简略试验,有列尾且具备条件时重新建立"一对一"关系,确认列车贯通状态良好。

(5)装有防撞土挡装置、STP 装置、调防系统的机车担当救援时,开车前须关闭或切除防撞土挡装置、STP 装置及调防系统。

(6)区间开车前与被救援列车司机联系,确认列车完整和防溜已撤除后开车,返回车站时应按进站信号显示或引导信号进站。

知识点解读

1. 长 短 链

长链是因局部改线或分段测量等原因造成的桩号不相连时,桩号重叠的部分。短链是因局部改线或分段测量等原因造成的桩号不相连时,桩号间断的部分。"链"是指铁路上的里程桩号。

2. 监控绿色许可证解锁操作

监控绿色许可证"解锁"操作见场景 16。

3. 防撞土挡装置

机车防撞土挡装置是卡控机车在站场调车作业安全,防止冲出土挡、侵入其他线路的重要设备,适用于牵出线、专用线及其他可能引起挤岔或侵入邻线的地点,是调车安全装备的重要组成部分。防撞土挡装置接收的地面点式信号接入机车 LKJ 装置,通过 LKJ 预先设置的控制模式实现限速、语音提示、停车控制、记录功能,从而起到安全防护作用。

机车防撞土挡装置由车载部件和地面部件两部分组成。地面部件是安装在防护地点钢轨旁边的 TDH1A 型点式信号,车载部件包括 TJQ7A 型感应器、TJX7A 型土挡接线盒、专用连接线缆、解锁按钮等。防撞土挡装置系统组成结构如图 4-15 所示。

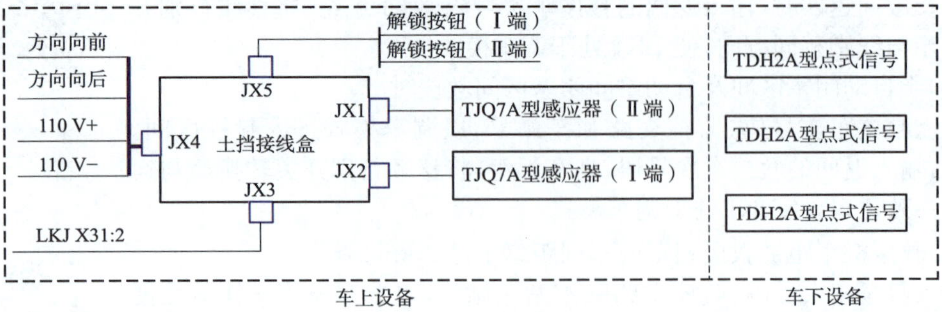

图 4-15 防撞土挡装置系统组成结构

防撞土挡装置系统原理:当安装在机车上的感应器经过地面点式信号装置时,线圈切割永磁磁钢发出的磁力线产生一个电压脉冲信号(脉冲信号的宽度、幅度与线圈切割的速度有关),脉冲信号经过土挡接线盒的转换,变成 LKJ2000 型列车运行监控装置能接收的信号,

LKJ 装置(经过软硬件改造过的)识别点式信号后进行防撞土挡的控制，防撞土挡装置系统原理如图 4-16 所示。

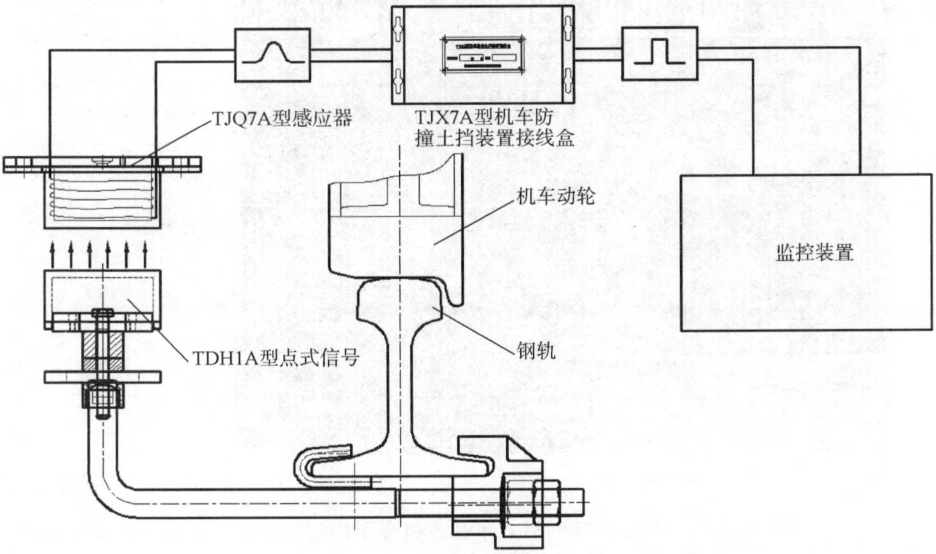

(a) 装置原理

(b) 感应器安装实物

图 4-16　防撞土挡装置系统原理

4. STP 装置

无线调车机车信号和监控系统简称为 STP，包括装设于机车上的车载主机、车载电台天线、打印机和地面的机柜、电台天线、车务终端、电务维护终端等设备。相关设备有查询主机、查询天线、无源应答器等。

STP 装置控制原理：STP 将车站联锁信息、调车作业管理信息(调车作业通知单)通过无线通信传输方式传送到机车车载设备上，在机车上实时显示调车信号、调车进路、调车作业通知单、距防护信号距离、限速等信息，并实现超速防护控制。STP 通过地面应答器实现机车入网定位和退网功能，机车在受控状态下通过集中区(处于 STP 控制范围内的区域)的地面信号机时，会自动修正距离显示，STP 车载主机显示内容如图 4-17 所示。

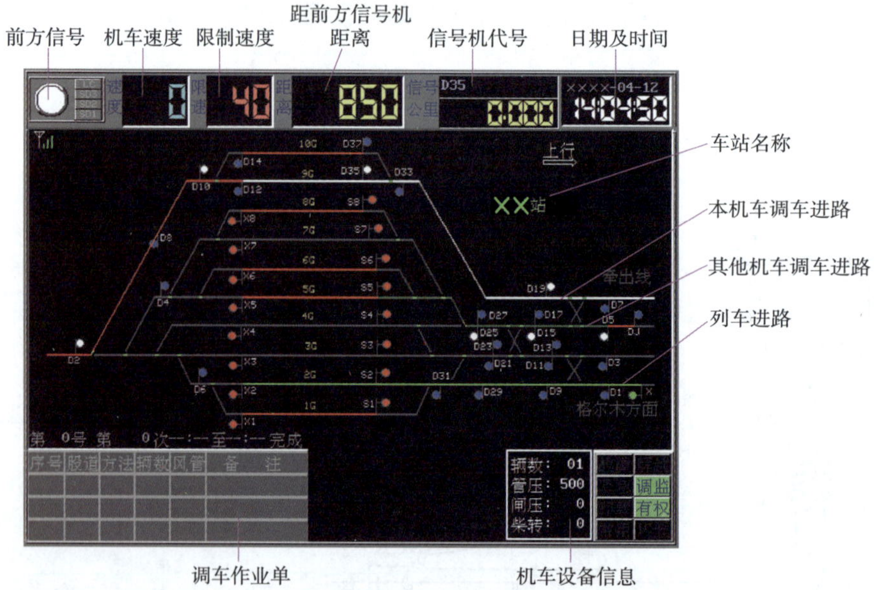

图 4-17　STP 车载主机显示内容

5. 调防系统

机车调车作业安全防控系统是针对铁路机车调车作业时，完全处于人控状态，在调车作业过程中存在一些安全隐患，为解决：无凭证越出站界，尽头线、牵出线、机待线等撞上土挡，机车压上固定脱轨器，电力机车越过接触网终点标、电力机车在接触网禁止停车区间停车等上述安全隐患；一种基于卫星定位、结合 LKJ 调车模式安全防控的“机车调车作业安全防控系统”。

调防系统由地面设备、车载设备、后台设备三部分组成，如图 4-18 所示。

地面设备：主要由地基参考站组成，用于接收北斗、GPS、GLONASS 定位卫星定位数据。

车载设备：主要由车载移动端组成，安装在机车上，通过定位数据结合地面测绘数据执行防控动作。

后台设备：主要由服务器和管理台组成。服务器用于数据存储及计算处理；管理台用于对系统进行远程管理和维护。

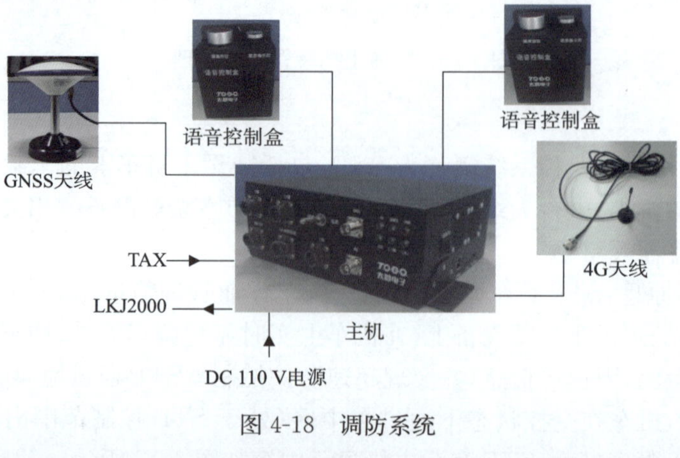

图 4-18　调防系统

机车调车作业安全防控系统车载设备由车载移动端主机、语音控制盒 1、语音控制盒 2、GNSS 天线、4G 天线及连接电缆组成。与司机操作有关的设备：车载主机和语音控制盒。

安全注意事项

1. 单机救援前必须确认凭证正确。因救援时监控要使用调车模式，装有防撞土挡装置、STP 装置、调防系统的机车担当救援时，开车前须关闭或切除防撞土挡装置、STP 装置及调防系统防止误动作耽误救援。

2. 注意确认被救援列车位置，注意上下行线别、长短链、枢纽地区里程位置，位置不清不得动车。

3. 救援列车返回车站监控装置均是调车模式无防止冒进功能，遇弯道、隧道等瞭望不良时应适当降低速度认真确认进站凭证防止冒进，机车信号移频行别开关转换至与线别相同方向协助确认进站凭证。

4. 带有弹停（储能）制动的被救援机车，如进行了无动力回送处置应按规定进行滚动试验。

事故案例

1. 事故概况

DF_{4B} 型内燃机担当货物列车牵引任务，列车在区间因机车故障停车。按列车调车员指示利用车站停留的货物本务单机开行单机到 A 站担当救援任务，当救援单机运行至被救援机车处，与被救援列车本务机车冲撞。经救援，中断行车约 5 h，构成铁路交通事故。

2. 原因分析

（1）有章不循、违章蛮干。①故障机车司机没有按照规定要求在救援列车开来方向不小于 300 m 处防护，只忙于故障处理，未在停留机车前采取防护措施，导致救援机车未在接近停留列车前防护地点停车。②救援机车司机违反规定，运行至距救援地点 2 km 时速度未控制在 20 km/h 以下。当救援机车在 68 km/h 速度时，发现停留列车使用紧急制动后走行 137 m 与停留机车冲突，是造成事故的直接原因。

（2）机车发生故障后，因柴油机停机，监控装置和无线列调无电，实际停车地点在 K105＋500，司机根据地面半公里标，误认为停在 K106＋500，盲目使用手持电台向车站报告，停车地点与实际地点相差 K1＋19，是导致事故的重要原因。

（3）救援机车司机违反担当救援任务的列车（单机）进入救援区间时，监控装置均按调车模式使用的规定，实际监控装置未使用调车模式，导致监控不能有效控制速度。

处置流程图

场景55：单机进入区间担当救援作业的处置

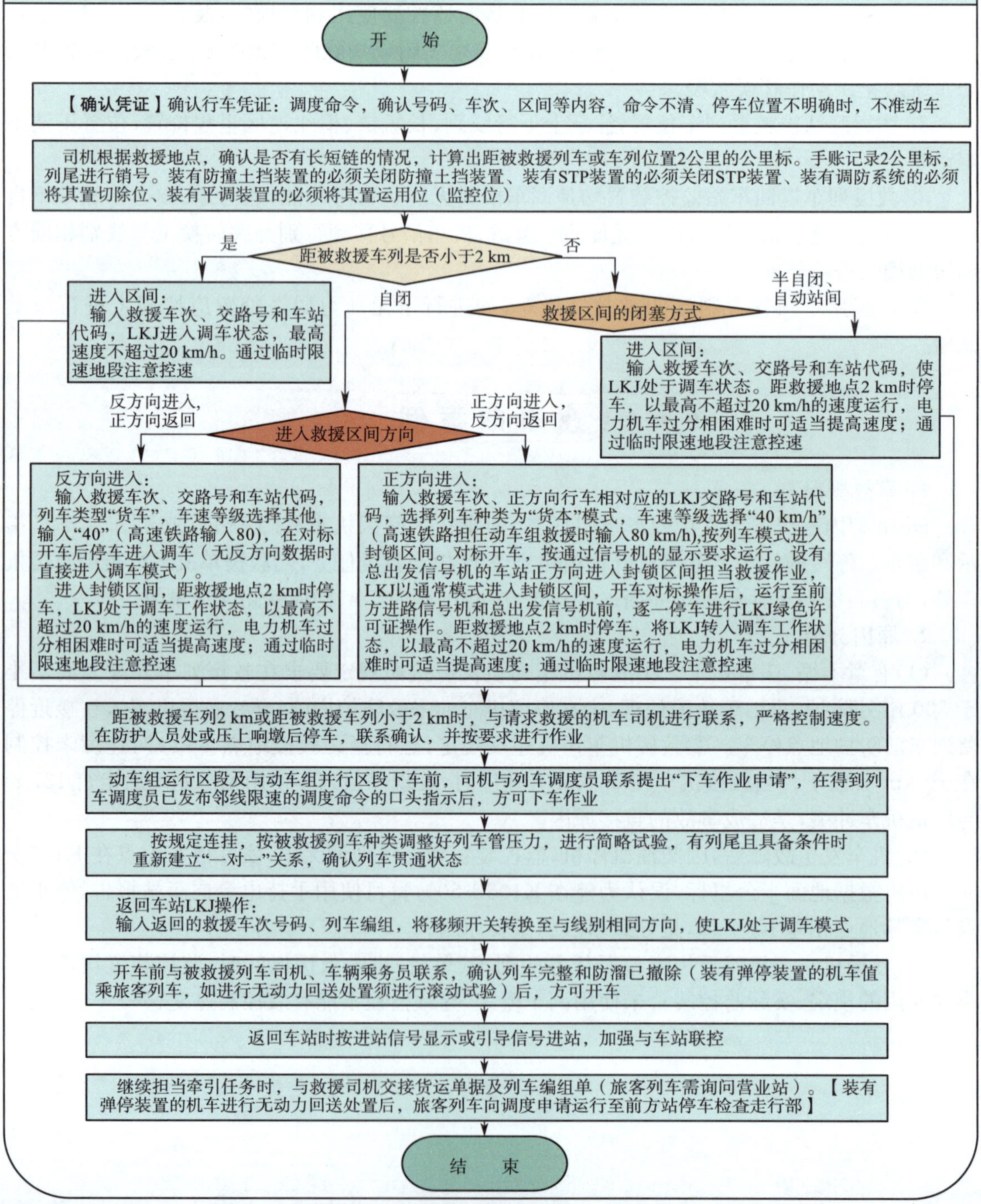

场景 56　担任路用列车在区间卸料的安全事项

处置程序

1. 确认列车进入封锁区间的行车凭证为调度命令。调度命令中应包括列车车次、停车地点、到达车站的时刻等有关事项，需限速运行时在命令中一并注明。

2. 进入施工地段时，应在施工防护人员显示的停车手信号前停车，根据施工负责人的要求，按施工负责人的信号将列车停于指定地点。

3. 根据情况打开头灯、尾灯以利作业安全。司机在确认施工负责人发车（动车）信号后，才能缓解开车或移动车辆。

4. 卸车完毕后，与尾部值乘人员试风后（装有列尾装置的列车，由司机试风），凭施工负责人发车信号动车。

5. 在区间不准将机车与车辆摘离。片石不得边走边卸，石碴、炉碴、河砂准许以 5 km/h 以下速度边走边卸，风动卸碴车卸碴运行速度应控制在 8～15 km/h。

6. 路用列车在封锁区间作业时，相互之间必须保持 30 m 及以上安全距离。推进运行时，必须严格执行推进运行的规定。

7. 路用列车跨越站界施工、维修作业时，注意确认调度命令内容的封锁范围，凭调度命令在封锁线路上移动，不受封锁范围内进出站（进路）、调车信号的限制。如封锁范围仅在区间时，进站必须按进站信号机的显示要求运行。

8. 路用列车两端均挂有机车时，往返运行时，由运行前端的机车担当本务机车。

9. 担当长轨作业时，必须将长轨揭示录入 LKJ。

知识点解读

1. 停车手信号（图 4-19）：要求列车停车。

图 4-19　停车手信号

昼间——展开的红色信号旗，夜间——红色灯光。

昼间无红色信号旗时，两臂高举头上向两侧急剧摇动；夜间无红色灯光时，用白色灯光上下急剧摇动，如图 4-20 所示。

图 4-20 停车手信号(无红色信号时)

2. 区间卸料调度命令如图 4-21 所示。

调度命令 第 1 页,共 1 页

××××年 04 月 25 日 07 时 58 分 第 228825 号

受令处所	A 站,A 站交施工负责人及交 Y 次司机,C 城	调度员姓名	甲××
		复诵人	
		阅读时刻(签名)	
内容	A 站至 B 所间上行线因施工,自接令时起区间封锁,限 10 时 58 分施工完毕。 准许工务段在 K262+600 至 K259+700 处施工。 准许 A 站开 Y 次列车,进入区间 K262+652 处停车,按施工负责人的指示进行作业,返回开 X 次列车,限 10 时 56 分前到 A 站。 长轨列车运行及卸料作业条件:最高运行速度不得超过 80 km/h。牵引机车与长轨车连挂速度不得超过 5 km/h。要求平稳起动、运行和停车,整列运行,禁止通过驼峰和溜放作业,禁止解体。在经过 300~500 m 半径曲线时,运行速度不得超过 45 km/h;在经过 300 m 及以下半径曲线或侧向通过 9 号及以下道岔时,运行速度不得超过 25 km/h。在不危及列车运行安全的情况下,禁止使用紧急制动。卸长轨作业时的限速条件按卸轨负责人的指示办理(长轨车推进运行时,尾部有值乘人员并装有紧急制动阀,携带列车无线调度电话)。		

打印时间:××××年 4 月 25 日 08 时 00 分 受令车站:A 车站值班员:乙××

(a)

调度命令 第 1 页,共 1 页

××××年 08 月 30 日 23 时 22 分 第 228838 号

受令处所	A,B,A 东站交施工负责人及交 X 次司机	调度员姓名	丙××
		复诵人	
		阅读时刻(签名)	
内容	A 东站(含Ⅲ道及 18、16、10 号道岔)至 B 站(含Ⅰ道及 3、9、15、23 号道岔)间下行线因施工,自接令时起封锁,限 2 时 10 分施工完毕。 准许工务段在 K186+710 至 K220+750 处施工; 准许 A 东站开 X 次列车进入封锁线路 K186+710 至 K220+750 处按施工负责人的指示进行作业,限 2 时 08 分前到 B 站Ⅰ道。		

打印时间:××××年 8 月 30 日 23 时 22 分 受令车站:A 东 车站值班员:丁××

(b)

图 4-21 区间卸料调度命令

3. 推进运行的规定：

指挥机车推进运行时要不间断给司机显示信号，昼间——展开的绿色信号旗左右摇动；夜间——绿色灯光左右摇动。推送车辆运行前必须试拉。当天气恶劣瞭望困难时，除救援列车外，禁止列车推进运行。发往区间进行装卸作业的路用列车，施工（或装卸料）单位应指派胜任人员携带列车无线调度通信设备（须推进运行且编组辆数在 6 辆及以上时，还应安装简易紧急制动阀）值乘于列车尾部。推进运行时，不准超过 30 km/h。

安全注意事项

1. 两列及以上路用列车进入同一封锁区间时，各次列车一度停车地点相互之间必须保持不少于 800 m 的安全距离，停车后，根据施工负责人的指示移动。

2. 长轨车运行中不危及列车运行安全的情况下，禁止使用紧急制动，防止长轨位移造成后果。

3. 路用列车凭调度命令在封锁线路上移动，不受封锁范围内进出站（进路）、调车信号的限制，车站除发车外不需办理其他接发车作业。

4. 路用列车两端均挂有机车时，车站应向列车两端机车司机分别交付进入区间的调度命令。

5. 车站向封锁区间发出路用列车时，车站应开放调车信号锁闭发车进路（开放的调车信号不作为进入区间的凭证）。无法开放调车信号锁闭发车进路时，单操道岔准备进路并将进路上的所有道岔单独锁闭（控制台有接通光带功能时，须接通光带确认进路准备正确），会同驻站联络员确认无误后通知司机；车站使用手信号或列车无线调度通信设备发车后，司机方可根据施工负责人的指示动车。

6. 路用列车在区间作业时，不得无动力停留机车车辆。

7. 司机应按施工负责人信号将列车停于指定地点，对好货位，并根据情况打开头灯、尾灯以利作业安全。司机确认施工负责人发车（动车）信号后，才能缓解开车或移动车辆。

8. 卸车完毕后，卸车负责人应对列车两侧的卸料情况进行检查，在确认不侵入限界、堆放稳固、车门关好、车内余料不偏重、偏载后，通知尾部值乘人员试风、施工负责人发车（装有列尾装置的列车，由司机试风）。

9. 电气化区间装卸作业需停电时，须在装卸作业计划中注明，按规定办理停电、验电、接地后方可作业。列车调度员发布区间装卸车的调度命令应发给车站值班员、司机、装卸车负责人。管内各线，区间接触网最低高度不能满足作业人员所持工具与带电接触网 2 m 的安全距离时，必须停电后，方可进行卸车。采用电力机车牵引列车进入区间进行装卸车时，列车到达装卸车地点停车后，司机根据施工负责人的通知降弓。装卸车完毕后，司机根据施工负责人的通知升弓。

事故案例

1. 事故概况

DF_{4B} 型内燃机车担任长轨车卸长轨作业，由于机车乘务员没有认真核对和错误理解调度命令，臆测行车，导致列车越出封锁范围，越过关闭的信号机、挤坏道岔后又盲目退行，造成机车后台车及机后第 1 位宿营车 2 位台车脱轨，构成铁路交通事故。

2. 原因分析

(1)机车乘务员没有认真核对和错误理解调度命令，臆测行车，导致列车越出封锁范围，越过关闭的信号机、挤坏道岔后又盲目退行造成机车后台车和机后宿营车 2 位台车脱轨，是造成此次事故的主要原因。

(2)调度所列车调度员发布的调度命令与施工日计划和施工请求的内容不一致，且调度命令格式不规范，施工封锁范围等内容表述不准确，是造成此次事故的重要原因。

处置流程图

场景56：担任路用列车在区间卸料的安全事项

开　始

【确认凭证】确认列车进入封锁区间的行车凭证为调度命令。调度命令中应包括列车车次、停车地点、到达车站的时刻等有关事项，需限速运行时在命令中一并注明。担当长轨作业时，必须将长轨揭示录入LKJ

进入施工地段时，应在施工防护人员显示的停车手信号前停车，根据施工负责人的要求，按施工负责人的信号将列车停于指定地点

根据情况打开头灯、尾灯以利作业安全。司机在确认施工负责人发车（动车）信号后，才能缓解开车或移动车辆

【作业要求】

（1）在区间不准将机车与车辆摘离；

（2）片石不得边走边卸，石碴、炉碴、河砂准许以5 km/h以下速度边走边卸，风动卸碴车卸碴运行速度应控制在8～15 km/h；

（3）路用列车在封锁区间作业时，相互之间必须保持30 m及以上安全距离；

（4）推进运行时，必须严格执行推进运行的规定

卸车完毕后，与尾部值乘人员试风后（装有列尾装置的列车，由司机试风），凭施工负责人发车信号动车。

路用列车两端均挂有机车时，往返运行时，由运行前端的机车担当本务机车

根据封锁范围确认进站凭证

跨越站界：路用列车跨越站界施工、维修作业时，注意确认调度命令内容的封锁范围，凭调度命令在封锁线路上移动，不受封锁范围内进出站（进路）、调车信号的限制

仅在区间：如封锁范围仅在区间时，进站必须按进站信号机的显示要求运行

结　束

场景 57 机车无动力附挂时的处置

处置程序

1. 机车无动力附挂运行时，机车乘务员必须向段应急处置指导台汇报，听取指导意见。

2. 机班按指导台提示和作业指导书步骤进行操作处置制动机、弹停装置、电气设备、无火回送装置等，由附挂司机处置、副司机确认。

3. 通知本务司机进行制动试验，附挂司机确认相应单元制动器（人力制动机）作用良好，与本务机车制动、缓解一致。

4. 附挂处置完毕后，如再次进行电钥匙、制动系统、停放制动塞门（或弹停塞门）等操作时，必须重新进行无动力回送处置和检查确认。

5. 机车途中站停时对机车走行部检查。

6. 本务机车或前位机车需与无动力附挂机车摘开时，必须通知附挂机车，附挂机车恢复机车牵引条件或采取有效防溜措施后，通知前位机车，前位机车方可进行摘挂作业。

7. 途中机车走行部及制动系统等影响运行安全的部件故障需救援，经处置妥当后附挂至前方站甩车。

知识点解读

1. 恢复机车牵引条件：一般指闭合蓄电池开关、开启 LKJ、升弓或启机、空压机工作、总风缸压力达到定压、机车处于制动状态、具备自走行条件。

2. 停放制动塞门（或弹停塞门）动作原理如图 4-22 所示。

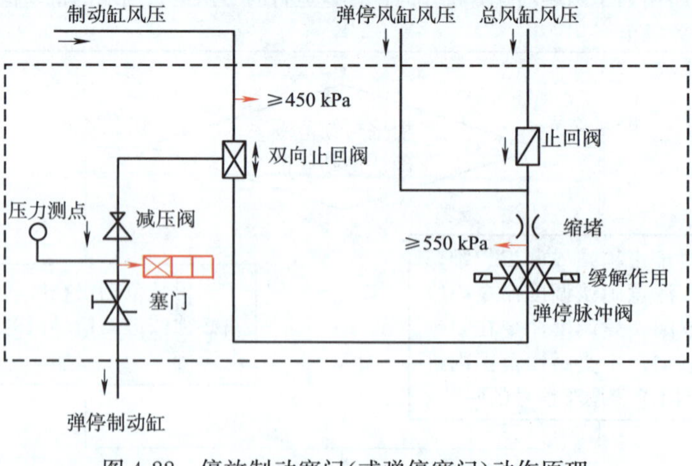

图 4-22 停放制动塞门（或弹停塞门）动作原理

3. 操纵弹停的逻辑关系：

(1)司机通过位于操作台的弹停按钮可以对停放制动进行控制。按下［弹停按钮］（红色键)，脉冲电磁阀的作用电磁阀得电，于是停放制动缸制动；按压[缓解]键(绿色键)，脉冲电磁阀的缓解电磁阀得电，于是停放制动缓解。

(2)关闭机车控制钥匙时，脉冲电磁阀的作用电磁阀得电，于是停放制动缸制动。

(3)在发生供电故障的情况下，也可以使用脉冲电磁阀的手动装置对停放制动装置进行手动操作。在系统无风的情况下，可以使用停放制动单元的手动缓解装置(位于制动缸夹钳上)缓解停放制动。手动缓解后，不能再次实施停放制动。如果需要重新实施停放制动，必须使系统总风压力达到 550 kPa 以上，方可实施停放制动。

(4)设置了停放制动和空气制动的联锁，防止制动力叠加，即当制动缸充风制动时≥450 kPa，自动缓解停放制动缸。

4. 停放制动装置的控制关系：

机车在正常运行过程中，制动缸风压为 0，弹停风缸及总风缸压力为 900 kPa，弹停脉冲阀处于“缓解”位，塞门开放，弹停制动缸中压力为 550 kPa。

(1)当机车缓解时，气路流向顺序为：

总风缸风压→止回阀→缩堵→弹停脉冲阀→双向止回阀→减压阀→塞门→弹停制动缸。此时弹簧停车装置处于缓解状态。

(2)当机车停放时，气路流向顺序为：

弹停制动缸→塞门→减压阀→双向止回阀→弹停脉冲阀→大气。弹停施加。

5. 滚动试验方法及要求：见场景 30。

安全注意事项

机车无动力回送处置程序错误或处置完后再次进行了操作，必须确认相关部件、塞门作用正常，如不正常必须恢复初始状态后，再次按步骤进行无动力回送处置，防止机车抱闸运行。

事故案例

1. 事故概况

电力机车担任单机专列附挂任务，单机专列(5 台机车附挂)到达车站Ⅰ道停车，按照调度所安排，将第五位 HXD_3 型电力机车甩下担当 3 道保留列车的牵引任务。由于机车司机没有确认 HXD_3 型电力机车制动状态，盲目摘开机车，错误操纵，排空了机车总风缸和制动缸的压力空气，导致 HXD_3 型电力机车发生溜逸溜入区间，构成铁路交通事故。

2. 原因分析

(1)机车乘务员违章作业。车站停车后，机车乘务员在第五位机车未升弓、泵风，未确认机车制动状态、未采取防溜措施的情况下，盲目摘解机车，是造成此次事故的直接原因。

(2)机车乘务员错误操纵。在车站停车恢复机车附挂处理过程中，误将干燥塔下方右侧第四总风缸排水阀当作左侧升弓控制风缸塞门(U77)开启。受电弓无法升起时，才知道错开了第四总风缸排水阀，致使总风缸、制动缸压力空气排空，也是造成此次事故的另一直接原因。

（3）机车乘务员不会正确使用弹停装置。机车附挂运行后，需恢复弹停功能时，应先将操纵台下弹停扳钮置“缓解”位，再置“制动”位，而乘务员却直接将弹停扳钮置“制动”位，造成弹停装置失效，失去了防止事故的最佳时机。

（4）机车乘务员盲目乱干。机车乘务员使用紧急制动按钮进行停车无效后，未能正确、及时复原紧急按钮，造成机车主断路器断开、不能恢复，风泵无法泵风。直至事故发生后，才恢复紧急按钮，机车恢复动力，风泵开始泵风，延长了机车溜逸时间。

处置流程图

场景57：无动力附挂处置

开　始

↓

【报告】机车无动力附挂运行时，机车乘务员必须向段应急处置指导台汇报，听取指导意见

↓

【处置】机班按指导台提示和作业指导书步骤进行操作处置制动机、弹停装置、电气设备、无动力回送装置等，由附挂司机处置、副司机确认

↓

【试验】通知本务司机进行制动试验，附挂司机确认相应单元制动器（人力制动机）作用良好，与本务机车制动、缓解一致

↓

【重点提示】附挂处置完毕后，如再次进行电钥匙、制动系统、停放制动塞门(或弹停塞门）等操作时，必须重新进行无动力回送处置和检查确认

↓

【检查】机车途中站停时对机车走行部检查

↓

本务机车或前位机车需与无动力附挂机车摘开时，必须通知附挂机车，附挂机车恢复机车牵引条件或采取有效防溜措施后，通知前位机车，前位机车方可进行摘挂作业

↓

途中机车走行部及制动系统等影响运行安全的部件故障需救援，经处置妥当后附挂至前方站甩车

↓

结　束